원샷 게임에서
반복 게임으로

원샷 게임에서
반복 게임으로

RePEATED
GAME

더 이상 한 번 거래,   한 번 관계는 없다

이병주 지음

tbc

코로나 이후
진짜 디지털 혁명이 시작된다

마이크로소프트Microsoft의 CEO 사티아 나델라Satya Nadella는 2020년 5월, 온라인으로 개최된 연례 개발자 컨퍼런스 '빌드 2020'에서 "2년이 걸릴 디지털 트랜스포메이션digital transformation이 지난 2개월 만에 이뤄졌다"라고 말했다. 코로나바이러스감염증-19가 선진국으로 확산된 지 얼마 안 된 때였다.

코로나바이러스는 우리의 삶을 디지털과 온라인 중심으로 빠르게 바꿔 놓았다. 여행, 이동, 모임을 자제할 수밖에 없는 상황에서 기업 업무는 물론 학교 교육, 병원 진료, 소비생활 등 거의 모든 영역에 디지털 기술이 빠르게 보급됐다. 지난 몇 년간 꾸준히 진행돼오던 디지털 혁신이 코로나바이러스를 계기로 가속화됐다.

저명한 역사학자 에릭 홉스봄Eric Hobsbawm은 일찍이 "진짜 20세기는 1914년에 시작됐다"라고 말했다. 제1차 세계대전이 시작되자 비로소 20세기적인 것들이 급속히 보급되었다는 의미에서 한 말이다. 19세기도 마찬가지다. 1801년이 아니라 나폴레옹 전쟁이 끝난 1815년에 비로소 19세기가 본격적으로 시작됐다고 볼 수 있다. 그런 의미에서 진정한 21세기는 코로나와 함께 이제 막 시작되고 있다. 모든 위기는 급격한 변화를 수반한다. 그리고 빠른 변화 이후에는 게임의 룰이 바뀐다. 우리나라의 경우 1997년 외환 위기를 거치면서 경제 시스템이 급속히 변화된 것처럼 말이다.

원샷 게임에서
반복 게임의 시대로!

———

코로나로 인한 변화 중 주목해야 할 것은 무엇일까? 그것은 바로 게임의 룰이 '원샷 게임one-shot'에서 '반복 게임repeated game'으로 바뀌고 있다는 점이다. 디지털 기술로 기업과 고객, 개인과 개인이 지속적으로 연결되면서 한 번 거래, 한 번 관계는 이제 불가능해졌다. 기업은 한 번 거래한 고객을 계속 만나야 하고, 개인 역시 한 번 본 사람과 계속 연결된다. 원샷 게임과 반복 게임은 게임이론에서 나온 용어다. 원샷 게임은 일회성으로 끝나는 게임을, 반복 게임은 참가자들이 반복해서 게임을 시행하는 경우를 뜻한다. 게임이론에서 경제학자들은, 원샷 게임에서는 참가자들이 이기적인 선택을 하고, 반복 게임에서는 이타적인 선택을 한다는 사실을 밝혀냈다. 이른바 '이기적 이타성'이 나타나는데, 다름 아닌 자기 자신을 위해 이타적인 선택을 한다.

예전에 게임이론과 관련된 수업에서 어떤 교수가 이런 말을 했다. "여러분, 천사가 왜 착한지 아세요? 원래 심성이 고와서 착한 게 아니라, 하나님을 계속 봐야 하기 때문에 착한 거예요."

반복 게임에서 참가자들은 계속해서 상대방을 봐야 한다. 이기적인 선택을 할 경우, 한 번은 이득을 볼 수 있지만 다음부터는 손해로 이어지기 때문에 서로 도움이 되는 선택을 할 수밖에 없다. 시골 사람들이 도시 사람들에 비해 더 순하고 착한 이유도 시골에서 심성 고운 사람들이 더 많이 태어나기 때문이 아니다. 집집마다 숟가락 개수까지 알고 지내는 사이에 이기적인 행동을 할 수 없기 때문이다.

과거에는 택시 기사들이 불친절하기로 치면 손에 꼽힐 정도였다. 같은 손님을 두 번 태울 일이 없었기 때문이다. 그러나 요즘처럼 카카오택시를 운영하는 기사라면 예전처럼 불친절하면 안 된다. 이 또한 지금은 기사의 서비스가 점수로 매겨지는 반복 게임의 시대이기 때문이다.

반복 게임 환경에서
살아남는 법

———

디지털 세상에서는 원샷 게임이 아니라 반복 게임을 할 수밖에 없다. 그렇다면 반복 게임 환경에서는 무엇이 어떻게 바뀔까? 먼저 기업과 소비자의 관계를 보자.

디지털 기술로 기업과 소비자가 실시간 연결된다. 그래서 소비자가 상품을 어떻게 사용하는지에 대한 각종 정보가 실시간으로 기업에게 전달된다. 기업은 상품을 판매한 이후에도 고객 만족을 위해 많은 것을 제공할 수 있다.

이제 경영학 교과서를 다시 써야 한다. 과거 경영은 저렴한 비용으로 가치 있는 제품을 만들어 고객에게 파는 데 초점이 맞춰졌었다. 즉 원샷 게임으로 끝났다. 그런데 앞으로 경영은 제품을 통해서 고객에게 지속적으로 만족을 제공하는 것으로 바뀔 것이다. 제품 판매가 끝이 아니라 시작이다. 예를 들어, 과거에는 자동차를 멋지게 만들어서 원샷으로 팔고나면 끝이었다. 그런데 이제는 자동차를 팔고 난 후에도 지속적으로 소프트웨어를 업데이트해 새로운 기술을 고객에게 제공해줘야 한다. 이렇듯 앞으로 대부분의 제조 기업은 서비스 기업으로 변화될 것이다. 요즘 '구독경제' 모델이 자꾸 출현하는 것도 원샷 게임처럼 제품을 판매하는 것으로 끝나는 것이 아니라, 반복 게임 상황에서 제품을 통해 고객 만족을 제공하는 형태로 변해가고 있기 때문이다.

반복 게임은 비즈니스 현장을 넘어 우리 일상과 사회에서도 광범위하게 나타나고 있다. 디지털, 모바일 기술로 대부분의 사람들이 서로 연결되었고, SNS를 통해 사람들 숫자만큼 마이크로 미디어micro-media가 늘어났다. 이제 한 번 보고 말 사람은 없다. 최근 스포츠계와 연예계에서 '학폭' 논란이 이어지고 있는데, 옛날 같았으면 한 번 보고 말거나 지나간 인연이 됐을 사람들이 이제 SNS를 통해 서로 지속적으로 영향을 미치게 됐기 때문이다. 이처럼 모두가 서로 연결되어 있는 요즘은 더 이상 원샷 게임이 불가능하다. 연예인, 운동선수 등 유명인뿐 아니라 대부분의 사람들이 이런 상황에 놓여 있다.

이 책은 디지털 기술의 확산으로 앞으로 세상의 작동 원리가 어떻게 변화하고, 그 변화가 조직과 개인에게 어떤 영향을 미칠지를 설명한다. 책의 앞부분에서는 기업 경영의 변화와 함께 수반되는 새로운 게임의 룰에 대해 다루고, 뒷부분에서는 사회 환경의 변화에 대해 살펴본다.

독립된 각각의 이야기들로 구성된 이 책은 논리적인 흐름보다는 재미의 강도나 중요도에 따라 병렬적으로 배치했다. 가령 예측 불가능성에 대해 다룬 내용은 거시 환경 변화에 대한 이야기로, 논리적으로는 맨 앞에 나와야 하지만, 많은 사람들이 이미 알고 있는 내용이라 맨 뒤쪽에 배치했다. 그러므로 꼭 순서에 따를 필요 없이 목차를 보고 관심 가는 페이지를 펼쳐 읽어도 좋을 것이다. 부디 이 책이 시대의 변화와 흐름을 읽고 경쟁력을 키우고 싶은 독자들에게 조금이라도 도움이 되길 바란다.

차례

01

이제 책은
사은품이 되었다

"향후 5년간 자동차 산업의 변화는 지난 50년간 있었던 변화보다 더 클 것이다. 이제 우리 경쟁사는 구글Google, 아마존Amazon, 우버Uber 다. 지금 투자하지 않으면 구글의 하청업체로 전락할 것이다."

이는 GMGeneral Motors 메리 배라Mary Barra 회장의 평소 소신이다. GM은 2019년 혹독한 구조조정을 단행했는데, 글로벌 금융 위기의 여파로 2009년 파산 위기에 놓였을 때와 비슷한 수준이었다. 이례적인 것은 2016~2017년에 사상 최대의 이익을 달성했는데도 칼을 뽑아 들었다는 사실이다.

GM은 현재 상황을 위기로 진단하고 있다. 이에 2015년, 자율주행 기술 개발사인 크루즈 오토메이션Cruise Automation을 10억 달러(약

1조 1,200억 원)에 인수하고, 우버의 경쟁사인 리프트Lyft에 투자했다. 인력도 기계공학 엔지니어에서 전자공학 엔지니어 중심으로 재배치하고 있다. GM은 지금 내연기관 자동차에서 자율주행 전기차로 핵심역량을 재편하는 중이다. 자동차 한 대 없는 우버가 주식시장에 상장하자마자 GM을 넘어섰기 때문이다.

이처럼 디지털 기술에 의해 기존의 산업 질서가 바뀌고 있다. 흔히 '4차 산업혁명' 기술로 일컫는 AI(Artificial Intelligence, 인공지능), 빅데이터big data, 네트워크 기술은 우리가 살아가는 환경에 영향을 미친다. 아무래도 기업들이 이런 환경 변화에 가장 빠르게 대응하므로 비즈니스에서 변화가 가장 빠르게 나타난다. 이른바 '디지털 혁신'이 일어나는 것이다.

디지털 혁신의 가장 큰 특징은 제품이나 서비스와 관련된 생산, 전달, 소비의 모든 과정이 실시간 연결된다는 점이다. 이제 기업은 제품을 한 번 판매하는 데서 그치지 않고, 제품을 매개로 소비자에게 서비스를 지속 제공해야 생존할 수 있는 상황에 놓이게 됐다.

본격적으로 이야기를 시작하기에 앞서 먼저 유튜버의 삶에 대해 짚어보자.

실연의 아픔까지
콘텐츠가 되는 세상

영화 '페뷸러스Fabuleuses'는 1세대 유튜버 출신이 감독한 영화답게 인플루언서influencer에 관한 이야기를 담고 있다. 주인공은 인턴으로 일하던 잡지사에 취직하려고 한다. 때마침 잡지사는 SNS가 대세라며 인스타그램Instagram 팔로워가 2만 명 이상인 사람만 지원할 수 있게 규정을 바꾼다. 이에 주인공은 '팔로워를 어떻게 늘릴까' 고민하던 중 인스타그램 인플루언서 클라라를 만나면서 사건이 이어진다. 클라라와 친해지면서 주인공도 인플루언서가 되고, 오히려 클라라는 팔로워가 줄면서 벌어지는 세 여자의 우정과 화해에 관한 이야기다.

그런데 인플루언서인 클라라의 행동이 인상적이다. 영화는 실제 유튜버들이 겪을 법한 웃기면서 슬픈 현실을 담고 있는데, 가령 클라라는 바람을 피운 남자 친구와 헤어진 후 울다가, 이 장면을 영상으로 찍어 올려야겠다고 생각한다. 울면서 남자 친구와 헤어졌다는 소식을 영상에 담고, 울면서 그걸 편집한다. 예상대로 그 영상은 조회수가 평소보다 훨씬 많이 나오고, 그 결과에 기뻐한다. 한번은 불법 주차로 딱지를 떼게 됐는데, 경찰에게 지금 이 상황을 찍어달라고 부탁한다. 차가 견인되는데도 인스타그램에 사진을 올리며 즐거워하자, 경찰이 한마디 한다. "다들 정상이시죠?"

구독자는 인기 유튜버의 일거수일투족에 관심이 많다. 유튜버는 연인과의 결별이나 주차 위반 딱지를 떼는 상황처럼 자기 일상에서 구독자들이 궁금해 하는 부분을 온라인에 올린다. 실제 미국 인기 가수이자 최고로 영향력 있는 인플루언서 중 하나인 테일러 스위프트는 남자 친구와 헤어질 때마다 그들을 욕하는 노래를 만들어 발표하고, SNS에서 싸움을 벌여 팬과 언론의 이목을 집중시켰다. 인플루언서들은 팔로워의 관심이 끊기면 수입도 끊긴다. 따라서 끊임없이 무언가 볼거리를 제공해야 한다.

그래서 인기 유튜버는 쉴 수가 없다. 종종 휴지기를 갖고 돌아오는 유튜버가 있지만, 쉬는 동안 수입이 발생하지 않고, 더 심각한 것은 돌아온 이후 예전만큼의 열람 횟수를 회복하기가 쉽지 않다는 것이다. 유튜브의 동영상 추천 알고리즘이 어떻게 작동하는지 정확하게 알 수는 없지만, 자주 동영상을 게시하는 계정을 적극 추천한다고 알려져 있다. 수십만 명의 구독자를 보유하고 있던 미국의 유튜버 드레이크 맥휘터는 2016년 한 달간 휴식기를 가졌는데, 휴식기 전의 열람 횟수를 회복하는 데 거의 1년이 걸렸다. 그는 "유튜브는 러닝머신이다. 1초라도 멈춰 서면 곧 죽는다"라고 말했다. 37만 구독자를 보유한 국내의 유명 영화 유튜버 백수골방도 유튜브를 하면서 어려운 점을 묻는 질문에 비슷한 대답을 했다.

"휴식기가 없다는 거죠. 저희는 매주 영상들을 찍어야 하기 때문에 뭔가를 채워 넣을 시간이 없어요. 제가 콘텐츠 제작에 활용할 수 있는 지식이란 건 결국 스물여덟 살 때까지 저장해 놓았던 거예요. 그걸 계속 까먹을 수밖에 없는 구조거든요. 계속 더 좋은 콘텐츠를 만들려면 꾸준히 공부하면서 뭔가를 해나가야 하는데, 쉬는 시간이 없다 보니까 그런 한계에 맞닥뜨릴 때 가장 괴롭죠."

유튜버는 24시간, 365일 일한다. 원샷 게임이 아니라 반복 게임을 하기 때문이다. 영상을 만들지 않는 시간에도 구독자에게 보여줄 콘텐츠에 대해 항상 고민한다. 이런 유튜버의 특성이 앞으로는 모든 기업에 적용될 것이다. 디지털 환경에서 모든 생산자는 소비자를 위해 끊임없이 서비스를 제공해야 하는 상황에 놓이게 될 것이기 때문이다.

디지털 혁신의 시대,
책의 기능이 달라지고 있다

디지털 혁신은 출판업계에서도 나타나고 있다. 이 책을 준비하고 있던 어느 날, 평소 친분이 있는 출판사 대표에게서 전화가 걸려왔다. 그는 나와 상의할 일이 있다며 급히 만나자고 했다. 그리고 나를 만나자마자 다짜고짜 말했다.

"도대체 책을 어떻게 내야 돼요?"

놀라지 않을 수 없었다. 그는 전설적인 출판 마케터 출신이었기 때문이다. 그가 마케팅한 책 중에는 100만 부 이상 팔린 책도 많았다. 더욱이 강남의 아파트 단지를 타깃으로 기획한 책이 대박이 나서 지금까지 이어져오고 있는 시리즈물도 있다. 그 출판사에서 해당 시리즈만을 내는 브랜드를 따로 만들어 자회사로 독립시켰을 정도다. 그는 출판계 후배들을 대상으로 강의도 하고, 출판 마케터, 영업자 들을 지도하기도 했다. 한동안 대형 출판사의 CEO로서 경영을 총괄하기도 했다. 그리고 지금은 직접 출판사를 차려 자신의 브랜드로 책을 만들고 마케팅도 하고 있다. 이 정도면 출판계의 살아있는 전설 아닌가. 그런 그가 책 몇 권 낸 게 고작인, 출판 전문가도 아니고 아마추어 저자일 뿐인 내게 책을 어떻게 내야 하는지를 물었으니 놀랄 수밖에.

자초지종은 이랬다. 그의 말에 따르면 책이 너무 안 팔린다는 것이다. 특히 교양서적의 판매가 저조하다고 한다. 그가 마케팅해서 베스트셀러가 된 책은 대부분 경제경영서, 자기계발서 등 교양서적이다. 그러나 요즘에는 교양서적은 잘 팔리지 않고, 팔리는 책은 대부분 감성을 자극하는 에세이다. 그도 그럴 것이 이제 사람들은 정보를 책보다는 유튜브나 포털 사이트에서 찾아본다. 책을 통한 정보 소비, 지식 소비가 줄어든 것이다. 물론 코로나-19로 인해 2020년에는 전반적으로 책 판매량이 늘었다. 그러나 아동 분야, 쉽게 읽을 수 있는 소설이나 에세이 중심이고, 교양서적의 판매는 기존과 비슷하다고 한다.

그는 에세이만 팔리는 상황에서 전문 분야인 교양서적을 포기하고 감성 서적으로 출판의 방향을 바꿔야 할지, 아니면 책 중심의 출판에서 벗어나 전략을 새로 짜야 할지 고민이라고 했다.

그래서 나는 진짜 출판 시장이 과거와 달라졌는지 알아봤다. 우선 2020년 상반기 종합 베스트셀러 목록을 살펴봤다. 실제로 에세이가 강세였다. 그런데 10위권에 든 베스트셀러는 더 큰 특징이 있었다. 바로 SNS와의 관련성이다. 1위를 차지한 《흔한남매 3》은 200만 명 이상의 구독자를 보유하고 있는 유튜브 크리에이터 흔한남매가 원작자로 참여한 책이다. 이들은 원래 SBS의 개그맨들로, 개그 프로그램인 '웃찾사(웃음을 찾는 사람들)'에서 '흔한남매' 코너로 얼굴을 알렸다. 중학교 2학년 오빠와 초등학교 5학년 동생의 흔한 일상을 다룬 콩트로, 이후 이 콘텐츠를 유튜브로 확장해 인기를 끌고 있다. 어린이들에게 많은 인기를 얻으면서 동명의 프로그램으로 투니버스, 재능TV, EBS 등 여러 어린이 방송 채널에서 방영되고 있다. 이들의 이전 도서인 《흔한남매 1》, 《흔한남매 2》도 베스트셀러에 올랐다.

3위에 오른 《지적 대화를 위한 넓고 얕은 지식 제로》 역시 동명의 팟캐스트를 진행해 인기를 얻었던 채사장이 쓴 책이다. 채사장 역시 현재 유튜브 채널을 운영하고 있다.

5위 《내가 원하는 것을 나도 모를 때》는 인문서로 분류됐지만, 에세이에 가깝다. 이 책을 쓴 전승환 작가 역시 카카오스토리, 페이스북, 인스타그램에서 '책 읽어주는 남자' 채널을 운영하고 있다. 7위 《지쳤거나 좋아하는 게 없거나》의 작가 글배우는 전문 유튜버는 아니지만 '글배우 서재'라는 힐링 공간을 운영하고 페이스북을 통해 고민 상담을 해주고 있다.

고전소설 《데미안》이 8위에 오른 이유가 재미있다. 출간 100주년을 기념해 tvN의 인기 예능 프로그램 '요즘책방, 책 읽어드립니다'에 소개돼 관심을 끌었던 게 계기가 됐다. 게다가 여러 출판사에서 초판

본 표지를 그대로 살려 출간한 고전소설들이 인기를 끌며《데미안》역시 이런 유행을 탔다. 초판본 고전소설은 읽는 목적도 있지만, 인스타그램에 표지를 찍어 올리기에 안성맞춤이라 인기가 많다. 베스트셀러에 오른《데미안》도 띠지를 떼 내면 마치 독일 책처럼 보인다.

이처럼 베스트셀러 10위에 오른 책들 중 절반이 SNS에 의해 만들어졌다고 해도 과언이 아니다.

[자료 1] 2020년 상반기 종합 베스트셀러

순위	제목	저자	분야
1	흔한남매 3	흔한남매	아동만화
2	하버드 상위 1퍼센트의 비밀	정주영	자기계발
3	지적 대화를 위한 넓고 얕은 지식 제로	채사장	인문
4	더 해빙	이서윤 외	자기계발
5	내가 원하는 것을 나도 모를 때	전승환	인문
6	1cm 다이빙	태수, 문정	에세이
7	지쳤거나 좋아하는 게 없거나	글배우	에세이
8	데미안	헤르만 헤세	소설
9	1일 1페이지, 세상에서 가장 짧은 교양 수업 365	데이비드 키더 외	인문
10	해커스 토익 기출 보카	데이비드 조	토익토플

＊출처: 교보문고

그런데 SNS 관련 서적은 기존의 책과 기능 자체가 다르다. 과거에는 책이 작가가 만드는 콘텐츠의 중심이 됐다. 작가는 오랜 기간 심혈을 기울여 본인이 창작한 내용을 책에 담았다. 마치 가수가 오랫동안 준비해온 신곡을 담아 앨범을 내는 것처럼. 심지어 강사들도 새로운 주제로 책을 쓰고, 그 책을 기반으로 강의 활동을 했다. 즉 책이 저자의 콘텐츠 서비스의 시작점이자 중심이었다. 그러나 유튜버나 인플루언서가 내는 책은 오히려 반대다. 유튜버는 평소에 구독자에게 쉬지 않고 서비스를 제공한다. 구독자는 유튜버의 팬이 된다. 그러다 유튜버는 그간 유튜브를 통해 서비스해왔던 콘텐츠를 정리해 책으로 엮는다. 유튜브를 통한 서비스가 메인이고, 책은 사은품 기능을 하게 되는 것이다. 또는 방탄소년단이 화보나 자신들의 생각을 담아서 내는 책처럼 기념품 기능을 한다. 요컨대, 이제 책은 사은품 또는 기념품이 되었다.

365일 서비스해야 하는
생산자들

————

이런 상황을 보고 어떤 이는 출판 산업이 쇠락하는 증거라고 말한다. 그러나 이건 독자, 아니 소비자가 콘텐츠를 소비하는 방식이 달라져서 나타나는 현상이다. 요즘 사람들은 양질의 지식과 정보를 다양한 미디어를 통해 접한다. 중요한 지식과 정보를 반드시 책으로만 접하라는 법은 없다. 책이 조연으로 역할이 바뀌는 건 당연하다. 소설가 김훈은 《칼의 노래》를 집필할 때 이가 다 빠졌다고 한다. 이젠 그럴 수 없다. 그러니 "책에 혼을 담았던 이들이여, 이젠 그러지 마시라"라고 조언하고 싶다.

전문 강사로 유명한 김미경이 쓴 《김미경의 리부트》 역시 한동안 베스트셀러 순위에 올랐다. 강의로 이름을 알렸던 그녀는 지금 유명 유튜버로 활동하고 있다. 특히 코로나-19의 확산으로 오프라인 강의가 줄어든 상황에서 유튜브에 더욱 매진하고 있다. 그리고 코로나 시대에 다시 재기하는 법을 정리해 이 책을 썼다. 이 책은 코로나 시대에 디지털 기술을 빠르게 익혀 일에서, 사업에서, 자영업에서 활용하는 법을 담고 있다. 그런데 이 내용들은 그녀가 유튜브에서 이미 구독자들에게 제공했던 내용이 주를 이룬다.

책을 구입한 사람 중에는 '김미경TV' 구독자도 많을 게다. 아마도 유튜브에서 '김미경TV'를 구독했던 사람들에게 책 내용은 그다지 새롭지 않을 것이다. 그럼에도 불구하고 구독자들이 이 책을 구입한 이유는, 책을 그동안 유튜브를 통해 지속적으로 소비했던 자기계발 콘텐츠의 연장선에 있는 사은품으로 여겼기 때문이다.

'김미경TV'를 보고 있으면 김미경이 유튜버로 완전히 변신했음을 느낄 수 있다. 이 채널에는 여러 영상 콘텐츠가 있다. 주로 성공한 인물이나 유명한 저자와 대담을 나누는 영상이 많다. 가끔 크리에이터 혼자 온라인 강의 형식으로 진행하는 영상도 있다. 그런데 유튜버로 변신한 김미경의 특징을 단적으로 보여주는 영상이 있다. 바로 브이로그다. 브이로그는 '비디오 블로그'의 줄임말로, 일상을 다루는 영상을 말한다. 주로 생방송으로 진행하고, 연예인 브이로그의 경우는 음식을 먹거나 운동을 하는 모습을 많이 담는다. 그런데 김미경은 브이로그에서도 구독자들의 자기계발에 도움이 될 만한 내용을 전달한다. 예를 들어, 그날 하루 동안 읽은 신문 기사나 인터넷 콘텐츠의 내용을 모아뒀다가 읽어주고 자신의 생각을 덧붙이는 것이다. 디지털 기술이나 디지털 트랜스포메이션에 관한 그녀의 지식수준은 어쩌면 전문가들의 그것에 미치지 못할지도 모른다. 그러나 그녀는 일반인 입장에서 그 기술들을 어떻게 활용하면 좋을지 한 번 더 고민한다. 그래서 그런지 이 영상들을 보고 있으면 유튜버 김미경의 구독자들에 대한 진심이 느껴진다. 유튜버로서 그녀가 구독자들에게 유용한 무언가를 전달하기 위해 쉬지 않고 고민하고 있음을 알 수 있다.

요즘의 소비자는 다양한 미디어, 전달 매체를 통해 필요한 지식, 정보, 식견, 감동을 쉬지 않고 소비한다. 따라서 생산자는 소비자에게 365일 서비스를 제공해야 한다. 그 매체가 책이든, 유튜브든, 페이스북이든, 블로그든 상관없이 말이다.

이제 경영학 교과서를
다시 써야 할 때

ㅡ

생산자가 소비자에게 쉬지 않고 서비스를 제공해야 하는 이유는 생산자와 소비자가 실시간 연결되어 있기 때문이다. 유튜버가 라이브 방송만 켜면 바로 구독자와 연결되듯, 지금은 디지털 기술을 통해 제품의 생산자와 소비자가 실시간 연결돼 있다. 생산자는 이제 제품에 내장된 칩을 통해 소비자의 이용 패턴을 실시간으로 알 수 있다.

365일 구독자에게 제공할 서비스에 대해 고민하고, 쉬지 않고 영상을 만드는 유튜버처럼 이제 생산자가 소비자를 위해 지속적으로 서비스를 제공하는 시대가 되었다.

기존의 경영학 교과서에서는 경영 활동을 이렇게 정의하고 있다. "경영은 생산성을 발휘해 상품을 판매가 이하로 만드는 생산 활동과 창조성을 발휘해 판매가 이상의 상품 가치를 만들어 파는 판매 활동을 결합한 것이다." 그러나 이제 기업의 목적은 제품과 서비스를 판매하는 것이 아니다. 제품이라는 매개체를 통해 고객에게 만족을 제공하는 것이다. 따라서 이제 경영은 '제품을 통해 고객 만족을 제공하는 행위'로 재정의되어야 한다.

네트워크,
이제 넓이가 아니라 깊이를 신경 쓰라

원샷 게임의 시대에 통하던 원리가 반복 게임의 시대에는 통하지 않을 수 있다. 시대가 바뀜에 따라 생각, 가치관, 태도 등도 바뀌어야 한다. 경영 원리 자체가 바뀌었기 때문이다. 그와 관련해서 우리가 더 생각해 봐야 할 것은 무엇일까?

기업이 제품을 일회성으로 판매하는 것이 아니라 제품을 매개로 고객 만족을 지속 제공하는 방식으로 바뀐다는 것은 기업이 고객과 한 번 관계 맺는 것으로 그치지 않고 장기적인 관계가 된다는 것을 의미한다. 기업과 고객의 관계만 그런 것이 아니다. 앞으로는 개인과 개인의 관계도 이런 식으로 맺어진다고 봐야 한다. 즉, 한 번 맺은 관계는 시간이 흘러도 계속되게 된다. 그리고 새로 관계를 맺는 사람보다 오랫동안 알고 지내는 사람이 자신에게 더 도움이 된다고 봐야 한다. 언제 어디서 과거에 알던 사람이 중요한 역할을 하게 될지 모를 일이다. 이런 맥락에서 이직을 하거나 헤어질 때도 좋게 헤어지는 것이 상책이다. 서양 속담에 "돌아갈 다리를 불태우지 말라"라는 말이 있다. 이 속담을 사람 관계에 대입하면, 한 번 보고 말 사람이라고 생각하고 관계를 정리하지 말라는 의미가 된다. 요컨대 반복 게임의 시대에는 새로운 관계를 늘리는 것보다 기존의 관계를 더욱 돈독히 하는 게 훨씬 도움이 된다. 네트워크의 넓이가 아니라 깊이가 힘을 더 발휘한다는 사실을 기억하자.

02

현대자동차는 앞으로
서비스 업체가 될 것이다

유튜버만 소비자를 위해 쉬지 않고 서비스를 만들어 내는 것은 아니다. 원샷 게임에서 반복 게임으로 룰이 변하는 상황에서 제조 기업도 서비스 기업으로 속속 변신하고 있다. 세계 기타 시장에서 1위를 달리던 펜더Fender Musical Instruments Corporation는 기타 제조 회사에서 기타 교육을 하는 회사로 탈바꿈했다. 2000년대 이후 록 음악이 퇴조하면서 전기기타의 판매가 줄어들자 펜더는 위기에 빠졌다. 전기기타는 팔리지 않았지만 기타에 관심을 가진 사람은 여전히 많았다. 그래서 펜더는 이들을 대상으로 집에서 혼자 기타를 배울 수 있는 동영상 교육 콘텐츠를 제작해서 서비스하기 시작했다. 이 아이디어는 적중해 기타 배우기 영상 구독 서비스 가입자는 시간이 갈수록 늘었다. 그런데 그와 함께 다시 기타 매출도 늘었다. 이렇게 제조 기업 펜더는 서비스 기업이 됐다.

이처럼 디지털 기술로 생산자와 소비자가 연결된 환경에서 기업은 제품을 매개로 소비자를 지속적으로 만족시킬 방법을 찾아야 한다. 디지털 트랜스포메이션의 핵심은 소비자를 대상으로 한 지속 서비스 제공, 소비자 지속 만족이다. 그래서 대부분의 제조 기업은 서비스 기업으로 변신하게 될 것이다. 펜더 사례를 좀 더 살펴보자.

기타 만들던 펜더,
기타 가르치는 회사가 되다

────

펜더는 라디오 수리점을 운영하던 레오 펜더Leo Fender가 통기타를 전기기타로 개조하면서 1946년부터 본격적으로 악기를 만들기 시작했다. 기타 제조·양산 시스템을 갖추고 전기기타의 대중화를 이끌며 성장한 펜더는 깁슨Gibson Guitar Corporation과 더불어 손꼽히는 기타 브랜드로 성장했다. 견고한 성장을 이어오던 전기기타 시장은 2000년대 들어 록 음악의 인기가 시들면서 하향세로 접어들었다. 미국에서의 전기기타 판매량은 2005년 166만 대에서 2015년 101만 대까지 줄어들었다. 당연히 업계는 적자가 이어지고 파산 직전까지 내몰렸다.

이에 펜더는 2015년, 나이키에서 오랫동안 일했고 디즈니Disney

[자료 2] 미국 전기기타 판매량

(단위: 천 대)

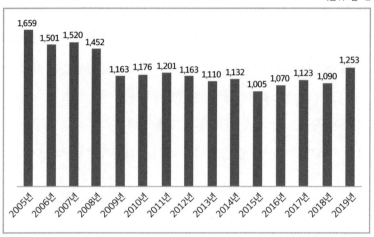

＊출처: Statista, 2000

의 자회사인 디즈니 컨슈머 프로덕트Disney Consumer Products의 회장
을 역임한 앤디 무니Andy Mooney를 CEO로 영입했다. 그는 그때까지
상식으로 여겨왔던 기존의 관행에서 벗어나기 위해 처음으로 방대
한 소비자 데이터를 모으기 시작했다. 그때까지만 해도 펜더는 전기
기타의 고객은 록 음악 뮤지션이라고 생각해왔다. 그리고 록 밴드가
줄어들고, 컴퓨터로 음악을 만드는 상황에서 줄어드는 기타 판매량
을 다시 늘리기는 어렵다는 것이 기타업계의 중론이었다. 그러나 소
비자 분석 결과는 충격적이었다. 전기기타 시장은 그들의 생각과는
전혀 다르게 움직이고 있었다. 무니는 〈포브스Forbes〉와의 인터뷰에
서 소비자 분석 결과를 다음과 같이 요약했다.

① 펜더 기타의 45퍼센트는 기타 초보자가 구입한다.

② 기타 초보자의 90퍼센트는 1년 이내에 기타를 포기한다.

③ 기타를 포기하지 않은 10퍼센트가 평생 더 많은 기타와 음향 기기, 기타 장비를 구입한다.

④ 기타 구매자 중 50퍼센트는 여성이고, 여성은 온라인에서 구매하는 비중이 더 높다.

⑤ 새로운 구매자는 기타를 치는 것보다 네 배나 많은 시간을 음악을 배우는 데 쓴다.

그리고 기타를 포기하지 않은 초보자는 후에 더 비싼 기타를 구매했다. 처음에는 200달러(약 22만 원)짜리 기타로 시작하지만, 기타를 포기하지 않고 계속 칠 경우에는 수천 달러짜리 기타를 샀던 것이다. 당장 기타를 파는 것보다 기타를 산 고객이 기타를 계속해서 칠 수 있도록 돕는 것이 더 중요한 상황이었다. 무니는 말했다. "기타를 포기하는 90퍼센트의 사람 중 일부만 잡아도 기타 판매를 금방 늘릴 수 있었어요. 단순 계산을 해서 10퍼센트만 포기하지 않더라도 기타 매출은 금방 올라가는 것으로 나타났습니다."

무니는 새로운 팀을 조직해 펜더 기타를 산 초보자들이 쉽게 기타를 배울 수 있는 방법을 찾게 했다. 그렇게 해서 나온 것이 '펜더 튠Fender tune'이라는 애플리케이션이었다. 펜더 튠은 기타 소리를 들려주면 조율이 정확하게 됐는지 알려주는 애플리케이션인데, 출시하자마자 엄청난 인기를 끌었다. 이에 온라인 기타 레슨 콘텐츠를 만들어 사업화하면 승산이 있을 거라고 판단하고 '펜더 플레이Fender play'를 출시했다. 월 9.99달러(약 1만 1,000원)를 내면 수백 개의 강의를 무제한 들을 수 있는 서비스였다. 음악 전문가들을 참여시켜 유튜브 기타 배우기 동영상과는 질적으로 다르게 만들었다. 펜더 플레이는 출시하자마자 큰 성공을 거뒀다. 더구나 펜더 플레이 서비스 자체 매출과 함께 기타 판매도 늘었다. 2018년 펜더는 6억 3,600만 달러(약 7,100억 원)의 매출을 달성했고, 위기에서 벗어났다.

무니는 고등학교를 졸업하고 여러 밴드에서 기타리스트로 활동했다. 그래서 누구보다 직업 음악가에 대해 잘 알고 있었다. 그런 그가 펜더를 초보자를 위한 회사로 변신시킨 것이다.

"펜더 플레이를 출시하면서 회사의 미션을 바꿔야 했어요. 펜더는 70년 이상 에릭 클랩튼, 스티브 레이 본, 지미 헨드릭스 같은 전문 음악가들을 위해 존재해왔죠. 기타를 처음 사는 45퍼센트는 안중에도 없었죠. 그런데 이런 사람들을 중심에 두기 시작한 겁니다. 직원들에게 이런 변화를 인식시키는 것은 쉽지 않은 일이었어요."

그런데 이제는 직원들도 초보자를 주요 고객으로 키워나가는 전략을 충실히 이행하고 있다. 펜더는 기타를 산 고객이 펜더 플레이를 1년 동안 무료로 구독할 수 있게 하고 있다. 이는 펜더 기타를 산 초보자 중 1년 이내에 기타를 포기하는 사람이 90퍼센트에 달한다는 데이터에 근거해 나온 정책이다.

펜더는 여전히 기타를 만든다. 하지만 펜더는 더 이상 제조업체가 아니다. 서비스업체다. '펜더는 특수한 사례다', '음악 분야라서 서비스업체로 쉽게 변화할 수 있었다'라고 생각하는 사람도 있을 것이다. 그렇다면 제조업 중에서 역사가 길고 가장 전통적인 영역에 있는 기업을 살펴보자.

트랙터 회사와 종자 회사,
앞으로는 치열하게 경쟁할 것
———

농사를 짓는 사람이라면 존 디어 트랙터를 한번쯤 눈여겨봤을 것이다. '트랙터계의 페라리'라 불리는 이 트랙터는 비싼 모델은 가격이 5~6억 원에 이르기도 한다.

존 디어는 디어사Deere & Company의 브랜드로, 회사 이름과 혼용해서 쓴다. 1837년 창업자 존 디어John Deere에 의해 설립된 디어사는 처음에는 쟁기 등을 만드는 농기구 회사로 시작했고, 1918년에 트랙터를 처음 생산했다. 미국에서 가장 튼튼한 농기구를 만드는 회사라고 정평이 나 있고, 현재도 농기계 부문에서 세계 1위를 하고 있다. 180여 년의 역사를 이어온 이 회사에는 경영 위기가 별로 없었다. 중남미는 물론 중국 등 아시아로도 진출하며 지속 성장해왔다.

그러던 디어사에 2000년대 이후 고비가 찾아왔다. 미국 농가 소득이 감소한 것이 주요 원인이었다. 특히 2010년대에 농산물 원자재 가격이 하락하면서 미국 농업이 타격을 받았을 때, 디어사도 심각한 영향을 받았다. 세계적으로 대형 농기계에 대한 수요가 감소하면서 매출이 하락했다. 그로 인해 2014년에는 창사 이래 처음으로 농기계 제조공장에서 600명을 구조조정했다.

동시에 디어사는 경영 효율을 높이기 위해 IT 시스템을 적극 도입했다. 처음에는 비용 절감의 일환으로 개발, 생산, 마케팅 등의 효율을 높이기 위해서였다. 그러다가 센서 기술의 발달과 맞물려 디어사의 농기계 제품에도 IT 시스템을 장착할 수 있게 됐다.

사실 이전에도 디어사는 IT를 활용해 신제품을 개발한 적이 있다. 1999년 나브콤 테크놀러지NavCom Technology를 인수하고 GPS 기술을 활용한 농기계를 개발했다. 위치 정보를 받아 일정 간격의 토양에다 정해진 양의 씨앗을 자동으로 심는 첨단 무인 트랙터를 내놨다. 2002년에는 자율주행 트랙터를 개발하는 데 성공했다. 그러나 이런 제품은 시대를 너무 앞서간 탓인지 판매로 이어지지 않았다. 그런데 이 경험이 IT, 즉 디지털 기술을 활용한 제품 혁신과 서비스 개발로 이어지게 됐다. 처음에 디어사는 농기계에 부착된 위치 추적기에서 각종 데이터를 본사의 데이터 센터로 전송해 축적했다. 당시에는 농기계 부품의 교체 주기, 노후 여부 등을 판단해 제품 유지·관리 서비스를 제공하는 데 활용했다. 그런 활동이 디지털 혁신과 맞물려 새로운 서비스를 제공할 수 있게 된 것이다. IT 기술을 활용한 초기에는 자동화 제품, 즉 스마트 제품을 만드는 데서 그쳤는데, 이후 다른 기기와 연결되고 데이터가 쌓이면서 농가를 위한 더 다양한 서비스를 제공할 수 있게 됐다.

이를 위해 디어사는 2017년 블루리버 테크놀러지Blue River Technology를 3억 달러(약 3,360억 원)에 인수했다. 블루리버 테크놀러지는 머신러닝Machine Learning 기술을 활용한 영상 인식 기술 전문업체다. 트랙터에 달린 카메라로 촬영한 토양의 사진을 분석하는 기술이 핵심이다. 그래서 잡초의 위치를 정확하게 파악해 필요한 곳에만 제초제를 뿌려주거나, 더 나아가 작물의 병충해 현황을 세밀하게 분석해 필요한 위치에만 제초제를 뿌려줄 수 있다. 당연히 제초제도 절약되고, 농작물이 약물에 노출되는 것도 줄일 수 있어 일석이조의 효과를 얻을 수 있다. 실제로 디어사는 블루리버 테크놀러지의 기술을 활용해 스마트 제초기를 개발해 판매하고 있다. 이 제초기는 머신러닝 기술을 활용해 카메라로 촬영한 영상에서 작물과 잡초를 정확하게 식별해 낸다. 그리고 잡초가 난 곳에만 제초제를 뿌려 제초제 낭비를 90퍼센트까지 줄일 수 있다.

디어사의 제품들은 다른 관련 제품들과 결합되면서 더 나은 서비스를 제공한다. 가령 트랙터, 경작기, 콤바인 같은 농기계들을 통합 관리하면 농사 관련 서비스를 더 고도화할 수 있다. 당연히 디어사는 이들 제품을 통합 관리하는 농기구 시스템을 제공하고 있다. 그러나 디어사는 여기서 한 걸음 더 나아간다. 자사의 농기계를 관리하는 시스템을 넘어서 농가에서 농장을 관리하는 데 필요한 다양한 시스템을 개발해서 제공한다. 즉 파종, 관개, 날씨에 따른 작업 계획 등 농장 관리 전반에 걸친 솔루션을 제공한다. 이처럼 농기계 제조 기업에서 농업 서비스 기업으로 변신하고 있는 디어사는 농업 솔루션 기업으로 거듭나기 위해 2019년까지 1,000명 이상의 데이터 과학자를 고용

[자료 3] 디어사의 제조업에서 서비스업으로의 진화 과정

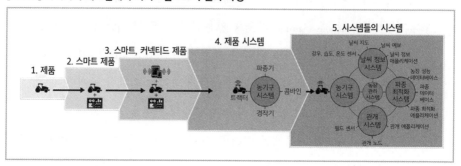

* 출처: Harvard Business Review, 2014.11

했다. 그리고 최근에는 라스베이거스에서 열린 세계 최대 소비자가전 전시회CES에 참가해 혁신상을 수상하기도 했다.

이런 식으로 진화하다 보니 과거에는 전혀 예상치 못했던 일이 일어나고 있다. 디어사가 20여 년 전 위기가 찾아왔을 때 이처럼 서비스업으로의 방향 전환을 의도하고 변화를 꾀했던 것은 아니다. 다만 위기에서 벗어나고자 IT 기술을 도입했고, 디지털 기술이 발전하면서 고객인 농가를 위한 서비스를 지속적으로 내놓았던 것뿐이다. 그런데 그 과정에서 전혀 다른 분야에서 농업 서비스를 제공해온 회사와 만나게 된다. 바로 농화학 및 종자 기업 몬산토Monsanto Company와 경쟁하게 된 것이다.

농가에 종자와 제초제를 판매하던 몬산토 역시 디어사처럼 빅데이터, AI 회사들을 인수하고 농장 관리 솔루션을 개발해왔다. 기후 데이터 분석과 영상 인식 기술을 통해 화학약품은 줄이고 생산량을 늘리기 위한 기술을 개발해 사업화했다. 이제 몬산토는 디어사와 같은 기술, 같은 목적을 가진 기업이 되었다. 즉, 두 회사 모두 농가와 농장이 더 잘되도록 만드는 데 그 목적이 있다. 원샷 게임 시대에는 다른 영역에 있던 두 회사가 반복 게임의 시대가 되면서 같은 고객에게 만족을 제공하기 위해 노력한 결과 서로 경쟁사가 되었다.

디어사가 서비스 기업으로 변신한 것은 기술력이 있었기에 가능했다고? 그렇다면 식품 회사는 어떨까?

모든 제조 회사는 서비스 회사가 될 것이다

맥코믹앤컴퍼니McCormick & Company는 우리나라 시골 가정집에도 하나쯤은 있을 법한 향료와 조미료를 취급하는 식품 회사다. 영어로 된 로고가 박힌 네모난 후추 통이 있다면 이 회사 제품일 가능성이 크다. 식품 회사인 만큼 디지털 기술과는 거리가 멀어 보인다. 맥코믹은 자사에서 나오는 조미료의 맛과 향을 모두 분석해서 각각 어떤 요리에 어울리는지 연구했다. 소비자가 맥코믹의 제품으로 맛있는 음식을 만들어 먹는 데 도움을 주려고 한 것이다. 그리고 조미료 활용법을 알려주고, 소비자 스스로 다양한 레시피를 올려 공유하는 플랫폼을 만들었다. 그와 함께 맥코믹은 기존 사업을 확장하고, 광고나 콘텐츠 마케팅과 같은 신사업을 벌이고 있다. 단순히 후추나 조미료만 제조해 판매하는 것이 아니라 소비자들이 음식을 맛있게 만들 수 있게 돕는 서비스를 제공하는 회사가 되었다.

원샷 게임의 시대에서 반복 게임의 시대로 변화됨에 따라 제조 기업이 서비스 기업이 되는 현상은 특정 산업을 넘어 광범위하게 일어나고 있다. 분명 머지않은 미래에 우리나라의 현대자동차 역시 서비스 기업이 될 것이다. 지금까지 자동차 개발 주기는 5년 이상이 걸렸다. 자동차 신차 하나를 개발하면 5년 후에나 새로운 모델을 개발했다. 자동차 기업이 서비스 기업이 된다는 것은 개발 주기가 한두 달로 줄어든다는 얘기다. 그런데 그것은 지금도 가능하다. 요즘 나오는 자동차의 계기판은 LCD 화면으로 돼 있어서 주행 모드에 따라 모양이 바뀐다. 사실 이 계기판은 소프트웨어 업데이트를 통해 한두 달마다 모양을 바꿔줄 수도 있고, 기능을 개선할 수도 있다. 스마트폰 OS를 주기적으로 업데이트하는 것과 같다. 실제로 디어사는 농장의 사용 환경에 맞게 소프트웨어를 조작해 힘센 트랙터를 날쌘 트랙터로 변경할 수 있다. 물론 그 반대로 변경하는 것도 가능하다.

2020년 초 현대자동차는 영국의 상업용 전기차 개발업체 어라이벌Arrival에 1억 유로(약 1,320억 원)를 투자했다. 미국에서는 전기차 개발업체인 카누Canoo와 기술협력 계약을 체결했다. 언론은 이를 전기차와 자율주행 자동차 개발을 위한 협약이라고 보도했지만, 궁극적으로는 현대자동차가 서비스 기업으로 변화하는 과정에 있다고 이해할 수 있다.

제품 소유에서 소비로,
구매에서 구독으로

과거 제품을 한 번 파는 것으로 끝났던 원샷 게임의 환경에서 기업의 목적은 제품을 많이 팔아 이익을 남기는 것이었다. 소비자 또한 과거에는 자기가 원하는 상품, 희귀하거나 비싼 상품을 구매해 소유함으로써 만족을 느꼈다. 그러나 이런 소유에 의한 만족은 반복 게임의 시대가 되면서 달라졌다. 대부분의 기업이 서비스 기업으로 탈바꿈하면서 제품을 판매하는 것보다 사용 기간이 더 중요해졌다. 고객에게 지속적인 만족을 제공하다 보니 판매 시점에 일회성으로 돈을 받는 '판매 비즈니스모델'에서 사용 기간 동안 돈을 받는 '구독 비즈니스모델'로 바뀌고 있다.

반복 게임의 환경에서는 제품을 소유하는 데서 소비하는 것으로, 구매하는 데서 구독하는 것으로 소비 행태가 변화할 것이다. 과거에도 구독 비즈니스모델은 있었지만 신문이나 우유 배달이 다였고, 한 달치 물건 값을 미리 내는 개념 정도였다. 그래서 디지털 음원을 소비하며 월정액을 내는 비즈니스모델이 처음 나왔을 때 사람들은 낯설어 했다. 좋아하는 뮤지션의 LP나 CD를 사서 소유하지 않고 계속 빌려서 듣는다는 개념이 납득이 되지 않았다. 그러나 지금은 음원 구독을 당연하게 생각한다. 그리고 앞으로는 자동차를 구독하는 것도 당연하게 생각하게 될 것이다. 옷, 가방, 음식, 심지어 집까지 소유하지 않고 구독료를 내고 소비할 날이 오게 된다. 그때는 부동산 문제가 지금처럼 심각하지 않을 수도 있다. 소유에 대한 개념을 재정립할 필요가 있다.

03

반복 게임의 시대에는 새 차보다 중고차가 더 비싸다

원샷 게임 환경에서 기업은 공들여 만든 새 제품을 고객에게 팔면 끝이었다. 물론 사후관리를 해주기는 하지만 판매 시점에 이미 판매가 완결된다. 이때는 새 제품이 가장 좋은 제품이다. 그리고 새 제품은 시간이 갈수록 헌 제품이 되고, 제품의 가치는 점점 떨어진다. 중고차 가치가 시간이 갈수록 떨어지듯이 말이다.

반면 반복 게임 시대에 기업은 새 제품을 고객에게 인도한 후 고객이 제품을 통해 만족을 얻을 수 있도록 지속적으로 서비스한다. 소프트웨어 업데이트를 통해 필요한 기능을 계속 추가해주고, AI 기술을 이용해 고객의 사용 패턴을 학습해 고객에게 최적화된 사용 경험을 추천한다. 그러므로 반복 게임의 시대에는 제품을 쓰면 쓸수록 더 좋은 제품, 더 비싼 제품이 된다. 중고 제품이 더 가치가 있다는 말이다. 하드웨어가 낡아가는 것은 문제가 안 된다. 구독 비즈니스모델이 되면 하드웨어는 주기적으로 적절한 때에 교체하면 되고, 중요한 것은 고객의 사용 패턴을 학습한 맞춤형 모델 정보다.

이런 변화는 먼 미래에 일어날 일이 아니다. 현재 테슬라Tesla가 이런 실험을 하고 있다. 개인 소비재 중 가장 크고 고가의 제품인 자동차가 이렇게 변할 수 있다면, 다른 영역은 훨씬 수월하게 변할 수 있을 것이다.

테슬라가 전기차 생산보다
중요하게 생각한 것

———

테슬라 주가가 연일 고공 행진하면서 2021년 1월 7일 기준, 일론 머스크Elon Musk는 세계 최고의 부자가 되었다. 그동안 계속 적자를 보던 테슬라는 2019년 하반기부터 전기차 판매가 안정적으로 늘고 지속적으로 흑자를 내면서 시장에서 긍정적인 평가를 받고 있다. 하지만 10억 달러(약 1조 1,200억 원)도 안 되는 이익에 시가총액이 8,000억 달러(약 896조 원)를 넘을 정도로 천정부지로 오른 것은 전기차만이 아니라 자율주행 비즈니스가 높게 평가받았기 때문이었다.

2012년에 처음 전기차를 판매하기 시작했던 테슬라가 세계 최고의 전기차 기업으로 올라선 것은 고속 충전소 때문이었다. 닛산 같은 자동차업체들은 저렴하고 성능 좋은 전기차를 제작하는 데 집중한 반면, 테슬라는 전기차를 생산하면서 동시에 미국 전역에 고속 충전소를 짓기 시작했다. 테슬라는 여기서 자사의 전기차는 무료로 충전할 수 있게 했다. 다른 전기차의 경우, 충전을 집과 회사에서만 할 수 있어서 장거리 운행을 하거나 여러 용도로 이용하기가 불편했다. 반면 테슬라는 처음부터 고속 충전 네트워크를 구축해 주행 거리 문제를 해결했다. 테슬라를 구입하는 사람은 그 누구도 충전에 대해 걱정할 필요가 없게 됐다. 이것이 바로 테슬라가 전기차업계에서 1위로 올라선 이유다. 지금은 다른 글로벌 자동차업체들도 고속 충전 네트워크를 구축하고 있다. 대표적인 예가 벤츠, BMW, 포드, 폭스바겐 그룹 등이 손을 잡고 유럽에 설립한 전기차 고속 충전소 아이오니티IONITY다. 그러자 플러그 형태까지 달랐던 테슬라도 고속 충전 네트워크를 외부 규격에 맞춰 개방하려는 움직임을 보이고 있다. 바로 1단계인 전기차 확산 전략에서 2단계인 자율주행 시장 선점 전략으로 바꾼 것이다.

전기차로 도약한 테슬라의 미래 성장 동력은 자율주행 분야다. 경쟁사와 달리 테슬라는 훨씬 과감하게 자율주행에 접근하고 있는데, 판매되는 차량에서 주행 데이터를 확보한다. 자율주행 분야에서 가장 앞서가던 구글의 자회사 웨이모Waymo는 1,000여 대의 자율주행 자동차를 수년간 운행해 2020년 초 기준 약 2,000만 마일(약 3,219만 킬로미터)의 도로 주행 데이터를 축적했다. 그런데 테슬라는 80만 대의 고객 차량을 이용해 하루 만에 웨이모가 축적한 규모 이상의 실제 도로 주행 데이터를 수집해 비슷한 기간 동안 30억 마일 (약 48억 2,800만 킬로미터)의 데이터를 축적했다. 테슬라는 웨이모보다 자율주행에서 뒤져 있었지만, 데이터 확보 방법을 획기적으로 개선해 한순간에 역전했다. 이에 MIT의 AI 전문가 렉스 프리드먼Lex Friedman 교수는 "테슬라의 AI 기술이 케이크라면, 웨이모의 AI 기술은 케이크 위의 장식에 불과하다"라고 표현했다.

테슬라는 자율주행 사업의 기반을 마련하기 위해 완전 자율주행 옵션을 선택하지 않은 고객에게도 전방 레이더, 여덟 개의 카메라, 열두 개의 초음파 센서, 인공신경망 칩이 들어간 자율주행 보드 등 하드웨어를 장착해 판매하고, 소프트웨어만 제외한다. 오토파일럿autopilot이라는 기본 기능을 통해 주행 데이터를 수집하고 테슬라 서버에 전송하기 위해서다.

자율주행 기술 개발의 핵심은 딥러닝Deep Learning이라는 AI 기술로 학습할 수 있는 도로 주행 영상 데이터다. 이 데이터는 주행 영상에서 승용차, 트럭, 자전거, 보행자, 가로수, 신호등, 차선 등 주행을 위해 인식해야 할 사물에 일일이 표시한 형태다. 그리고 그 데이터를 기반으로 녹색 신호등에는 주행하고, 도로에 사람이 들어섰을 때는 멈추고, 앞 차와 가까워지면 속도를 늦추는 등의 명령을 하게 해 준다.

이 데이터들을 웨이모는 시험 차량을 운전하면서 모으는 반면 테슬라는 고객 차량에 저장된 데이터를 와이파이가 연결됐을 때 전송받는 방식으로 모으고 있다. 게다가 테슬라는 영상에서 사물을 탐지해 그 경계를 표시하고 명칭을 삽입하는 과정을 자동화했고, 예외 상황, 예를 들면 자동차 뒤에 자전거를 매달고 가는 영상이나 대형 트럭이 다른 트럭 다섯 대를 싣고 가는 영상 등은 따로 추출해서 가이드한다.

그리고 정지하고, 가속하고, 급정거하는 등의 결과값도 자동 입력하고 있다. 결과값 입력을 '레이블링labeling'이라고 하는데, 사용자들이 직접 자율주행 자동차로 주행하면서 보이는 반응에 따라 자동적으로 레이블링 된다. 가령 2020년 8월에는 자동차가 녹색 신호를 인식해서 알림 소리를 내는 기능을 출시했다. 이 기능을 활용해서 운전자가 가속페달을 얼마나 밟는지 측정해 레이블링 데이터를 수집했다. 그리고 두 달 후인 10월에는 녹색 신호에서 자동으로 출발하는 기능을 출시했다.

테슬라는 이 같은 새로운 자율주행 기능을 개발하면 와이파이로 소프트웨어를 업데이트해서 고객 차량에 제공한다. 매일매일 자동차가 좋아지고 있는 것이다. 경쟁 기술인 캐딜락의 슈퍼크루즈는 신차를 구매해야 업데이트가 가능하다. 여기서 테슬라와 다른 자동차 기업의 시각 차이가 드러난다. 다른 자동차 기업들은 전기차, 자율주행차를 자동차로 보고 있는 반면, 테슬라는 스마트폰 같은 IT 제품으로 보고 있다. 테슬라는 필요하다고 판단하면 며칠 사이에라도 소프트웨어를 업데이트한다. 즉, 테슬라 자동차는 시간이 지날수록 제품이 점점 더 좋아지고 있다.

고객 차량을 통해 데이터를 수집하다 보니 도로가 파손됐거나 길이 없어진 경우 등 예외 상황을 매우 많이 수집하고, 학습도 더 많이 한다. 주행 중에 무단횡단을 하는 사람과 마주치거나 갑자기 사람이 도로로 뛰어드는 사례는 하루에도 수백 번씩 접한다. 그런 데이터를 바탕으로 테슬라는 보행자 무단횡단 시 급정거를 하는 경우, 사고도 피하면서 운전자도 놀래키지 않는 방향으로 기술을 계속 개선하고 있다. 따라서 제품을 쓰면 쓸수록 성능이 더 좋아질 수밖에 없다.

테슬라가 그리는 미래는 어떤 모습일까?

―――

2020년 9월 유럽에 있는 테슬라 고속 충전소에서 타사의 전기차가 무료로 충전을 한 사실이 알려졌다. 유튜버들이 달려가 전기를 공짜로 충전하는 영상을 찍어 올렸는데, 원인은 소프트웨어 오류 때문이었던 것으로 드러났다. 테슬라는 대규모 고속 충전 네트워크를 자사 제품에만 독점적으로 허용해왔다. 애플리케이션을 통해 테슬라 차주라는 것을 인증해야 무료 충전이 가능하다. 그 애플리케이션이 오류를 일으켜서 발생한 일이라고 하는데, 테슬라가 고속 충전소를 개방하기 위해 일부러 타사 전기차의 무료 충전을 허용했다는 소문이 돌기도 했다. 자율주행 사업에 대비하는 테슬라의 계산이 깔려 있다는 이야기다.

테슬라가 고속 충전소를 개방하려는 이유는 운전자 운행 데이터 때문이다. 테슬라가 실제 도로 주행 데이터 측면에서 앞서가고 있는 것은 사실이지만, 운전자의 운행 행태도 수집하고 싶기 때문이다. 물론 테슬라는 고객의 운행 정보를 차곡차곡 쌓아 놓고 있지만, 2020년까지 총 판매된 테슬라 자동차는 140만 대 정도다. 다른 자동차 회사들은 1년에 수천만 대를 팔고 있다. 그 때문에 테슬라는 자사의 충전 네트워크를 개방하려고 한다. 테슬라의 고속 충전소에서 충전하려면 테슬라에 계좌가 등록돼 있어야 하고, 스마트폰에 애플리케이션을 깔아야 한다. 테슬라는 애플리케이션을 통해 그 자동차의 운행 데이터를 축적할 수 있게 된다. 이처럼 테슬라는 고속 충전소를 전기차 판매가 아니라, 자율주행 데이터 확보를 위한 수단으로 사용하겠다는 속내를 가지고 있다.

테슬라는 2021년부터 완전 자율주행 기능을 구독 서비스로도 제공하겠다고 밝혔다. 이전에는 1,000만 원이 넘는 옵션으로 판매해 왔는데, 월 구독료를 받고 서비스하려 한다. 고객은 완전 자율주행 기능을 사용하다 필요 없으면 구독을 해지하면 된다. 테슬라가 자율주행 기술에 자신감이 붙은 모양이다. 아마도 시간이 조금 더 지나면 테슬라 자동차 자체를 구독료를 받고 고객에게 대여할 가능성도 높다. 그때가 되면 새 제품이라는 것이 의미가 없어진다. 낡은 하드웨어는 주기적으로 교체하고 그때까지 축적한 운전자 성향에 맞춘 서비스 정보만 남길 것이기 때문이다.

테슬라가 그리는 미래의 모습 속에는 자율주행과 AI 기술을 활용한 로보택시Robotaxi 사업이 있다. 일론 머스크는 2021년 이후 이 서비스를 시작하겠다고 공언해왔다. 이 서비스는 신기하고 매력적이다. 차주는 테슬라 자동차를 타고 회사에 출근해 일을 하고, 퇴근 시간까지 자동차에게 일을 시킨다는 개념이다. 퇴근할 때까지 자동차가 혼자 나가서 자동차 공유 서비스를 이용해 돈을 벌어올 수 있게 만들겠다는 계획이다. 실제로 이런 계획을 실현하기 위해 테슬라 자동차 내부에 카메라를 달아 로보택시 고객이 자동차를 훼손하는지 모니터링할 수 있도록 디자인해 출시하기도 했다. 테슬라에서는 이를 통해 차주가 매달 300만 원 정도의 수익을 올릴 수 있을 것이라고 말했다.

테슬라가 그리는 미래가 얼마나 빨리 올지 정확히 알 수는 없다. 그러나 분명한 것은, 테슬라는 자동차를 한 번 판매하는 제품이 아니라 고객을 위해 지속적으로 서비스하는 매개체로 보고 있다는 사실이다. 테슬라가 고객에게 완전히 새로운 가치를 제공할 수 있는 로보택시 같은 아이디어를 낼 수 있는 것은 원샷 게임이 아니라 반복 게임 환경에서 자동차 사업을 바라보고 있기 때문이다.

과거 혁신은 기술과 제품을 새롭게, 앞으로 혁신은 사용자 경험을 새롭게

제조 회사가 서비스 회사가 되고, 자동차 같은 대형 제품마저 구독 서비스로 비즈니스모델을 전환한다 해도 구매와 소유가 사라지지는 않을 것이다. 그래서 소비자 입장에서는 소유와 소비의 경계를 명확히 해야 한다. 자동차를 '이동'이라는 사용가치를 위해 구매하는 사람도 있지만, 값비싼 수입차를 탄다는 '만족감' 때문에 이용하는 사람도 있기 때문이다. 따라서 앞으로 소비자는 한정된 비용으로 어떤 영역에서 소유하고, 어떤 영역에서 소비할지를 명확하게 결정할 필요가 있다.

한편 모든 사람은 소비자인 동시에 일터에서 일하는 생산자다. 생산자로서 제품의 서비스화에 대비할 것이 있다. 원샷 게임 시대에 혁신은 기술이나 제품 개발에서 나오는 경우가 많았다. 그러나 반복 게임 환경에서 혁신은 사용자 경험을 새롭게 만드는 데서 나온다. 일터에서 만들어 내는 것이 무엇이든 간에 고객의 사용성에 대해 더 깊이 고민해야 하는 상황이 됐다.

04

구글에서는
이런 팀이 일을 잘한다

페이스북 CEO인 마크 저커버그Mark Zuckerberg의 책상 사진이 화제가 된 적이 있다. 별도의 사무실이 아닌, 다른 직원들 사이에서 책상에 노트북 하나 올려놓고 일하고 있는 저커버그의 모습에 사람들은 적잖이 놀랐다. 수십조 원의 재산을 가진 대부호가 평범한 개발자들 옆에서 나란히 일하는 사진은 인상적이었다. 이 사진은 페이스북이 어떤 식으로 운영되는지 추측할 수 있게 한다. 저커버그가 이렇게 일하는 것은 아마도 직원들과 스스럼없이 아이디어를 나누기 위함일 것이다. 사장실을 아무리 멋지게 꾸며 놓는다고 해도 그곳에서는 직원들과 자유롭게 아이디어를 나눌 수가 없다.

페이스북과 인스타그램은 소셜 미디어 서비스 기업이다. 비즈니스모델 자체가 원샷 게임이 아닌 반복 게임을 가정하고 있다. 그래서 중장기 계획도 필요하지만 매일매일의 고객 만족과 대응이 중요하다.

반복 게임을 해야 하는 디지털 환경에서는 필히 직원들의 다양한 아이디어를 적극적으로 수용해야 한다. 앞으로 대부분의 기업은 서비스 기업이 될 것이기 때문이다.

서비스업은 여러 다양한 고객의 요구를 현장에서 만족시키는 것이 중요하다. 동시에 예측 불가능한 환경에서 다양한 아이디어를 실험하고, 고객의 반응에 따라 서비스를 진화시켜 나가야 한다. 이를 위해서도 아이디어가 많은 조직이 유리하다. 글로벌 IT 기업들이 조직을 수평적으로 유지하고 직원들에게 일하기 편안한 환경을 제공하는 이유도 그 때문이다. 구글에서 아이디어를 자유롭게 내는 성과가 높은 조직은 심리적 안전감이 높다는 연구 결과가 있다. 심리적으로 안전하다는 마음이 들어야 말단 직원까지 자유롭게 이야기하고, 그 아이디어를 실험하고, 문제를 해결할 수 있다는 얘기다. '심리적 안전감psychological safety'은 하버드대학교에서 박사 과정을 밟던 한 학생에 의해 처음 제기된 개념이다.

팀워크와 성과의
상관관계

하버드대학교에서 공학과 산업디자인을 전공한 에이미 에드먼슨Amy Edmondson은 3년 만에 대학을 졸업했다. 졸업 후에는 전공을 살려 유명 건축가 사무실에서 수석 엔지니어로 일했다. 그리고 몇 년 후 컨설팅 회사로 이직해서 주로 대기업을 대상으로 변화관리 프로젝트를 수행했다. 10년 정도 이 일을 하며 여러 회사를 경험한 에이미는 조직을 혁신하는 데 있어 가장 중요한 것은 기술이 아니라 사람이라는 사실을 깨달았다. 그리고 다시 대학으로 돌아가 공부를 계속했다. 그녀는 석사로 심리학을, 박사로 조직행동론을 전공했다. 이때부터 그녀의 주된 관심은 '어떻게 하면 조직을 혁신적으로 바꿀 수 있는가' 하는 것이었다.

박사 1년차에 그녀는 우연히 자신의 인생을 결정짓게 될 연구에 참여했다. 보스턴 주변에 있는 주립병원과 대학병원의 협조를 얻어 진행한 연구로, 그곳에서 그녀는 팀워크와 의료 과실 발생률의 상관관계를 밝히는 임무를 맡았다. 연구 대상은 모두 여덟 개의 진료 팀으로, 각각의 팀은 간호사를 위주로 의사와 검사 전문 인력 등으로 이뤄져 있었으며, 팀의 책임자는 수간호사였다.

이 중 팀워크가 가장 좋은 팀과 가장 나쁜 팀의 특징은 다음과 같았다.

팀워크가 가장 좋은 팀

수간호사는 항상 혈흔이 묻어 있는 수술복을 입고 있었다. 그녀는 늘 자기와 함께 일하는 간호사들을 존중했다. "우리 간호사들은 문제가 있으면 항상 함께 해결해요. 모두 전문가인 데다 서로 관계도 좋아요. 사실 간호사들이 스트레스를 가장 많이 받기 때문에 문제가 발생해도 스스로 해결할 수밖에 없어요." 이 팀의 다른 간호사는 이렇게 말했다. "우리는 서로 돕는다는 암묵적인 룰이 있어요. 실수가 발생하지 않도록 서로 체크해주죠. 설사 실수가 발생하더라도 그걸 가지고 뭐라고 하지는 않아요. 담당 의사에게 말하고 실수한 부분을 해결합니다." 또 다른 간호사도 덧붙였다. "여기서는 모두 실수를 인정하는 분위기예요. 수간호사님은 항상 우리 편이거든요."

팀워크가 가장 나쁜 팀

이곳의 수간호사는 항상 정장 차림이었다. 그리고 자기들 병동이 제일 깨끗하고 단정하며, 자기 팀이 가장 전문성 높은 조직이라고 자랑했다. 그녀는 인터뷰 도중에 "인턴들이 문제예요. 도대체 숙소를 정리하질 않아요. 만날 방을 어질러 놓고 다니니…"라며 언짢아하기도 했다. 연구자들에게도 병원 내에서 ID카드를 항상 패용하고 다니라고 지시했다. 이 팀에서 실수는 용납되지 않았다. 한 간호사는 이렇게 말했다. "의료 과실이 생기면 큰일납니다. 실수를 하면 마치 재판정에 나간 기분이 들어요. 제가 선생님한테 이런 말을 하는 것도 수간호사님이 알면 야단날 걸요." 다른 간호사도 거들었다. "우리 병원은 간호사에게 책임을 돌리는 것 같아요. 실수라도 할라치면 의사들이 나무라고 수간호사가 누구냐며 비난합니다." 이 팀은 직군별로 소통이 잘되지 않았다.

연구를 시작하면서 연구자들은 당연히 팀워크가 좋은 곳이 성과도 더 높을 것이라고 생각했다. 그런데 반대의 결과가 나왔다. 팀워크가 가장 나쁜 팀이 의료 과실이 가장 적고, 두 병원 여덟 개 팀 중 가장 훌륭한 리더가 이끄는 팀이 처방 실수가 가장 많았다.

처음에는 좋은 리더십의 부작용이 아닐까 생각했다. 리더가 훌륭하고 팀워크 좋은 곳은 좋은 게 좋은 거라고, 서로 봐주다 보니 팀원들이 해이해져 실수를 많이 저지르고, 팀워크가 나쁜 곳은 더 조심해서 일하다 보니 실수가 적었던 것이라고 생각했다. 상식적인 해석이다.

그렇다면 정말 좋은 리더십의 부작용 때문에 이런 결과가 나온 것일까?

리더십은 성격이 아니라 시스템의 결과

하버드대학교 연구팀은 리더십만 조사한 게 아니다. 단위 조직이 가지고 있는 업무 프로세스, 규칙, 제도 등 시스템도 분석했다. 팀워크가 좋은 곳은 더 합리적인 업무 프로세스와 시스템을 구축하고 있었다. 실수했을 때 제대로 알려주고 반성하는 피드백 프로세스도 리더십 좋은 조직이 더 체계적으로 갖추고 있었다.

연구팀은 데이터에 가려진 진실을 찾기 시작했다. 6개월 동안 팀원들을 심층 인터뷰하며 원인을 분석했다. 그리고 생각지도 못했던 사실이 드러났다. 팀워크가 나쁜 팀에서 처방 실수가 적은 것은 실제로 실수가 적어서가 아니라 실수를 숨기기 때문이었다. 팀워크가 좋은 팀과 나쁜 팀 중 실제로 어느 곳에서 의료 과실이 더 많고 적은지는 정확하게 알 수 없었고, 비슷하다고 말할 수 있었다.

연구팀은 처방 실수를 두 가지로 분류했다. 막을 수 있는 진짜 실수와 불가피한 실수로 말이다. 불가피한 실수는 올바른 처방에도 불구하고 환자에게서 나타나는 부작용 같은 것이다. 이는 의료진의 책임이 아니다. 이 수치는 팀워크가 좋은 팀과 나쁜 팀에서 모두 비슷하게 나왔다. 불가피한 처방 실수는 책임이 의료진에게 있는 것이 아니기 때문에 실수를 감출 필요가 없다. 그래서 팀워크가 나쁜 팀에서도 솔직하게 보고해왔다.

연구팀은 처방 실수뿐만 아니라 중간에 실수를 인지하고 수정한 경우도 조사했는데, 이 수치 역시 팀워크가 좋은 팀이 더 높았다. 즉 팀워크가 좋은 팀은 여러 의료 전문가들의 손을 거쳐 진행되는 환자 간호 과정에서 앞에서 저지른 실수를 발견하고 고치는 경우가 훨씬 많았다. 팀워크가 나쁜 팀은 실수에 대해 알고도 드러내지 않다 보니 실수를 인지할 가능성도 낮았다.

이 연구에서 팀워크가 좋은 팀과 나쁜 팀의 두드러진 차이는 솔직함 또는 개방성의 정도였다. 팀워크가 좋은 팀은 중요하든 사소하든, 성과든 실수든 대부분의 정보를 드러내고 공유했지만, 팀워크가 나쁜 팀은 부정적인 정보는 감췄다. 팀워크 좋은 팀은 실수를 인정하는 분위기, 두려움 없이 무슨 말이라도 할 수 있는 분위기가 형성돼 있고, 팀워크가 나쁜 팀은 자신의 생각이 틀렸다고 지적받는데 대한 두려움이 있었다. 여기서 대두되는 것이 바로 '심리적 안전감'이다. 이 연구를 시작으로 에이미 에드먼슨 교수는 평생 심리적 안전감에 대해 연구했다.

이 연구에 대해 읽다 보면 이런 질문이 떠오르게 된다. "팀워크가 좋은 팀과 나쁜 팀을 결정하는 것은 무엇인가?"

성급하게 답을 말하자면, 팀워크는 리더가 결정한다. 즉, 좋은 리더는 팀워크가 좋은 팀을 만들고, 나쁜 리더는 팀워크가 나쁜 팀을 만든다. 그래서 리더십이 만병통치약인 것처럼 언급된다. 하지만 리더십은 시스템의 결과적인 측면이 있다. 여덟 개 병동 중 팀워크가 가장 좋은 팀은 시스템도 가장 좋았다. 업무 프로세스, 제도, 피드백, 팀원 간의 관계가 모두 잘 돌아가고 있었다. 반면 팀워크가 가장 나쁜 팀은 시스템이 제대로 돌아가지 않았다. 팀원들이 정보를 감추고 문제를 숨기면 리더 역시 감시를 강화할 수밖에 없다. 아무리 착한 리더도 조직이 제대로 돌아가지 않으면 화를 낼 수밖에 없고, 매사 불평만 늘어놓는 사람도 자기 조직이 성과가 좋으면 관대해질 수밖에 없다. 그러므로 리더의 성격이나 개인적인 기질만으로는 팀워크가 좋은 팀을 만들 수 없다. 좋은 시스템은 좋은 리더를 만들고, 좋은 시스템에서 좋은 리더가 더욱 빛나는 법이다.

보통 사람들끼리도 상호작용만 잘하면
슈퍼스타도 할 수 없는 일을 할 수 있다

요즘 심리적 안전감이 주목받는 이유가 있다. 오늘날 가장 좋은 시스템, 가장 뛰어난 리더십을 자랑하는 회사는 아마도 구글일 것이다. 이런 구글에서도 가장 일을 잘하는 팀의 심리적 안전감이 유독 높게 측정됐다.

구글의 인력분석팀은 2009년부터 '산소 프로젝트'라는 이름으로 자사의 인재, 특히 팀장급 이상의 데이터를 심층 분석해왔다. 이들의 정보와 성과는 물론, 이메일과 회의 자료 등을 통해 누구를 만나고 어떻게 일하는지 등 정성적인 행동에 대해서도 분석했다. 심층 분석을 통해 우수한 리더는 기술력이나 전문성을 갖춘다고 되는 게 아니라는 것이 밝혀졌다. 직원들과 자주 소통하고, 다른 팀의 일에 도움을 주며, 주변 사람들에게 동기부여를 잘하는 사람이 성과가 높게 나왔다. 구글은 이 결과를 활용하기 위해 동료에게 어떤 도움을 줬는지를 측정해 인사에 반영한다. 그 때문에 연말이 되면 다른 팀을 기웃거리며 "내가 뭐 도울 일 없어요?"라고 묻는 사람이 적지 않다고 한다.

구글 인력분석팀은 2012년에는 뛰어난 팀의 비밀을 분석하는 프로젝트를 시작했다. "전체는 부분의 합보다 크다"라는 아리스토텔레스의 철학을 담아 '아리스토텔레스 프로젝트'라고 명명했다. 엔지니어, 통계 전문가, 심리학자 등이 모여 200개에 가까운 구글의 팀을 조사 분석했다. 그간 뭉뚱그려 '조직 문화'라고 부르던 특징들을 하나하나 발라내 구체적인 특성을 추려냈는데, 결과를 도출하기까지 4년이 걸렸다. 구글 인사 담당자 라즐로 복Laszlo Bock은 결과를 발표하며 이렇게 말했다.

"슈퍼스타는 필요 없었습니다. 이런 생각은 근거 없는 신화예요. 보통 사람들로 팀을 만들더라도 상호작용만 잘하면 슈퍼스타도 할 수 없는 일을 해낼 수 있어요. 최고의 팀에 가장 중요한 것은 발언권과 상대에 대한 감수성입니다."

최고의 팀에서는 서로 배려하고, 공감대가 잘 형성되고 있었다. 그 팀의 리더는 팀원의 말을 끊지 않고, 팀원이 한 말을 요약해 말하면서 그의 말을 귀담아 듣고 있다는 것을 표현했다. 또 모르는 것은 흔쾌히 인정하며, 말이 없는 팀원들도 반드시 발언하도록 유도했다. 개인적인 비판은 가급적 자제했으며, 갈등이 생기면 공개적으로 풀었다. 구글은 심리학 용어를 빌려와 이런 특징을 '심리적 안전감'이라고 설명했다.

구글 최고의 팀은 또 어떤 구체적인 특징들을 가지고 있을까?

팀워크가 좋은 팀은 '신뢰성'이 높다. 팀원들이 일을 잘 끝낼 수 있다고 서로 믿고 맡긴다. 또 조직 구조와 투명성 측면에서 팀의 목표와 각자의 역할, 계획이 분명하다. 일에서 '의미'를 찾는다. 각자의 일이 자신뿐만 아니라 다른 팀원에게도 얼마나 중요한지를 알고 한다. 그뿐 아니라 일의 '영향력'을 깨닫고 있다. 지금 하는 일이 회사와 사회에 어떤 영향을 주고 변화를 가져오는지 인식하고 있다. 이런 특징들과 함께 심리적 안전감은 성공의 토대가 된다.

심리적 안전감은 단순히 친절함이나 편안함을 의미하는 것이 아니다. 업무와 관련해서 어떤 말을 하거나 무슨 일을 벌이더라도 핀잔을 듣거나 벌을 받지 않을 거라고 생각하는 상태를 말한다. 즉, 팀원들끼리 서로 상처받지 않고 자연스럽게 행동할 수 있으며, 두려움 없이 위험을 감수하는 상태다. 이 조건이 먼저 충족돼야, 즉 심리적 안전감이 있어야 나머지 특징들이 만들어질 수 있다.

반복 게임의 시대에 더욱 필요한 심리적 안전감

디지털 분야에서 가장 혁신적인 기업인 구글에서 심리적 안전감을 강조한다는 사실만 봐도 심리적 안전감이 요즘 기업에 꼭 필요한 덕목임을 알 수 있다.

심리적 안전감은 디지털로 전환되는 환경에서 기업이 성공하기 위해 갖추어야 할 가장 중요한 덕목 중 하나다. 경쟁사가 명확하고 제품 경쟁이 중요했던 제조업의 시대에는 수직적인 조직 문화가 통했다. 카리스마 있는 리더가 직원들에게 명확한 목표를 제시하고, 구성원들은 그 지시에 따라 일사불란하게 움직이는 것이 효과적이었다. 하지만 디지털 시대에는 직원들 스스로 판단하고 행동하게 만들어야 한다. 제품과 경쟁사의 경계도 명확하지 않고, 제품 판매 이후에도 고객과 지속적으로 소통하고 서비스해야 하기 때문이다. 즉 반복 게임을 해야 한다. 한 번 판매하는 것으로 끝나지 않고 무언가 새로운 것을 계속해서 창출해 내야 하는 이런 상황에서는 리더가 모든 일을 일일이 시킬 수 없다. 그리고 새로운 시도는 자연스레 실패가 따른다. 이럴 때 리더는 구성원을 북돋고 다시 도전할 수 있도록 동기부여할 수 있어야 한다. 심리적 안전감이 필수적으로 요구된다.

지시하는 리더에서
지원하는 리더로

조직에서 심리적 안전감을 확보하기 위해서는 세상이 요구하는 리더십이 달라졌다는 사실을 인지해야 한다. 지금은 리더가 모든 것을 다 아는 시대가 아니다. 불확실하고 모호한 환경인 만큼 리더도 앞날을 정확하게 예측할 수 없다. 하루가 멀다 하고 새롭고 복잡한 기술이 출현하고, 고객의 니즈도 다양해지고 있다. 리더라고 이런 것을 다 알 수 있는 것은 아니다. 따라서 과거에는 답을 알고 직원에게 지시하는 리더였다면, 이제는 직원을 지원하는 리더로 변신해야 한다.

우선 권위주의와 자기중심적 사고를 버려야 한다. 권위적이고 자기중심적인 사람 앞에서는 누구도 솔직하게 자기 생각을 이야기할 수 없다. 눈치를 볼 수밖에 없다. 권위주의와 자기중심적 사고는 심리적 안전감을 해치는 가장 큰 요인이다. 그런데 위로 올라갈수록 자기도 모르게 권위적으로 행동하고 자기중심적으로 생각하는 것이 문제다.

2008년 베이징 올림픽에서 있었던 일이다. 미국의 조지 W. 부시 대통령이 남자 개인 혼영 400미터 결승 경기에 출전한 마이클 펠프스 선수를 응원하기 위해 경기장을 찾았다. 그리고 성조기를 들고 응원하기 시작했다. 그런데 언론에 보도된 사진을 보면 선수를 응원하는 조지 W. 부시 대통령이 들고 있는 성조기의 앞뒤가 바뀌어 있다. 성조기의 정면이 부시 대통령 쪽을 향하고 있다. 응원이라는 것이 선수에게 힘을 주기 위해 하는 것임에도 부시 대통령은 선수의 시점이 아니라 자기 시점에서 국기를 들었다. 나중에 부인 로라 여사가 바로잡아주기는 했지만, 이 장면은 언론을 통해 전 세계로 타

[자료 4] 성조기를 반대로 들고 선수를 응원하는 부시 대통령

* 출처: Getty Images

전됐다.

노스웨스턴대학교의 애덤 갈린스키Adam Galinsky 교수는 왜 이런 일이 일어났는지에 대해 밝히는 실험을 했다. 실험 참가자를 두 그룹으로 나눠 한 그룹에는 과거에 권력을 휘두르던 때를 떠올리라고 했다. 권력을 휘두르던 때란, 누군가의 점수를 매기거나 타인의 성과를 평가했던 경험처럼 다른 사람에게 영향을 줄 수 있는 힘을 가졌던 때를 말한다. 이 경험을 떠올리고 그때 무슨 생각이 들었는지, 어떤 느낌이었는지를 글로 쓰라고 했다. 또 다른 그룹은 반대의 경험을 상기하게 했다. 권력 아래 놓였던 때의 경험을 글로 상세히 기술하라고 했다. 그런 후 펜으로 각자의 이마에 대문자 E를 쓰게 했다. 글자는 두 가지 형태로 나타날 수 있다. 자기 관점, 즉 다른 사람이 볼 때 E자의 좌우가 바뀌게 쓸 수 있고, 다른 사람 관점에서 E자로 보이게 쓸 수도 있다. 예상대로 권력을 행사했던 경험을 떠올린 그룹에서는 부시 대통령처럼 자기 관점에서 E자를 쓴 사람이 많았다. 반면 권력에 지배당한 경험을 떠올린 그룹에서는 다른 사람의 관점에서 E자를 쓴 사람이 많았다.

갈린스키 교수는 권력이 우리 뇌를 변화시킨다고 말한다. 실험 참가자들이 권력에 관한 아주 사소한 기억을 떠올리는 것만으로도 이런 자극을 받았듯이 실제 권력의 영향력은 이보다 훨씬 크다는 것이다.

권위주의를 버리면 솔직해진다. 리더가 권위적인 모습을 보이는 이유는 구성원들보다 자신이 더 낫다는 것을 보여주기 위해서다. 특

[자료 5] 권력에 관한 기억이 뇌에 미치는 영향 실험 장면

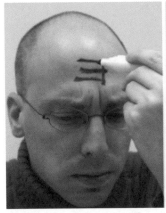

* 출처: Psychological Science, 2006

히 똑똑한 직원이 혹시 자신을 무시하지는 않을까 하는 생각이 들면 더 권위적으로 행동하기 쉽다. 그런데 이제는 리더보다 더 똑똑하고 더 잘 아는 구성원이 많아질 수밖에 없다. 리더가 더 많이 알던 시대 는 끝났다. 리더는 때에 따라서는 "잘 모르겠습니다", "도움이 필요 해요", "이번엔 제가 실수했네요"라는 말을 자연스럽게 꺼낼 줄 알아 야 한다. 리더로서 스스로 모른다는 사실을 인정하고, 자신의 실수를 고백할 때 오히려 직원들의 마음을 얻을 수 있다.

이와 함께 리더는 구성원들이 하는 말을 잘 들어줘야 한다. 부하 직원의 말을 경청하고 인정하고 칭찬해야 직원이 거리낌 없이 계속 입을 열게 된다. 회의를 할 때 한 사람도 빠짐없이 발언하게 하는 원 칙을 세우는 것도 좋다.

심리적 안전감은 쌓기는 어렵고,
무너지기는 쉽다

중요한 게 있다. 이런 활동은 일회성으로 끝나면 안 된다. 심리적 안전감은 쌓는 데는 오랜 시간이 걸리지만 무너지는 건 한순간이다. 그래서 조직이 어려워지더라도 지원하는 리더의 모습을 유지하는 것이 관건이다. 성과가 좋고 매사가 잘될 때는 실수가 문제 되지 않는다. 하지만 실적이 나빠지면 관리를 강화하기 일쑤고, 실수를 지적하기 쉽다. 지원하는 리더로 바뀌었다가도 다시 지시하는 리더로 돌아갈 수 있다. 문화라는 것은 과거부터 오랫동안 축적된 행동의 결과로, 쉽게 변하지 않는다. 오랜 기간 일관되게 이어져야 탄탄해지는 만큼 변화하려면 그만큼 오랜 시간이 걸린다.

심리적 안전감이 쌓이는 분위기가 형성됐다가 과거로 되돌아가면 구성원들은 '그러면 그렇지', '내 이럴 줄 알았어'라고 생각하게 된다. 이렇게 되면 상황이 다시 좋아졌을 때 노력하더라도 심리적 안전감을 구축하기가 몇 배는 더 어려워진다. 변화관리에 실패하는 회사는 상황이 좋지 않을 때 예전으로 돌아간다는 특징이 있는데, 중간에 이랬다저랬다 하는 것이 더 위험하다.

심리적 안전감을 구축하는 방법을 요약하면 다음과 같다.

① 리더가 권위주의를 내려놓고 솔직하게 말한다.
② 구성원들이 자유롭게 말하게 하고, 그에 대해 경청, 인정, 칭찬

한다.

③ 도전적인 실패에 상을 주거나, 회의 때 1회 이상 돌아가며 발언하기 등의 규칙을 정한다.

④ 회사가 어렵더라도 질책하는 문화로 돌아가지 않는다.

현장 중심의
아이디어를 도출하는 법

———

원샷 게임 시대에는 판매 이전의 프로세스가 중요했다. 상품 기획과 연구개발에 많은 공을 들여 최대한 좋은 제품을 출시하는 것이 핵심이었다. 가능한 한 완벽한 계획을 세우는 것이 중요했다. 그러나 제품을 고객에게 인도하고 지속적으로 서비스해야 하는 반복 게임의 시대에는 판매 또는 상품 인도 이후의 프로세스가 더 중요하다. 소비자의 사용 패턴과 불만 사항을 즉각 인지하고, 고치고 또 고쳐야 한다.

원샷 게임 환경에서 조직 문화는 소수가 계획을 세우고 다수가 이를 일사불란하게 실행하는 수직적 문화가 효율적이었다. 그러나 반복 게임을 하게 되면 문화가 달라질 수밖에 없다. 시시각각 변화하는 고객의 반응과 취향을 반영해서 서비스해야 하는데, 소수의 계획으로는 이를 예상할 수 없다. 물론 그 누구도 고객의 반응을 완벽하게 예측할 수는 없다. 따라서 현장을 중심으로 많은 사람들이 아이디어를 낼 수 있는 조직 문화가 구축되어야 한다. 앞으로는 일을 할 때 다양한 의견을 내고 논의하고 토론하는 방식에 익숙해져야 한다. 리더는 신입사원이 아무것도 모르는 상태에서 하는 말의 가치를 소중하게 여기고, 직원은 윗사람의 지시를 기다리지 말고 매사에 자신의 의견을 적극적으로 내놓는 습관을 길러야 한다.

05

전 직원 월급을 똑같이 줬더니 행복감은 제자리, 생산성은 대폭 증가

국내 유명 브랜드 회사에서 브랜드와 마케팅을 담당하고 있는 상무가 나와 저녁을 먹으면서 이런 말을 했다.

"코로나로 어려운 상황에서도 사상 최대 실적을 냈어요. 직원들한테 너무 고마워요. 사장님께 건의해서 성과급을 듬뿍 지급하시라고 말씀드릴 겁니다. N분의 1로요. 모두 다 똑같이 고생했으니까, 똑같은 금액을 줘야죠."

그 제안이 파격적인 만큼 그는 임원이나 월급 많이 받는 부장 들이 반대할 거라고도 했다. 하지만 고위 직원들은 애초에 월급이 많지 않냐며, 1년 동안 고생한 직원들에게 보답해야 한다고 했다. 나는 매우 탁월하면서도 지금과 같은 반복 게임의 시대에 딱 맞는 아이디어라고 극찬했다.

반복 게임을 해야 하는 디지털 시대에는 직원들이 자발적으로 아이디어를 내고, 서비스 현장에서 누가 시키지 않아도 최선을 다하는가가 사업의 성패를 좌우한다. 시장의 역동적인 변화에 대응하고 까다로운 고객들의 입맛을 사로잡기 위해서는 시키는 대로만 하는 모범생 인재로 머물러서는 안 된다. 스스로 판단하고 자발적인 동기를 가지고 일하는 것이 필수다. 조직에 심리적 안전감이 조성돼야 하는 이유도 자발적으로 일하게 하기 위함이다. 제조업에서는 직원들 대부분이 기계적으로 일해 왔지만, 디지털 혁신이 일어나는 환경에서는 이렇게 해서는 안 된다. 지금까지와 달리 머리로 생각하며 일해야 한다. 그리고 아이디어가 넘치게 하기 위해서는 우리 뇌 속에 있는 시냅스를 활성화해야 한다. 그것은 스스로 일하고 싶다는 생각이 들어야 가능하다. 그러기 위해서는 금전 보상 등 외적 요인에 의한 동기부여보다 일 자체를 즐기는 등 내적 요인에 의한 동기부여가 되어야 한다.

그런데 성과급이 아니라, 모든 직원의 월급을 동일하게 지급하고 있는 괴짜 CEO가 있다. 자본주의의 본산인 미국에서 일어난 일로, 그 CEO는 '사회주의자'라고 공격받기도 하고, '또라이'라며 조롱당하기도 했다.

CEO를 포함해 모든
직원의 연봉을 7만 달러로!

———

2015년 4월 미국 시애틀에 있는 신용카드 결제 서비스 회사 그래비티 페이먼츠Gravity Payments의 CEO 댄 프라이스Dan Price는 중대 발표를 했다.

"앞으로 우리 회사 전 직원 117명의 연봉을 7만 달러(약 7,800만 원)로 맞추겠습니다. 지금부터 3년에 걸쳐서 모든 직원이 똑같이 7만 달러를 받도록 조정하겠습니다. 사실 CEO로서 제가 받는 돈은 보통 사람 월급에 비하면 말도 안 되게 많습니다. 제 연봉도 당장 7만 달러로 낮추겠습니다."

당시 그의 연봉은 100만 달러(약 11억 원)였다. 이 말을 들은 직원들은 기뻐하기는커녕 '무슨 일이 일어난 건가' 하는 표정을 지었다. 이어서 댄 프라이스가 "직원들이 돈 걱정에서 해방되기를 바란다"라며 그 취지를 설명하자, 그제야 환호성을 지르며 기뻐했다. 그때까지 직원들의 평균 연봉은 3만 달러(약 3,300만 원) 정도였다. 파격적인 정책이 아닐 수 없었다. 구체적으로는 5만 달러(약 5,600만 원) 이하를 받는 직원은 당장 5만 달러로 올리고, 이듬해에 6만 달러(약 6,700만 원), 그 다음해에 7만 달러로 인상하겠다고 했다.

이 소식은 연일 언론을 통해 보도되었고, 각계각층에서 폭발적인 반응을 보였다. 그와 관련해 SNS에 올라온 글은 5억 건이 넘었고, 이를 방송한 미국 NBC의 영상은 방송사 역사상 가장 많이 공유되었다. 뉴스가 나간 후 일주일 동안 그래비티 페이먼츠에 들어온 이력서만 4,500장이 넘었고, 댄 프라이스는 도널드 트럼프Donald Trump가 진행하던 리얼리티 프로그램 '어프렌티스'의 진행자 자리를 제안받기도 했다. 심지어 야후에서 임원으로 일하던 52세의 태미 크롤Tammi Kroll은 야후를 당장 그만두고 그래비티 페이먼츠로 이직했다. 그는 이직을 하면서 기존에 받던 연봉보다 무려 85퍼센트나 깎였지만 "지금까지는 돈만 좇았는데, 의미 있고 재미있는 일을 해 보고 싶다"라며 그래비티 페이먼츠를 선택했다.

물론 좋은 반응만 있었던 것은 아니다. 임원 중 두 명이 이 정책을 받아들일 수 없다며 회사를 떠났다. 또 많은 사람들이 댄 프라이스를 인기에 영합하는 정치꾼이라고 비난했다. 백만장자 방송인이었던 러시 림보Rush Limbaugh는 폭스뉴스에 출연해 "난 이 회사가 MBA 프로그램에 사례로 쓰였으면 합니다. 비즈니스계에서 사회주의는 작동하지 않는다는 걸 보여줄 테니 말이죠"라고 말하기도 했다. 심지어 그래비티 페이먼츠의 결제 서비스를 이용하는 고객사들도 이런 소식이 자기들 매장에 근무하는 근로자들의 월급 인상으로 이어지지 않을지 우려했다. 가장 큰 반작용은 회사를 함께 설립하고 지분의 30퍼센트를 소유한 댄 프라이스의 친형 루카스 프라이스가 소송을 낸 것이다. 이 정책이 회사의 가치를 떨어뜨려 결과적으로 자신의 지분 가치를 하락시킬 것이라고 예상했기 때문이다.

물론 이 정책으로 가장 큰 손실을 입은 사람은 댄 프라이스 자신이다. 우선 연봉이 100만 달러에서 7만 달러로 깎였고, 자신의 개인

주식과 부동산을 처분해 300만 달러(약 33억 원)를 마련해 회사에 추가로 투자했다. 그럼에도 댄 프라이스가 이런 결정을 내린 이유가 있었다.

그 무렵 그는 대학 동기를 만났는데, 친구는 '투잡two job'을 뛰며 일주일에 50시간씩 일하고 있었다. 그런데도 1년에 4만 달러(약 4,400만 원) 정도밖에 벌지 못했고, 그 돈으로는 시애틀에서 집을 살 수가 없었다. 친구는 "집주인이 월세를 200달러(약 22만 원)나 올렸어. 나한테는 너무 버거운 돈이야"라고 말했다. 그래서 그가 "얼마면 돈 걱정 안 하고 살 수 있을까?"라고 묻자 친구는 "7만 달러"라고 답했다.

그때 댄 프라이스는 노벨 경제학상을 수상한 대니얼 카너먼Daniel Kahneman과 앵거스 디턴Angus Deaton이 쓴 논문이 생각났다. 소득이 높아질수록 행복감은 올라가는데, 연봉 7만 5,000달러(약 8,400만 원)가 넘으면 더 이상 행복감이 올라가지 않는다는 내용의 논문이었다. 소득이 7만 5,000달러가 넘으면 돈보다는 다른 것에서 행복을 느낀다는 것이다. 좀 더 들어가면 7만 5,000달러 이하에서 사람들은 불행하다고 느끼고, 이 수준을 넘으면 불행을 일으키는 요소가 사라진다고 한다. 이때부터 돈에서 해방돼 행복을 추구하게 된다는 의미다.

그때까지만 해도 댄 프라이스는 자신이 사업을 통해 고객과 직원을 돕고 있다고 생각했다. 사업 동기가 좋았다. 고등학생 때 동네 카페에서 음료를 마시다가 신용카드 결제시스템이 매우 낙후돼 있다

[자료 6] 소득과 행복감의 관계

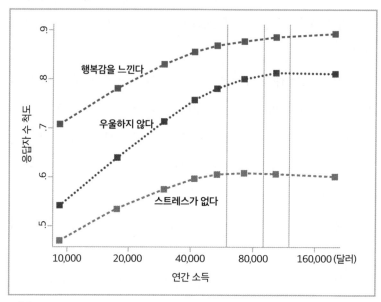

* 출처: Proceedings of the National Academy of Sciences, 2010

는 사실을 알았다. 이렇게 열악한데도 5퍼센트 넘는 수수료를 내야
한다는 게 불합리하게 여겨졌다. 이후 대학에 들어간 그는 열아홉
살의 나이에 대학 기숙사에서 그래비티 페이먼츠를 창업했다. 더 편
리하게 쓸 수 있는 결제시스템을 도입하고 수수료를 낮췄다. 회사는
가파르게 성장했다. 그러다 2008년 세계 금융 위기가 닥치자 회사는
파산 위기에 내몰렸다. 그때부터 그래비티 페이먼츠는 비용 절감 기
조를 유지해왔다. 직원 월급도 낮게 유지했다. 회사의 생존을 위해서
는 당연한 일이라고 생각했다. 그러다 친구를 만나 물가 비싼 시애
틀에서는 그 월급으로 직원들이 최소한의 기본적인 삶을 살기도 어

렵다는 사실을 깨달은 것이다.

당장 효과가 나타났다. 이직률이 극적으로 감소했다. 그래비티 페이먼츠의 6년간 평균 이직률에 비해 이직률이 18.8퍼센트포인트나 낮아졌다. 재미있는 것은 직원들이 느끼는 행복도의 변화다. 전 직원 7만 달러 정책을 시행한 후 행복도가 빠르게 상승했다. 이전에는 적은 평균 연봉으로 인해 행복도가 미국인 평균보다 낮았다. 그런데 평균 이상으로 급상승하던 직원 행복도는 3개월이 지나자 미국인 평균 수준으로 되돌아왔다. 불행까지는 아니지만, 급여 인상으로 인한 행복감은 오래가지 않았다.

그러나 경영 실적에 미치는 효과는 지속됐다. 6개월 후 결산에서 회사 매출은 전년 대비 35퍼센트 늘어 2,180만 달러(약 244억 원)를 기록했고, 이익은 두 배 가까이 늘어 650만 달러(약 72억 원)를 기록했다. 그래비티 페이먼츠의 결제 서비스를 계속 이용하는 비율도 91퍼센트에서 95퍼센트로 증가했다. 고객의 서비스 문의도 월 평균 30건에서 2,000건 이상으로 늘었다. 물론 이런 수치는 회사와 CEO가 언론에 많이 노출되었기 때문이다. 그러나 4년 후에도 경영 실적이 계속 나아지고 있었다. 이용자가 두 배로 늘었고, 연간 거래액은 38억 달러(약 4조 2,560억 원)에서 102억 달러(약 11조 원)로 증가했다. 직원은 117명에서 200명으로 늘었다. 그러나 댄 프라이스는 다른 지표가 좋아진 데 더 의미를 뒀다. 7만 달러 연봉제를 시행하기 전에는 한 해에 아이를 출산한 직원이 두 명 미만이었는데, 그 후 4년 동안 40명 이상이 아이를 출산했다. 또 그 전에는 1퍼센트 미만의 직

[자료 7] 그래비티 페이먼츠의 이직률 추이

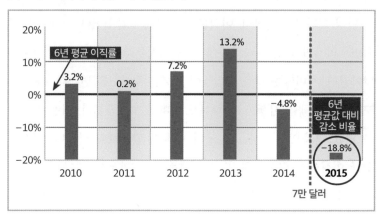

* 출처: https://gravitypayments.com

[자료 8] 그래비티 페이먼츠 직원들의 행복도 추이

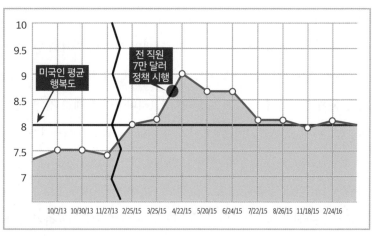

* 출처: https://gravitypayments.com

원만이 집을 소유했었는데, 7만 달러 연봉제 시행 후에는 10퍼센트 이상이 시애틀에서 집을 샀다. 무엇보다 많은 직원들이 그래비티 페이먼츠에 다닌다는 사실에 자부심을 느끼고 있다.

그래비티 페이먼츠에서는 어떤 일을 하든 모두 똑같은 월급을 받는다. 직원들은 성과급을 더 많이 받기 위해 열심히 일하지 않는다. 그럼에도 생산성은 인상된 급여 수준 이상으로 상승했다. 고객에 대한 서비스도 더 좋아졌다. 모두 자발적으로 일하게 됐다. 이렇게 자발적으로 일하는 이유는 일 자체에 목적이 있기 때문이다. 내적 동기에 의해 회사가 돌아가고 있는 것이다.

특히 회사가 위기에 처할 때 전 직원이 한마음이 되어 똘똘 뭉치는 회사가 되었다. 2020년, 코로나-19가 닥치자 그래비티 페이먼츠 역시 매출에 타격을 받았다. 이 회사는 고객사 매출의 0.3퍼센트를 가져가는데, 고객사 매출이 55퍼센트나 감소하면서 그래비티 페이먼츠도 직원을 정리해고 해야 하는 상황에 놓였다. 이에 CEO 댄 프라이스는 직원들과 40시간 동안 화상회의를 하며 문제 해결을 위한 아이디어를 모았다. 그 과정에서 직원들이 자발적으로 급여 인하를 제안했다. 여섯 명의 직원이 몇 달간 급여를 한 푼도 받지 않겠다고 했으며, 스물네 명이 급여를 50퍼센트 낮추겠다고 밝혔다. 그 결과 직원의 재정 상태에 따라 최대 50퍼센트까지 월급을 인하하고, 어느 누구도 정리해고하지 않기로 결정했다. 물론 댄 프라이스 본인의 월급은 전액 삭감했다. 아마도 이 회사는 코로나-19로 인한 위기를 극복하고 더욱 탄탄한 회사로 거듭나지 않을까 싶다.

내적 동기,
심리적 보상을 극대화한다

———

그래비티 페이먼츠의 실험이 지금까지 성과를 낼 수 있었던 것은 돈 때문이 아니다. 언론에서는 한 번에 월급을 올린 데 초점을 맞췄지만, 핵심은 다른 데 있다. 회사는 '전 직원이 소중하며, 모든 직원을 신뢰한다'는 믿음을 실천에 옮겼다. 그로 인해 그래비티 페이먼츠의 직원들은 돈이 아니라 일이 되게 하는 것 자체를 목적으로 일하게 됐고, 성과급이 아니라 고객의 만족을 위해 일하게 됐다.

직원이 일을 하게 하는 방법은 두 가지다. 불만을 없애주는 방법과 만족감을 키워주는 방법. 오래전에 심리학자 프레데릭 허즈버그Frederick Herzberg는 이를 '동기부여 이론'으로 설명했다. 허즈버그에 의하면 동기부여 이론에는 '위생요인hygiene factor'과 '동기요인motivation factor' 두 가지가 있다.

위생요인은 없으면 불만이지만, 갖춰지더라도 '0'이 되는 요소들을 말한다. 돈은 대표적인 위생요인이다. 돈이 적으면 불만이지만, 돈을 많이 받는다고 해서 만족하지도 않는다. 앞에 나온 카너먼과 디턴의 연구에서는 불만이 최소화되는 수준을 7만 5,000달러라고 했다. 위생요인은 대부분 물질적인 것, 즉 급여와 복지, 작업 환경, 고용 보장 등이다. 반면 동기요인은 성취감, 인정, 성장, 일 그 자체 등 심리적인 것들로, 내적 동기를 높이는 요소다.

이 이론에 의하면 그래비티 페이먼츠의 경우, 없으면 불만이지만 있더라도 '0'이 되는 돈이라는 위생요인이 갖춰졌음에도 생산성이 올라간 것은 CEO인 댄 프라이스의 리더십을 통해 직원들의 동기요인이 올라갔기 때문이다.

그래비티 페이먼츠의 사례는 요즘 더 주목할 만하다. 디지털 환경, 특히 서비스화가 진행되는 환경에서는 한 명의 천재보다 수많은 사람들의 아이디어와 창의성이 필요하다. 창의성은 내적 동기가 충만했을 때 활짝 꽃핀다. 심리학자들은 수많은 실험을 통해 이를 증명했다.

작가 일흔두 명을 대상으로 진행한 재미있는 실험이 있다. 먼저 참가자들에게 '눈'을 주제로 짧은 시를 짓도록 했다. 이후 작가들을 세 팀으로 나눈 후 각 팀별로 글을 쓰는 이유에 대한 설문을 실시했다. 이때 팀별로 각기 다른 질문을 던졌다. 첫 번째 팀은 성공한 작가가 누리는 금전적 혜택과 관련해 설문했고, 두 번째 팀은 글 쓰는 것이 좋기 때문이라는 내용으로 설문했으며, 세 번째 팀은 글쓰기와 상관없는 질문으로 구성했다. 설문을 통해 첫 번째 팀은 외적 보상 동기가 활성화됐고, 두 번째 팀은 내적 동기를 끌어올렸다.

설문이 끝난 후 이번에는 작가들에게 '웃음'을 주제로 짧은 시를 쓰게 하고, 창의성을 측정했다. 설문조사 전에는 작가들의 창의성이 크게 차이 나지 않았지만, 설문 이후에는 두 번째 팀의 창의성이 첫 번째 팀에 비해 훨씬 높게 나타났다. 세 번째 팀은 변화가 감지되지 않았다. 이 실험은 내적 동기가 창의성과 직결된다는 사실을 입증했다.

평생 조직 내 창의성에 대해 연구해온 하버드대학교의 테레사 애머빌Teresa Amabile 교수는 한 걸음 더 나아가 어떤 상황에서 일할 때 가장 창의적이고 효과적인지 답을 내놨다. 애머빌 교수는 다양한 업종에 속해 있는 일곱 개 기업에서 연구개발 등 혁신 관련 업무를 하는 238명에게 1년 가까이 일기를 쓰게 했다. 동시에 그날그날의 감정을 7점 척도로 평가하고, 업무 중 일어난 일을 키워드로 정리하게 했다. 그렇게 모은 총 1만 2,000건에 달하는 방대한 양의 일기를 분석한 결과 직무 만족도가 높을수록 창의적인 성과를 얻을 확률이 50퍼센트 높은 것으로 조사되었다.

재미있는 발견은 따로 있다. 직무 만족도가 가장 높은 날에는 어김없이 업무상 진전이 있거나 작은 성공을 경험했다는 사실이다. 오

[자료 9] 직무 만족도와 업무상 진전의 상관관계

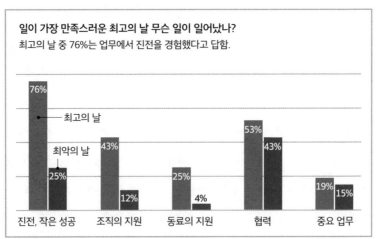

일이 가장 만족스러운 최고의 날 무슨 일이 일어났나?
최고의 날 중 76%는 업무에서 진전을 경험했다고 답함.

* 출처: Teresa Amabile, "The Progress Principle", 2011

랫동안 해결하지 못했던 문제를 해결하는 것처럼 거창하지 않더라도 소소한 아이디어가 떠오르거나 소프트웨어의 오류를 잡는 등 작은 발전이 사람들을 기분 좋게 만들었고, 이것이 창의적인 성과로 이어졌다.

지금까지 경영학에서는 상사나 동료의 인정이 직무 만족도를 높인다고 알려져 왔다. 그런데 이 연구에서는 인정이나 칭찬보다 자신의 업무가 진전됐을 때 더 만족도가 높은 것으로 파악되었다. 업무의 진전이나 작은 성공이 동기요인 중 가장 강력한 요소였던 것이다. 자발적 동기에 의한 작지만 지속적인 성취가 사람들을 몰입하게 만든다. 그래비티 페이먼츠에서처럼 말이다.

애머빌의 연구에 의하면 작은 성공과 함께 동료와의 협력, 지원, 인정, 중요한 업무를 하고 있다는 자부심 등이 직무 만족도를 높이고 창의적 결과를 가져온다. 모두 외적 보상이 아니라 심리적 보상에 의해서다. 자신이 하고 있는 일이 어떤 의미를 지니는지 인지할 때 업무에 더 몰입할 수 있다. 따라서 직원들의 몰입과 창의성, 직무 만족도를 높이기 위해서는 내적 동기, 심리적 보상을 극대화해야 한다. 이런 심리적 만족은 사회적 영향력을 중시하는 MZ세대일수록 더 중요하게 생각한다. 그래서인지 서비스화가 나타나는 반복 게임의 시대가 되면서 동기부여 방식에서도 커다란 변화가 감지되고 있다. 그 변화는 다음과 같다.

반복 게임의 시대,
동기부여 방식이 바뀌고 있다

━━━━

디지털 혁신과 사업의 서비스화를 가장 잘한 기업을 꼽으라면 단연 마이크로소프트다. 마이크로소프트는 이런 성공에 힘입어 2018년 말에는 16년 만에 시가총액 세계 1위를 탈환했고, 이후 애플과 1위 자리를 놓고 각축을 벌이고 있다. 마이크로소프트의 2020년 시가총액은 1조 5,000억 달러(약 1,680조 원)가 넘는다. 2014년 사티아 나델라가 CEO로 취임한 후 윈도우와 오피스 프로그램 판매에서 벗어나 제품 구독 서비스로 비즈니스모델을 탈바꿈했다. 사업에 대한 관점을 원샷 게임에서 반복 게임으로 바꾼 것이다. 제품 판매 기업에서 서비스 기업으로 변신하면서 직원들의 성과관리 방식도 완전히 바뀌었다.

마이크로소프트는 스티브 발머Steve Ballmer가 CEO로 있었던 시절에는 상대평가 방식을 유지했다. 직원을 정해진 비율에 따라 5등급으로 나누고, 최하 등급은 해고했다. 이 상대평가 시스템은 내부 경쟁을 통해 제품 판매를 늘리는 것이 목적이었다. 그러나 클라우드 및 소프트웨어 구독 서비스 전략에서는 고객의 사용량에 따라 매출이 발생한다. 따라서 한 번 판매하는 데서 그치지 않고, 고객과 계약 후 사후 관리를 지속해야 한다. 가령 고객에게 마이크로소프트의 다양한 제품을 더 능숙하고 편리하게 사용할 수 있게끔 가르쳐주고 도와준다면, 그 고객은 마이크로소프트의 프로그램을 더 많이 쓸 것이고, 매출은 올라갈 것이다. 이런 일은 혼자서는 할 수 없다. 협업을 해야 가능하다. 마이크로소프트가 경쟁을 부르는 상대평가 시스템을 없애고 협력을 중시하는 절대평가 방식을 도입한 이유다.

자연스레 과거에는 가능한 한 많은 고객을 만나는 직원이 높게 평가받았다면, 지금은 한 고객과 가능한 한 오랫동안 만나는 직원이 좋은 평가를 받는다. 즉 과거에는 더 많은 고객에게 제품을 팔아야 했다면, 지금은 이미 확보한 고객이 더 많은 양을 사용하게 해야 한다.

어도비Adobe, 골드만삭스Goldman Sachs, GE General Electric 등에서도 상대평가를 폐지하고 절대평가 방식을 도입했다. 이렇게 절대평가가 대세가 되자 '우리도 따라야 하나?'라는 생각에 절대평가 방식의 도입을 고민하는 기업이 많은 듯하다. 그러나 절대평가로의 전환은 남들 따라한다고 되는 것이 아니다. 이는 반복 게임을 하는 디지털 환경에서 사업의 서비스화가 진행되면서 고객에 대한 지속 서비스를 강화하기 위해 나타난 수단이라는 것을 이해해야 한다.

'직원을 어떻게 동기부여할 것인가?' 이에 대한 철학이 이처럼 바뀌어 가고 있다. 제조업의 시대에는 금전 보상과 경쟁 촉진으로 성과를 짜내는 것이 효과적이었다. 그러나 디지털화, 서비스화 환경에서 기업은 직원들이 내적 동기부여를 통해 일에 몰입하고 고객 만족에 대해 항상 고민하도록 지원하는 방법을 고안 중이다.

이제 동료는 더 이상
경쟁자가 아니다

———

반복 게임의 시대에는 동기부여 방식의 변화와 함께 직장에서 동료를 바라보는 시각도 바꿔야 한다. 그동안은 동료를 경쟁자로 봐왔다면, 반복 게임의 환경에서는 경쟁자일 때보다 협력자일 때가 더 많다는 사실을 인지해야 한다. 동료를 경쟁자로 보게 되면 고객에게 반복적인 만족을 줘야 하는 상황에서 치명적인 약점이 생긴다. 동료를 경쟁자로 보면 고객이 눈에 들어오지 않기 때문이다. 고객이 원하는 것을 찾아내고, 심지어 고객이 인지하지 못한 니즈까지 발견하기 위해서는 동료와 머리를 맞대고 묘수를 찾아내야 한다. 그런데 동료를 경쟁자로 보면 서로 협력할 수 없을 뿐만 아니라 동료의 생각과 행동에 민감해질 수밖에 없다. 반복 게임의 시대에는 보다 장기적인 동료 관계를 구축해야 한다.

토끼와 거북 이야기에서 거북이 경주에서 이긴 이유가 바로 여기 있다. 토끼는 거북을 보고 달렸지만, 거북은 결승선을 보고 달렸기 때문이다. 어떻게든 동료보다 잘하려고 하지 말고, 고객이라는 결승선을 보고 동료와 함께 뛰는 습관을 길러야 한다.

06

30년 동안 TV에 유재석, 강호동, 신동엽만 나오는 이유

TV를 켜면 아직도 간판 예능 프로그램의 MC는 유재석, 강호동, 신동엽, 김구라다. 이들은 모두 50세가 넘었다. TV의 주 시청자가 이들과 비슷한 세대이기 때문이다. 앞으로 사회를 이끌어가야 할 MZ세대는 스마트폰을 통해 넷플릭스나 웹드라마를 본다. 새로운 세대를 잡아야 하는 방송사들의 고민은 많은 기업의 고민과 닮아 있다.

참고로, MZ세대란 1981년부터 2000년대 초 사이 태어난 '밀레니얼 세대Millennial Generation'와 1995년부터 2004년 사이에 출생한 세대를 일컫는 'Z세대'를 아우르는 개념으로, 반복 게임이 나타나는 디지털 환경에서 획기적인 서비스를 하려면 디지털 기술과 함께 자라난 MZ세대가 더 큰 역할을 해야 한다. 미국 경제가 여전히 세계

패권을 장악하고 있는 것은 MZ세대가 주도하는 혁신 때문이다. 미국은 이들을 통해 1990년대 말 인터넷 혁신을 시작으로 모바일 혁신, AI 기반의 디지털 혁신을 거듭하고 있다. 기존의 산업이 쇠락하면 새로운 산업이 그 자리를 대체하면서 경제가 계속 성장하고 있는 것이다. 전통 기업 중심인 우리나라의 경우도 MZ세대의 역할이 커지면 기존의 비즈니스를 혁신할 수 있다.

방송사들의 고민에 대해 살펴보기 위해 최근 일고 있는 트로트 열풍에 대해 먼저 살펴보자.

TV만 켜면
트로트, 트로트

언제부턴가 TV만 켜면 트로트가 나온다. 이 같은 트로트 열풍은 2019년 TV조선에서 만든 '내일은 미스트롯'에서 시작됐다. 30퍼센트가 넘는 시청률을 기록했고, 우승자 송가인은 각종 프로그램에 나와 인기몰이를 했다. 여기에 MBC '놀면 뭐하니?'에서 유재석이 트로트 가수 유산슬로 활동하며 트로트 붐을 키웠다. 1년 후 TV조선에서 방송된 '미스터트롯' 역시 선풍적인 인기를 얻으며 트로트 열풍을 이어갔다. 이후 '미스터트롯' 출신 가수들이 출연한 예능 프로그램 '사랑의 콜센타', '뽕숭아학당' 등은 높은 시청률을 기록하며 트로트의 인기를 증명했다.

그러자 다른 방송사들에서도 트로트 관련 프로그램이 우후죽순 생겨났다. 여성 트로트 가수 대결 프로그램인 MBN의 '트로트퀸', 유명 트로트 가수들이 출연해 경연을 펼친 MBC의 '나는 트로트 가수다', SBS의 '트롯신이 떴다', KBS의 '트롯 전국체전', MBC의 '트로트의 민족', MBN의 '보이스트롯' 등이다. 이 밖에도 유명 가수나 아이돌이 트로트에 도전하는 '최애 엔터테인먼트', '내게 ON 트롯' 등 트로트를 활용한 상품이 계속 나왔다. 이런 프로그램들은 대부분 기본 이상의 시청률을 기록하며 제작사들을 만족시켰다. 당연히 기존의 예능 프로그램에도 트로트 가수들이 자주 출연하고 있다. 트로트 가수들은 이제 '시청률 제조기'로 불린다.

문화평론가들은 오랫동안 찬밥 신세였던 트로트가 갑자기 이렇게 인기를 얻게 된 이유를 여러 가지로 분석한다. 원래 트로트가 한국인의 정서에 잘 맞기 때문에 주기적으로 유행한다는 것이다. 또 트로트가 시대에 맞게 변화해 세련미를 갖췄고, 젊은 스타들이 대거 유입되었기 때문이라는 의견도 있다.

그런데 간과할 수 없는 것이 세대별 문화 특성과 관련된 이유다. 젊은이들이 TV를 보지 않기 때문에 어른들이 좋아하는 트로트가 인기를 얻고 있다는 사실이다. 실제로 MZ세대는 과거만큼 TV를 보지 않는다. 방송통신위원회에서 매년 조사하는 '방송매체 이용행태 조사' 자료를 보면, 10대는 말할 것도 없고 20~30대도 50대 이상 세대에 비해 TV 시청 시간이 확연히 적다. 대신 이들은 스마트폰을 주로 이용한다. 그리고 이런 추세는 시간이 지날수록 점점 더 심화되고

[자료 10] 연령별 하루 평균 스마트폰 이용 시간

(단위: 분)

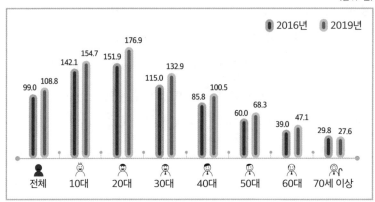

* 출처: 정보통신정책연구원, 2020.3

[자료 11] 연령별 하루 평균 TV를 통한 방송 시청 시간

(단위: 분)

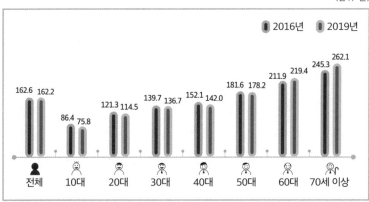

* 출처: 정보통신정책연구원, 2020.3

있다. 2019년 조사에서는 젊은 세대의 TV 시청 시간은 3년 전에 비해 확연히 줄고, 스마트폰 이용 시간은 상당히 늘어난 것으로 나타났다. 이는 앞으로 젊은 층에서는 점점 더 TV를 멀리할 것이라는 의미다.

TV 시청률의 내막과
방송국의 고민

———

트로트만이 아니라 요즘 기획되는 TV 프로그램들을 보면 어느 세대가 타깃인지 금방 알 수 있다. 인기 없는 예능 프로그램은 바로바로 폐지되는 가운데, 왕년의 스타들이 여행을 가서 서로 친구가 되는 과정을 담은 '불타는 청춘'이 오랫동안 사랑받고 있다. 2015년에 첫 방송을 시작한 이후 안정적인 시청률을 꾸준히 유지하고 있다. 이 프로그램에 나오는 사람들은 대부분 40~50대의 솔로나 '돌싱'이다. 출연자는 대부분 한때 잘나갔던 연예인들로, 40대 중반 이상 시청자들에게는 꽤 반가운 얼굴들이다. 시청자들은 이들을 보며 1990년대를 회상한다.

최근에는 이런 프로그램이 더 많이 생겼다. 중년 부부의 성에 대해 다룬 프로그램, 이혼한 사람들의 연애를 다룬 기획, 심지어 이혼한 커플이 다시 만나 과거 이혼 과정을 시시콜콜 들춰내는 프로그램도 있다. 이 프로그램들은 40대 중반 이상이 주요 타깃이다. 20대는

[자료 12] 연도별 출생자 수

(단위: 명)

* 출처: 통계청, 2021

[자료 13] 2020년 인구 분포

(단위: 명)

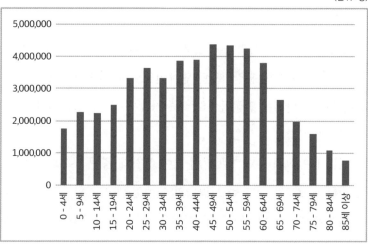

* 출처: 통계청, 2017년 기준

이런 프로그램에 별다른 흥미를 느끼지 않는다.

40대 중반 이상 시청자를 타깃으로 삼는 데는 인구통계학적인 이유도 있다. 그 나이대의 인구가 가장 많기 때문이다. 우리나라 출생자 수는 6·25 전쟁 이후 가파르게 상승하다가 1970년대 중반 이후 꾸준히 감소하고 있다. 1955년에 처음으로 출생자 수가 90만 명을 넘어섰는데, 이 해를 '베이비 붐' 첫 해로 꼽는다. 1960년 출생자는 108만 명을 넘어 최대치를 기록했고, 1971년까지 100만 명 이상이 태어났다. 1975년 87만 명을 끝으로 베이비 붐 시대가 끝났다. 이후 출생자 수는 급격히 줄고 있으며, 2020년에는 최초로 20만 명대로 떨어졌다.

현재 우리나라에서 인구수가 가장 많은 세대는 45~64세 구간이다. 과거에는 사망률도 높았기 때문에 현재 가장 많은 인구가 분포하고 있는 연령은 45~54세다. 이들은 1990년대에 20대를 보냈다. 1990년대에 데뷔한 유재석, 강호동, 신동엽, 김구라 등이 30년 가까이 예능 프로그램의 간판 MC로 활약하는 이유다. 배우 중에서는 송강호, 이병헌, 정우성, 장동건, 이정재, 김혜수, 전도연 등이 아직도 주연을 꿰차고 있는데, 그 이유 또한 위와 같다. 즉, 문화의 주도권을 40~50대가 쥐고 있다. 그래서 시청률이 떨어질 만하면 예능은 1990년대를 소환하고, 드라마와 영화는 1990년대를 배경으로 삼는다.

시청자 중 비중이 가장 높은 데다 TV도 비교적 많이 시청하는 연령대이므로 40~50대를 타깃으로 하는 기획이 많은 것은 어쩌면 타당해 보인다. 그러나 젊은이들의 사랑을 받지 못하면 방송 시장 자체에 미래가 없다. 이들도 나이가 들면 TV 앞에 앉을지 모르지만, 젊은이들을 끌어들이지 못하면 방송사들의 입지는 점점 줄어들 수밖에 없다.

특히 MZ세대는 좋아하는 콘텐츠를 SNS로 퍼 나르는 습성이 있기 때문에, 그들 눈에 들면 온라인에서 커다란 화제가 되고, 프로그램의 영향력도 더 커진다. 요즘은 시청률이 30퍼센트에 이르는 주말드라마라도 사회적으로는 영향력이 적은데, 이 또한 '어르신'들이 주로 보기 때문이다. 이 때문에 40~50대를 타깃으로 콘텐츠를 만드는 것은 사업적으로도 좋은 선택이 아니다. MZ세대를 대상으로 했을때 광고 효과가 더 높게 나타나기 때문이다. 방송사에서는 이를 측정하기 위해 20~49세 시청자들의 시청률을 따로 뽑는다. 젊은이들은 어느 세대보다 광고의 영향을 많이 받는데, 그들은 마음에 드는 패션 아이템이나 유행하는 상품을 보면 구매할 가능성이 더 높다고 한다.

이는 미디어 분야의 광고 매출을 분석한 자료를 보면 더 명확하게 드러난다. 광고 효과가 큰 MZ세대가 TV를 외면하면서 방송을 통한 광고 규모가 점점 줄어들고 있다. 즉, TV 광고 효과가 줄어들자 광고주들이 지상파를 비롯한 방송 프로그램에 쏟던 광고비를 줄여가고 있다. 특히 종합편성채널을 포함한 지상파 TV의 광고 액수는 급격히 줄어들고 있고, 최근에는 감소 폭이 더 커져 2020년에는 1조원도 채 안 된다. 그런데 광고 시장 전체를 보면, 2020년 광고비는

[자료 14] 매체별 광고비 추이

(단위: 백만 원)

	2014년	2015년	2016년	2017년	2018년	2019년(e)	2020년(e)	성장률
총광고비	11,167,749	11,790,634	12,162,657	12,753,463	13,478,689	13,915,387	14,507,562	4.5%
방송	4,185,239	4,463,966	4,135,069	3,950,057	3,654,632	3,392,035	3,104,104	**-4.9%**
지상파TV	1,964,733	1,932,390	1,745,314	1,551,679	1,421,935	1,235,195	950,952	**-11.4%**
IPTV	63,071	90,271	84,586	99,307	116,113	116,615	127,719	12.5%
인쇄(신문, 잡지)	2,323,891	2,329,706	2,319,341	2,310,264	2,347,956	2,214,820	2,226,552	-0.7%
온라인	3,050,949	3,427,814	4,154,724	4,775,137	5,717,205	6,529,120	7,388,981	**15.9%**
인터넷(PC)	2,141,046	2,053,373	2,173,087	1,909,192	2,055,449	1,961,360	1,910,922	-1.9%
모바일	909,903	1,374,442	1,981,637	2,865,945	3,661,755	4,567,759	5,478,059	**34.9%**
옥외	1,172,408	1,061,274	1,088,532	1,305,948	1,329,898	1,346,052	1,347,318	2.3%
기타	435,261	507,873	464,991	412,056	428,999	433,360	440,608	0.2%

* 출처: 한국방송광고진흥공사, 2019.12

14조 원이 넘는다. 사실 전체 광고비는 매년 늘고 있다. 즉, 방송 광고에서 아낀 돈을 대부분 모바일에 쏟아부으면서 MZ세대가 많이 보는 유튜브나 페이스북, 인스타그램 광고비는 가파르게 증가하고 있다.

방송사들은 당장에는 시청률이 나오기 때문에 30년째 유재석, 강호동을 내세운 프로그램을 만들고 있지만, 광고 효과 등의 현실을 알기에 고민이 적지 않다.

MZ세대와의 단절된
기업에 미래가 있을까?

———

'MZ세대를 어떻게 잡을 수 있을까?' 하는 고민은 기업에서도 그대로 재현되고 있다. 기업에서도 앞으로 MZ세대와 친해지지 않으면 도태될 것을 알기 때문이다.

앞에서도 말했듯이 미국 경제가 지금도 잘나가는 이유는 새로운 세대가 설립한 새로운 기업들이 사양산업을 끊임없이 대체하고 있기 때문이다. 2020년 세계 시가총액 상위 10위에 드는 기업을 살펴보면 두 회사를 제외하고는 모두 인터넷, 모바일 관련 회사다. 이들열 개 기업 중 다섯 개 기업은 설립된 지 30년이 안 됐다. 그 기업들은 다름 아닌 아마존, 구글, 알리바바Alibaba, 페이스북, 텐센트Tencent 다. 1990년대 이후 설립된 이 기업들은 경쟁 패러다임을 바꾸며 전세계 산업계를 이끌고 있다.

이 밖에도 미국 경제는 수많은 유니콘 기업(기업가치가 10억 달러 이상인 비상장 스타트업 기업)들에 의해 역동적으로 움직이고 있다. 유니콘 기업은 2020년 11월 현재 495개에 달하는데, 이 중 137개가 미국 기업이다. 원래 우버, 리프트, 에어비앤비Airbnb, 드롭박스Dropbox, 징가Zynga, 줌Zoom, 슬랙Slack 등도 유니콘 기업에 속했는데, 상장하면서 유니콘 기업에서 제외됐다. 이들은 대부분 디지털 기술을 활용하거나 모바일 생태계에서 만들어진 비즈니스모델로, 지난 10년 동안 언론에서 수없이 거론됐던 이름들이다. 그만큼 MZ

세대가 창업한 이런 혁신 기업들이 미국 경제에 활력을 제공하고 있다.

유니콘 기업 목록에는 한국 기업도 있다. 쿠팡, 크래프톤, 옐로모바일, 우아한형제들, 무신사, 비바리퍼블리카, 쏘카 등 열두 개 회사다(유니콘 기업이던 쿠팡은 2021년 3월 11일 나스닥 시장에 상장했다). 이 기업들도 대부분 MZ세대가 창업했거나 직원 대부분이 MZ세대다. 이런 기업들은 최근 우리 경제와 산업계에 신선한 충격을 주며 기존 기업들을 위협하고 있다.

유니콘 기업들은 대부분 자율적으로 일하는 풍토가 조성돼 있고, 의사결정 시 현장 직원이나 하급 직원의 의견을 중시한다. 이들은 기업 문화뿐만 아니라 비즈니스 관행도 바꾸고 있다. 한 예로, 코로나-19로 온라인 유통업체 간 경쟁이 가열되고 있는 가운데, 지금은 대부분의 업체들이 새벽 배송 서비스를 제공하고 있다. 새벽 배송은 원래 온라인 식품업체 마켓컬리가 처음 시작했다. 그런데 마켓컬리의 새벽 배송이 소비자들에게 환영받자 신세계 같은 기존의 대형 유통업체들이 '울며 겨자 먹기'로 따라 했고, 그 결과 새벽 배송은 유통 서비스의 기본으로 여겨지게 됐다. MZ세대가 창업한 스타트업이 산업 전체의 관행을 바꾼 것이다.

주목할 것은 유니콘 기업 목록에 있는 일본 기업은 스마트뉴스 한 곳뿐이라는 사실이다. 이는 일본 경제가 정체돼 있음을 의미한다. 일본에는 아직 도요타라는 세계적인 기업이 존재하고, 소니와 닌텐도가 게임기 시장을 장악하고 있지만, 경제는 늙었다.

그러다 보니 우리 기업들도 밀레니얼 세대 직원과 소통하고, 밀레니얼 소비자를 잡기 위해 애쓰고 있다. CEO들도 MZ세대를 배우기 위해 분주하다. 이처럼 밀레니얼 세대와 Z세대를 배우려고 야단법석을 피우는 이유는 그만큼 한국 기업이 MZ세대를 포용하기 어려운 문화를 가졌기 때문이다.

한국의 기업 문화는 1960년 전후에 태어난 베이비 붐 세대가 만들어낸 발명품이다. 한국의 베이비 붐 세대는 이전의 산업화 세대가 기초를 세운 기업을 글로벌 기업으로 키웠다. 한때 '386세대'라고 불렸던 이들은 1980년대 후반에 대학을 졸업하고, 대기업에 입사해서 한국 기업이 세계로 뻗어나가던 시기에 회사와 함께 성장했다.

이 시기에 한국 기업은 수출을 중심으로 빠르게 성장해나갔다. 새로운 사업부를 맡길 경험 많은 임원이 부족했던 탓에 30대가 상무나 사업부장을 맡았고, 처음 진출한 나라의 해외 법인장을 맡은 30대도 드물지 않았다. 이들은 2000년대에 40대, 2010년대에 50대가 됐다. 능력으로, 혹은 운이 좋아서 30년 이상 임원으로 재직하다가 사장 자리에까지 오른 후 은퇴한 사람도 많다. 그러므로 현재 한국의 기업 문화는 베이비 붐 세대가 오랜 기간 회사생활을 하면서 만들어냈다고 할 수 있다.

1970년대에 태어난 X세대는 이전 세대가 오랫동안 활약한 탓에 상대적으로 일찍 승진한 사람이 적었다. 어린 나이에 임원이 되거나 사업부장이 된 경우는 별로 없고, 베이비 붐 세대를 상사로 모시고, 그들의 방식을 확산시키는 역할을 했다.

[자료 15] 대한민국 인구 분포 변화

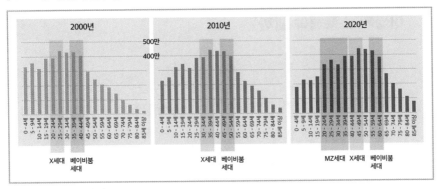

* 출처: 통계청, 2017년 기준

　　요컨대 베이비 붐 세대는 '제조업 중심', '해외 기술 도입', '선진 기업 모방'을 무기로 한 고속 성장의 시대를 살았다. 자연스레 위에서 명령하고 밑에서 따르는 수직적 의사결정 방식에 익숙하고, 위에서 계획한 것을 빠르게 실행하는 것을 무엇보다 중요하게 여겼다. 실수나 실패가 있어서는 안 됐고, 개인의 자유보다는 집단의 규범을 중시하는 가치관 속에서 살았다. 그런데 이 모든 것들이 MZ세대의 가치관과는 상반된다. 기존에 기업을 이끌던 리더 세대와 이제 막 입사해 현장을 누비고 있는 밀레니얼 세대는 생활양식뿐 아니라 가치관에서부터 크게 동떨어져 있다.

MZ세대와
어떻게 소통해야 할까?

이들은 매우 게을러서 도전정신이 없다. 세상에 도움이 되는 일을 하기
보다는 개인주의적인 삶을 즐기길 원한다. 틀에 박힌 일을 싫어하고 자
기 멋대로 하는 걸 좋아한다. 버릇없이 자라서 자기 권리만 내세우고 책
임지는 걸 싫어한다.

이 글은 누구에 대한 설명일까? 그렇다면 다음 글은 어떤가?

게으르고, 특권 의식에 빠져 있으며, 이기적인 데다, 깊이가 없고, 야망
이 없다. 결정을 잘 못해서 회사에서 열심히 일해 높이 올라가기보다 차
라리 히말라야를 올라가는 게 낫다고 말한다. TV에 연예인이 나오면 열
광하다가도 금방 채널을 돌린다. 이혼이 두려워 결혼을 미루고, 돈 번
사람을 애써 무시한다.

놀랍게도 첫 번째 글은 베이비 붐 세대를 비판한 글이다. 1968년
미국 뉴욕에서 발간된 〈라이프Life〉에 실린 기사의 일부로, 이전의 산
업화 세대가 베이비 붐 세대를 표현한 내용이다. 두 번째 글은 1990년
〈타임Time〉에 실린 특집 기사로 베이비 붐 세대가 X세대를 질책하는
내용이다. 어떤 시대에나 기성세대는 젊은이들을 못마땅하게 생각했

다. 소크라테스도 젊은이들을 버릇없다고 욕했고, 중국 고전《한비자韓非子》에도 젊은 사람들에 대한 불만이 가득 적혀 있다.

그래서인지 밀레니얼 세대를 포함해 MZ세대에 대해 다룬 책이나 언론 보도는 모두 기성세대 관점에서 이들을 바라본다. 대체로 MZ세대는 빠르고 유머를 좋아하며 솔직하므로 이런 특징들을 잘 참아야 한다는 내용이다. 이에 대해서는 그동안 다른 매체에서 많이 논의되었으니 여기서 일일이 열거하지 않겠다. 다만 MZ세대에게는 두 가지 확연한 특징이 있다. 하나는, 이들은 매우 솔직하고 비판적이라는 사실이다. 이는 베이비 붐 세대나 X세대에서도 나타났던 특징으로, 뜨거운 피를 가진 젊은이라면 누구에게서나 나타나는 보편적 특징이다. 또 하나, 이들은 디지털 기기에 익숙한 '디지털 네이티브digital native'다. 시대적 특수성으로 인해 태어나면서부터 모바일 기기 등 디지털 문화 속에서 자라왔기 때문이다.

그런데 이들의 특징을 학습하고 익힌다고 해서 기성세대가 이들을 이해할 수 있을까? 이들을 이해한다고 해서 이들과 소통이 잘되고, 소비자로서의 이들을 만족시킬 수 있을까? 나는 그럴 것 같지가 않다. 또 나는 리더십 강사들처럼 MZ세대와 친해지기 위해 경청하고 인정하며 칭찬하는 기술을 배우라고 권하고 싶지도 않다. 사실 누군가를 마음속으로 받아들이면 소통은 자연스럽게 이뤄진다. 애쓰지 않아도 그의 말을 듣게 되고 인정하게 된다.

기업에서 MZ세대를
활용하는 법

그렇다면 기업에서는 MZ세대를 어떻게 활용할 수 있을까? 기획, 생산, 마케팅, 서비스 등 비즈니스 전 영역에 걸쳐 MZ세대 브랜드매니저를 두는 것도 한 가지 방법이다.

최근 명품 브랜드 중 가장 잘나가는 곳이 구찌Gucci다. 구찌는 2019년에 96억 유로(약 12조 7,340억 원)의 매출을 달성했는데, 불과 5년 전에 달성한 35억 유로(약 4조 6,400억 원)와 비교하면 세 배 가까이 증가했다. 더욱이 매출의 3분의 2가 MZ세대 소비자에게서 발생했다는 점에서 앞으로의 성장 전망은 더욱 밝아 보인다.

2014년까지 구찌는 돈은 많지만 패션은 잘 모르는 '여사님'들이나 좋아하는 낡은 브랜드로 취급되며 매출이 계속 하락했다. 그러다 이듬해에 마르코 비자리Marco Bizzarri가 CEO로 취임하면서 과감하게 밀레니얼 세대와 Z세대를 대상으로 하는 브랜드로 재탄생했다. 비자리는 당시 액세서리 디자이너였던 알렉산드로 미켈레Alessandro Michele를 수석 디자이너로 발탁해 브랜드를 완전히 탈바꿈시켰다.

그동안 명품 브랜드들은 절제된 디자인을 선호해왔는데, 미켈레는 그런 기존의 이미지와는 정반대의 길을 갔다. 제품 디자인에 브랜드 로고를 노골적으로 드러냈고, 화려하게 만들었다. 기존의 식상하고 올드한 느낌에서 벗어난 이런 제품들이 MZ세대의 취향을 저격하면서 매출이 늘어나기 시작했다. 또 MZ세대를 타깃으로 '구찌

플레이스' 애플리케이션을 출시해 구찌 브랜드에 영감을 준 장소들을 추천했다. 전 세계에 있는 구찌 플레이스는 젊은이들이 꼭 한 번 들러야 할 여행지로 떠올랐다. 온라인 쇼핑에 익숙한 MZ세대의 편의를 위해 명품 브랜드 중 가장 먼저 옴니채널omni-channel 환경을 구축한 것도 구찌다. 오프라인은 체험, 쇼룸, 브랜딩 장소로 활용하고, 구매는 전문 온라인몰이나 인스타그램, 페이스북, 유튜브 등의 SNS를 활용하도록 했다. 그러자 MZ세대 사이에서 팬덤이 형성됐고, 이들은 기분이 좋을 때 "I feel Gucci"라고 말하게 됐다.

이런 구찌의 변화에서 빠뜨릴 수 없는 것이 30세 이하의 직원들로 구성된 '그림자 위원회'다. 구찌는 임원회의가 끝나면 똑같은 주제를 그림자위원회에서 다시 논의한다. 그림자위원회에서는 자주 기성세대 임원 회의에서와는 전혀 다른 결정이 나오는데, 구찌는 그림자위원회의 결정에 더 무게감을 실어준다고 한다. 2018년부터 모든 제품에서 모피 사용을 전면 중단했는데, 이 정책 역시 그림자위원회의 논의 결과를 반영한 것이다. 사회적 가치를 중시하는 밀레니얼 세대는 모피를 싫어한다는 신입사원의 건의를 받아들인 결과다. 대신 친환경적으로 제작된 '에코 퍼'를 사용하고 있는데, 이 역시 그림자위원회의 결정이었다. 구찌의 그림자위원회처럼 신입사원이나 나이 어린 사원이 CEO에게 멘토링하는 것을 '리버스 멘토링reverse mentoring'이라고 한다.

자세히 보면 MZ세대 직원들은 비즈니스 전반에 걸쳐 같은 MZ세대 소비자들의 니즈를 반영하는 역할을 한다. 이들이 바로 MZ세대 브랜드매니저다. 자신들 스스로가 MZ세대 소비자이기 때문에 이들은 고객이 원하는 것이 무엇인지 정확히 알고 있어 효과가 클 수밖에 없다. 핵심은 구찌가 그림자위원회에서 논의한 사항을 임원회의에서 참고해 결정하는 것이 아니라, 그림자위원회의 결정을 그대로 실행한다는 사실이다. MZ세대에게 전권을 줬기에 이런 성과가 나왔다.

MZ세대 브랜드매니저를 두기 어려우면 MZ세대에게 마케팅 권한만이라도 넘겨야 한다. 빙그레처럼 말이다.

최근 빙그레는 바나나맛 우유, 빙그레우스, 꼬뜨게랑 등 MZ세대를 타깃으로 한 마케팅이 연이어 성공을 거뒀다. 이런 성공에 힘입어 2020년, 코로나-19 여파에도 최초로 1조 원 이상의 매출을 올렸다. 2016년 서울 중구에 오픈한 '옐로우 카페'는 바나나맛 우유를 주제로 꾸민 곳으로, 젊은이들이 줄을 서는 명소가 되었다. 바나나맛 우유 모양의 열쇠고리나 화장품, 독특한 모양의 빨대 등 바나나맛 우유를 모티브로 한 상품은 출시되는 것마다 히트하며 SNS에서 화제가 됐다. 손흥민을 모델로 한 슈퍼콘 광고는 유튜브에서 수많은 패러디물을 양산하며 제품 매출을 견인했다.

2020년, 빙그레는 순정 만화 주인공의 외모를 가진 '병맛' 캐릭터 빙그레우스 더 마시스를 내놨다. SNS에 공개된 빙그레우스는 빙그레 로고 모양의 귀걸이, 바나나맛 우유 왕관, 빵또아 바지, 메로나 봉으로 치장을 했다. 일주일에 세 번 정도 SNS에 게시물을 올리고, 빙그레 유튜브 채널에는 3분짜리 애니메이션을 올렸다. '아재 개그'를 하다가 6개월 농담 금지령을 선고받았으나 무죄 판결을 받는다는 스토리로 대박이 났다. 영상은 유튜브에 올라온 지 3주 만에 600만 뷰를 돌파했다.

그런가 하면 과자 꽃게랑 모양을 기반으로 만든 패션 브랜드 꼬뜨게랑을 론칭하고 티셔츠, 미니 백, 선글라스, 마스크 등 패션 아이템을 선보였다. 재미있는 디자인 못지않게 품질도 뛰어나다는 입소문을 타고 주로 MZ세대 사이에서 빠르게 소진되었고, SNS를 통해 널리 공유되었다.

빙그레는 MZ세대에게 주도권을 주고 마케팅을 맡겼다. 이를 주도한 빙그레 마케팅 조직은 평균 연령이 33세이고, 팀장들도 1980년대 전후 출생자들이다. 빙그레가 처음부터 MZ세대를 믿고 권한을 준 것은 아니었다. 불과 몇 년 전까지 마케팅실도 기존 조직처럼 수직적이고 보수적이었다. 10년 전에는 이런 일도 있었다. 커피 신제품 모델로 신선한 얼굴을 찾고 있던 마케팅실에서는 신인 배우 김수현을 점찍었다. 김수현이 뜨기 전이었지만, 젊은 직원들은 그에게서 뭔가를 봤고, 모델 계약을 추진했다. 그러나 결국 임원들의 반대로 계약이 무산됐다. 이름도 알려지지 않은 배우에게 자사의 제품을 맡길 수 없다는 이유에서였다. 그러나 이후 김수현은 모두가 아는 것처럼 '드림하이', '해를 품은 달'을 거치며 톱스타가 됐다.

그러다가 페이스북에 바나나맛 우유 페이지가 개설되면서 조금씩 변하기 시작했다. 마케터들이 다양한 콘텐츠를 올리고 그것들이 하나둘 히트하면서 '빙그레가 마케팅을 잘한다'는 소문이 나기 시작했다. 그러자 회사에서는 조직의 규모를 줄이고 점차 현장에 있는 마케터들에게 권한을 주기 시작했다. 이런 과정을 거쳐 창립 53주년을 맞은 대기업에서 B급 정서를 가진 빙그레우스가 탄생하게 된 것이다. 빙그레우스를 기획한 현장 마케터들은 너무 장난스럽다고 경영진이 반려하지 않을까 우려했지만, 오히려 임원들은 전폭적으로 지원해주었다. MZ세대 소비자는 MZ세대가 가장 잘 안다고 여겼기 때문이다. 그러니까 MZ세대는 그냥 그들 방식대로 뛰어놀게 놔두면 된다.

이처럼 반복 게임의 시대가 되면서 MZ세대의 역할이 더 중요해졌다. 원샷 게임 환경에서 신세대, 신입 직원은 위에서 만든 계획의 일부분을 실행하는 역할을 했다. 회사에 입사한 후 상당 기간 동안은 자신의 역할이 무엇인지도 모르고 일하기도 했다. 그러다 반복 게임을 하는 디지털 환경으로 바뀌고, 대부분의 서비스가 디지털 기술과 기기를 통해 제공되면서 디지털 기기에 친숙한 MZ세대의 경험과 아이디어가 중요해졌다.

따라서 기성세대는 MZ세대에게 일을 시키겠다는 생각을 버리고, 그들이 주도적으로 일할 수 있는 환경을 조성하는 것이 현명하다. 그리고 MZ세대는 기업의 규모나 현재의 유명세만 보지 말고, 자신들이 적극적으로 일할 수 있는 조직을 찾는 것이 중요하다. 앞으로는 그런 조직이 성장 가능성이 훨씬 높기 때문이다.

07

디지털 시대,
일 잘하는
사람의 특징 3가지

디지털 시대에도 특별히 일을 잘하는 사람은 있다. 코로나 이후 디지털 활용도가 높아지면서 사방에서 자녀에게 코딩 교육을 시키려는 움직임이 일고 있다. 그러나 스마트폰을 세상에 내놓은 스티브 잡스가 코딩에 대해 몰랐듯이, 코딩 기술이 디지털 시대에 일 잘하는 사람의 필수 조건은 아니다. 디지털 기술을 활용해 혁신적인 서비스를 내놓는 사람들은 세 가지 특징을 가지고 있다. 이 세 가지 중 하나만 부족해도 혁신적인 서비스는 나올 수 없다. 재미있는 것은 디지털 혁신가들의 세 가지 특징은 전통적인 혁신가들이 갖췄던 특징과 다르지 않다는 점이다. 디지털 혁신가의 3요소와 전통적 혁신가의 3요소를 비교하며, 일 잘하는 법에 대해 알아보자.

루이 14세의 진짜 목소리를
들을 수 있다고?

———

"폐하께서는 드라마 '베르사유' 시리즈에 대해 어떻게 생각하십니까?"

"정말 인상적이더군요. 무대 장식과 의상이 아주 눈에 띄더군요."

"폐하, 아이패드 안에 갇혀 있는 것이 답답하지는 않으세요?"

"창문이 하나 있어서 괜찮아요. 물론 내 성에는 방과 창문이 더 많았지만 말이죠."

이는 2018년 4월, 300여 년 전에 세상을 떠난 프랑스의 왕 루이 14세가 TV 토크쇼에 출연해 진행자와 나눈 대화의 일부분이다. 프랑스 카날+Canal+ 채널에서 루이 14세를 소재로 다룬 드라마 '베르사유' 시즌 3을 홍보하기 위한 자리에서 나눈 대화였다. 이 토크쇼에 대한 반응은 폭발적이었다. 1,500만 명 이상의 프랑스인이 루이 14세의 목소리를 들었으며, 2,000명 넘는 사람들이 트위터를 통해 태양왕에게 직접 질문을 던졌다. 이 프로젝트는 카날+의 광고대행사인 BETC가 추진했는데, 프랑스뿐만 아니라 전 세계 언론이 주목했다. 그 결과 BETC와 광고제작사는 킨세일 샤크Kinsale Sharks Awards, 그랑프리 스트레티지스Grand Prix Strategies 등 여러 광고제에서 여섯 개의 상을 받았다.

현재 세상에는 루이 14세의 목소리를 실제로 들은 사람이 단 한 사람도 없지만, 이 목소리가 실제 그의 목소리와 99퍼센트 이상 일치한다는 사실을 누구도 의심하지 않았다.

BETC로부터 루이 14세의 목소리를 찾아달라는 의뢰를 받은 구글 AI 팀과 음성합성 기술 기업 복시젠Voxygen은 전문가로 구성된 팀을 꾸리고 방대한 조사를 시작했다. 루이 14세는 프랑스에서 가장 막강한 권력을 지녔던 왕이다. 그만큼 그에 관한 자료는 실로 방대했다. 어린 시절부터 죽기 전까지 그의 모습을 기록한 초상화는 물론, 시시콜콜한 병력과 그에 대한 처방이 담긴 의료기록도 만만찮게 많았다. 그 자료들을 통해 그의 골격, 특히 머리와 흉부의 골격 크기를 정확히 계산할 수 있었고, 목소리에 영향을 주는 폐와 성대의 구조를 컴퓨터 시뮬레이션을 통해 거의 완벽하게 재현해냈다. 거기에 각종 역사 기록물을 통해 루이 14세의 성격과 말하는 습관 등을 추론했다. 그리고 루이 14세와 닮은 성대 구조를 지닌 사람들의 실제 목소리를 딥러닝 알고리즘으로 학습해 목소리의 정확도를 높였다. 여기까지는 목소리를 재현하는 단계다.

다음으로 프로젝트 팀은 루이 14세 프로그램이 일반인과 자연스럽게 대화할 수 있도록 했다. 이를 위해 최신 자연어 처리 기술을 적용해 사람들이 궁금해 하는 주제를 학습시켰다. '베르사유' 드라마를 포함해 40가지 주제에서 수백 개의 질문을 스스로 알아듣고, 이해하고, 대답할 수 있게 만들었다. 루이 14세가 토크쇼에서 한 말은 다른 누군가의 생각에 목소리만 입혀서 내보낸 것이 아니라, 루이 14세 프로그램이 스스로 한 대답이었다. 모든 준비가 끝나자 방송사는 자신만만하게 루이 14세를 론칭하며 이렇게 전했다.

"'베르사유' 시즌 3을 시작하며 루이 14세의 실제 목소리를 재현했습니다. 그가 이 드라마를 어떻게 생각하고 있는지 팬들에게 이야기할 겁니다. 폐하에게 궁금한 게 있으면 트위터에 올려주세요."

실제로 루이 14세는 SNS를 통해 사람들과 만났다. 트위터에서 '#audiencewiththeking' 해시태그를 통해 사람들의 질문에 직접 대답했다. 그는 유머 감각이 풍부했다.

디지털 혁신가가
갖춰야 할 3요소

카날+와 광고대행사 BETC는 어떻게 루이 14세의 목소리를 재현할 생각을 했을까? 이런 혁신적인 마케팅은 세 가지 요소가 결합돼야만 가능하다. 그것이 무엇인지 알아내기 위해 마케팅 담당자가 어떤 고민을 했을지 추측해 보자.

'베르사유'는 태양왕 루이 14세가 베르사유 궁전을 지으면서 일어나는 궁중의 음모와 여러 가지 사건을 다룬 드라마다. 우리나라로 치면 세종대왕이 주인공으로 등장하는 사극이라고 보면 된다. 시즌 1과 시즌 2 모두 큰 인기를 얻었고, 시즌 3을 끝으로 종료할 예정이었다.

처음에 마케팅 담당자는 당연히 누구나 예상할 수 있는 프로모션을 기획했을 것이다. 인기 예능 프로그램에 배우들을 출연시키고, 팬들과 만나는 대형 행사를 통해 언론의 관심을 끄는 방법은 기본이다. 한편으로는 가능한 한 많은 신문사에 보도자료를 돌리며 홍보할 수도 있다. 요즘 대세인 SNS를 활용하는 것도 빼놓을 수 없다. 주연 배우들에게 화려한 의상을 입힌 후 궁전에서 행사를 열면, 인스타그램 등을 통해 널리 퍼질 것이다. 그런데 이런 것들은 너무 평범하다. 뭔가 혁신적인 아이디어가 없는지 찾기 위해 더 고민한다. 그러다 네덜란드에서 준비하고 있던 한 캠페인 소식에 자극을 받는다.

네덜란드의 암스테르담 국립박물관은 자국 출신의 유명 화가 렘브란트Rembrandt Harmenszoon van Rijn 사후 350주년을 기리는 이벤트를 기획했고, 네덜란드의 글로벌 금융사 ING가 주요 후원사로 참여했다. 박물관 측에서는 이벤트의 하나로 회고전을 열고 디지털 기술을 통해 그의 작품을 복원해 현대적으로 되살리기로 했다. 그런데 이때 ING는 렘브란트가 수많은 제자를 길러냈다는 사실을 떠올리고 '렘브란트에게 배우기'라는 캠페인을 기획했다. 렘브란트가 직접 그림을 가르쳐주는 이벤트였다.

이 이벤트에 참여해 렘브란트의 목소리를 재현하는 프로그램을 개발한 카네기 멜론대학교는 익히 AI 연구로 이름난 곳이다. 그들은 렘브란트에 관한 수많은 자료를 분석하고, 그의 그림풍을 완벽하게 학습했다. 동시에 자존심 강한 그의 성격을 분석했다. 여섯 가지 성격 요소를 세밀하게 측정해 입체적인 인물로 만들었다. 그리고 렘브란트가 쓴 편지를 분석해 그가 즐겨 쓰는 단어를 집중적으로 학습시켜서 렘브란트식 말투를 만들었다. 마지막으로 초상화와 여러 자료에서 그의 골격과 성대 모양을 추출해 목소리를 재현했다.

'베르사유' 마케팅 담당자는 이 자료를 보고 '바로 이거야'라고 생각했을 것이다. 루이 14세의 목소리를 재현해 드라마의 마지막 시즌을 홍보하는 데 활용하면 환상적일 것이라고 생각하면서 말이다. 그는 이 아이디어를 실현하기 위해 루이 14세의 목소리도 렘브란트처럼 재현할 수 있을지 조사했을 것이다. 그리고 아이디어를 회사에 제안하고 실행에 옮겼을 것이다.

'베르사유' 마케팅 담당자는 세 가지 행동을 했다.

① 몰입. 깊게 고민했다. '베르사유'를 보다 효과적으로 알리기 위해 끊임없이 생각하고 또 생각했다.

② 통섭. 넓게 보고, 다른 것들과 통합했다. 렘브란트의 목소리를 재현한 이벤트를 응용하기로 했다.

③ 실행. 용기를 내서 이런 시도를 하자고 사람들을 설득했다.

이 세 가지 중 어느 하나만 없었더라도 루이 14세 마케팅은 탄생할 수 없었다.

'렘브란트에게 배우기' 이벤트를 만든 사람도 마찬가지다.

① 몰입. 그는 렘브란트 회고전을 현대적으로 구현하기 위해 24시간 고민했다.

② 통섭. 그러던 중 AI 기술로 목소리를 합성할 수 있을 것이라는

사실을 떠올리고, 이를 활용하면 좋겠다고 생각했다.

③ 실행. 한 번도 안 해본 일을 하기로 결심하고, 용기를 내 주변
사람들을 설득했다.

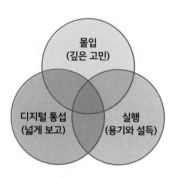

즉, 디지털 시대에 일 잘하는 사람은 ① 자기 일에 깊게 몰입하고,
② 최신 디지털 기술을 가져와 접목시킬 줄 알며, ③ 실행하기로 결
심하고 용기 있게 사람들을 설득한다.

그렇다면 전통적인 혁신가는 어떨까?

시대를 뛰어넘는
혁신의 3요소

경영학에서 혁신에 대해 다룰 때 단골 메뉴로 등장하는 얘기가 있
다. 바로 '포스트잇' 개발 스토리다. 포스트잇이 다른 제품을 연구개

발하다 실패하는 과정에서 탄생했다는 것은 익히 알려진 사실인데, 자초지종은 이랬다.

1970년 3M의 중앙연구소에 근무하던 스펜서 실버Spencer Silver는 강력 접착제를 개발하기 위해 연구에 매진했다. 그는 연구를 거듭하며 여러 재료를 섞어 혼합물을 만들어봤지만 기존 제품보다 접착력 강한 제품은 개발할 수 없었다. 그런데 실험 도중에 희한한 물성을 지닌 접착제를 만들었다. 용해도 안 되고, 일부러 녹일 수도 없는 혼합물이었다. 이 혼합물은 끈적거리지도 않았고, 접착력도 매우 약했다. 강력 접착제를 개발하려 했는데 끈적거리지 않는 약한 접착제를 개발하고 만 것이다. 물성이 매우 특이한 이 발명품을 실버는 어디에 써야 할지 몰랐다.

3M은 엔지니어가 언제든 자기 연구에 대해 자유롭게 발표하고, 관련 없는 부서 사람들과도 토론할 수 있는 문화였다. 당시 입사 2년 차로 의욕이 넘쳤던 실버는 자신이 발명한 특이한 물성의 접착제에 대해 기회가 될 때마다 여기저기 말하고 다녔다. 동료들은 그를 희한한 사람이라고 생각할 뿐, 이 재료를 어디에 쓸 수 있을지에 대해서는 깊이 생각하지 않았다. 그중에는 훗날 포스트잇을 개발한 아서 프라이Arthur Fry도 있었다.

이렇게 약한 접착제는 잊혀졌다. 그리고 4년이 흘렀다.

테이프사업부에서 일하던 아서 프라이는 교회 성가대에서 노래를 부를 때, 찬송가집에서 원하는 페이지를 빨리 찾기 위해 필요한 부분에 종이를 끼워 사용했다. 그런데 그때마다 종이가 떨어져서 여간 불편한 게 아니었다. 3M의 테이프를 이용해 종이를 붙여보기도 했지만, 그러면 나중에 테이프를 뗄 때 찬송가집에 흠집이 남았다. 그래서 붙였다가도 쉽게 뗄 수 있는 테이프를 개발하면 쓸모가 있을 거라고 생각했다.

연구실로 돌아온 프라이는 어떤 형태로 제품을 개발하면 좋을지 고심했다. 그러다가 몇 년 전 스펜서 실버가 개발했다던 약한 접착제를 사용하면 어떨까 하는 생각이 스쳤다. 테이프 형태든 종이 형태든 그 접착제를 사용하면 쉽게 떼어낼 수 있고, 떼어낸 후에도 자국이 남지 않을 것 같았다. 그는 곧장 실버를 찾아가 잊혀졌던 그의 연구 자료를 받아왔다.

프라이는 메모지 형태로 개발한다면 분명 혁신적인 제품이 될 거라고 확신하고 아이디어를 회사에 보고하고 개발을 승인해달라고 요청했다. 그러나 회사에서는 매우 부정적이었다. 이 제품을 개발하기 위해서는 메모지 쪽에는 정상적인 강력 접착제를 발라야 하고, 그 위에 약한 접착제를 입히는 기술을 추가로 개발해야 했기 때문이다. 또 접착제를 바른 면과 종이의 면이 같은 두께를 유지하기 위해서 접착제를 바를 종이 면을 얇게 깎는 기술도 개발해야 했다. 게다가 시장조사를 해 보니 아무도 써본 적 없는 이 제품을 선뜻 사겠다고 대답한 소비자가 없었다. 결국 회사에서는 많은 개발비가 드는 이 연구를 지원할 수 없다고 했다. 그러나 프라이는 포기하지 않고 개인 연구로 돌려 개발을 계속했다. 그리고 결국 3년간 혼자 연구에 매진한 끝에 포스트잇을 개발했다.

이렇게 힘든 과정을 거쳐 제품화됐지만, 초기의 시장 반응은 좋지 않았다. 소비자들은 처음 보는 이 제품을 어디에 어떻게 써야 할지 감을 잡지 못했다. 이에 프라이는 미국 500대 기업의 비서들에게 일일이 사용법을 첨부해 견본품을 보냈다. 비서들이야말로 메모를 가장 많이 하는 직종의 사람들이기 때문이었다. 그 결과 비서들의 주문이 쇄도하기 시작했고, 얼마 안 가서 일반 소비자에게도 급속히 퍼졌다.

포스트잇 개발 사례에서도 세 가지 행동 양식을 찾아낼 수 있다.

① 몰입. 쉽게 붙였다 뗄 수 있는 제품을 개발하기 위해 깊게 고민했다.
② 통섭. 다른 제품, 즉 실버가 개발한 약한 접착제와 접목해 보기로 했다.
③ 실행. 용기를 가지고 회사를 설득했고, 반대에 부딪히자 개발 비용을 최소화해서 계속 연구에 매진했다.

이처럼 디지털 혁신과 전통적 혁신에서는 공통된 세 가지 행동 양식이 발견된다. 다만, 이 둘의 차이는 통섭을 하면서 전통적 지식을 접목했는가, 디지털 기술을 적용했는가 정도다.

구글에서 일 잘하는 사람도 세 가지 행동 양식을 갖추고 있다. ① 트렌드에 민감하다. 자신의 분야 말고도 AI 등 디지털 기술 트렌드를 정확히 읽고 있다. ② 사용자 입장에서 깊이 고민한다. 소비자의 관심을 어떻게 끌지 고민하고 또 고민한다. ③ 협업을 잘한다. 구글의 서비스는 한 사람이나 한 부서에서 만들지 않고 여러 부서가 협업해서 만든 것이 대부분이다. 협업을 제안하고 잘 이끄는 사람이 일을 잘한다. 이 세 가지 요소는 가만히 보면 순서만 다를 뿐 혁신의 3요소와 같다. 트렌드 민감도는 통섭, 깊은 고민은 몰입, 협업은 실행과 통한다.

3요소 중 가장 먼저 해야 할 것과
가장 어려운 것

————

세 가지 행동 양식은 혁신이 일어나기 위한 필요충분조건이다. 그리고 이 중 가장 먼저 해야 할 것은 몰입이다. 창의성도 무언가를 채워야 나오기 때문이다. 나아가 몰입과 창의성은 정확하게 비례한다. 그런데 사람들은 창의성에 대해 섬광처럼 갑자기 떠오르는 것이라고 오해한다. 이렇게 오해하는 이유는 우리 뇌는 뇌 속에서 무슨 일이 일어나고 있는지 알지 못하기 때문이다. 실험을 통해서나 알 수 있다.

오래전에 노먼 마이어Norman Maier라는 심리학자가 이를 연구했다.

1931년 마이어는 아이디어가 떠오르는 순간 우리 머릿속에서 어떤 일이 벌어지는지 알아내기 위해 실험을 했다. 막대, 집게, 탁자, 의자 등 잡동사니로 가득 찬 넓은 방 천장에 두 개의 밧줄을 매달았다. 밧줄 하나는 방 한가운데에, 다른 하나는 벽 가까이에 매달았는데, 두 밧줄은 하나의 밧줄을 잡은 상태에서 다른 나머지 줄을 잡기 힘들 정도로 거리를 떨어뜨려 놨다. 그리고 실험 참가자들에게 10분을 주고 두 개의 밧줄을 묶을 방법을 찾아보라고 했다.

실험에 참가한 사람들은 첫 번째 밧줄을 가구에 묶어 다른 밧줄이 있는 쪽으로 끌어당기기도 했고, 밧줄을 막대에 묶어 그걸 잡고 다른 밧줄을 잡으려 하기도 했지만, 이 방법들은 모두 여의치 않았다. 거의 유일한 방법은 방 한가운데 매달아 놓은 밧줄에 집게 같은 무거운 물건을 묶은 뒤 그것을 흔든다. 그런 다음 벽 쪽에 매달아 놓은 밧줄을 잡고 흔들리고 있는 밧줄 가까이 다가간 상태에서 그 밧줄이 가까이 다가올 때 붙잡는 것이다. 10분 내에 이 방법을 생각해낸 사람은 실험 참가자 중 40퍼센트 정도였다.

또 다른 실험 참가자들을 대상으로 같은 실험을 하면서 이번에는 자연스럽게 밧줄을 잡고 흔들면서 실험에 대해 설명했다. 은연중에 실험에 대해 힌트를 준 것이다. 예상대로 무거운 물건을 밧줄에 묶어 흔드는 방법으로 문제를 해결한 사람들이 지난번보다 많았다. 그것도 1분도 안 돼서 알아낸 사람이 절반에 가까웠다.

이 실험의 핵심은 그 다음이다. 마이어가 어떻게 진자운동을 이용할 생각이 떠올랐는지 물었을 때, 어느 누구도 마이어가 설명을 하면서 밧줄을 흔든 데서 힌트를 얻었다고 대답하지 않았다. 대부분 아이디어가 섬광처럼 갑자기 떠올랐다고 말했다. 이렇게 말하는 사람도 있었다. "강을 사이에 두고 배가 오가는 장면이 떠올랐어요. 또 원숭이들이 나무 사이를 오가는 장면도 떠올랐죠. 그런 이미지가 해결책과 함께 떠올랐어요." 마이어는 자신이 밧줄을 흔든 것을 기억하느냐고도 물었지만, 대부분은 기억하지 못했다. 이처럼 우리는 아이디어가 쌓이는 과정을 기억하지 못하고, 스스로 그것을 떠올렸다고 생각한다.

심리학자 케네스 바워스Kenneth Bowers는 이런 사실을 좀 더 과학적으로 밝혀냈다. 그는 심리학자들이 즐겨 활용하는 '타깃단어 맞추기' 게임으로 사람의 머릿속에서 무슨 일이 벌어지는지를 측정했다. 가령 '크림', '스케이트', '물'이라는 세 단어와 공통적으로 관련된 단어는 '얼음ice'이다. 이런 문제를 빨리 풀기 위해서는 관련성 없어 보이는 아이디어들을 서로 연결하고 묶어주는 창의력을 필수적으로 갖춰야 한다.

바워스는 매우 어려운 문제를 만들어 힌트 단어를 순차적으로 하나씩 주면서 답을 예측해 보라고 했다. 총 열다섯 개의 힌트 단어와 연관된 하나의 단어를 찾아야 하는 것인데, 마지막까지 오면 대부분 답을 맞춘다. 많은 참가자들이 열 개의 단어를 접한 후에 겨우 조합할 단어를 어렴풋이 짐작했고, 열두 개가 넘어가자 자신의 예측이 정확하다고 확신했다. 그런데 바워스는 이런 사람들의 말보다 데이터를 더 믿었다. 그래서 단어를 하나씩 볼 때마다 사람들이 예측한 답을 컴퓨터 프로그램을 이용해 분석했다. 그러자 놀라운 결과가 나왔다. 힌트 단어가 늘어남에 따라 점진적으로 정답에 가깝게 다가갔던 것이다. 단어의 수와 정답 확률은 정확히 비례했다. 어느 순간 정답 확률이 갑자기 올라가는 것이 아니었다. 사람들은 열두 개의 단어를 본 후에야 자신이 정답에 가까워졌다는 것을 인식했지만, 실제로는 두 개의 단어를 보고 갈팡질팡할 때에도 한 단어보다는 정답에 더 가까워지고 있었다. 그런데 이 실험에서도 사람들은 재미있는 반응을 보였다. 대부분의 사람들이 어느 순간 갑자기 정답이 떠올랐다고 말했던 것이다.

이처럼 아이디어는 서서히 점진적으로 떠오른다. 어떤 주제를 계속 생각하면 그와 관련된 시냅스가 점차 활성화되어 뇌를 꽉 채운다. 그러면 평소에는 서로 연결돼 있지 않던 영역의 정보와 지식이 만나 새로운 아이디어를 생성한다. 몰입하면 할수록 아이디어는 나오게 돼 있다. 다만 우리가 그 과정을 인지하지 못할 뿐이다.

혁신의 두 번째 요소인 통섭은 축적돼 있는 아이디어가 분출하게 하는 역할을 한다.

캐나다 맥길대학교의 심리학 교수인 케빈 던바Kevin Dunbar는 분자생물학 실험실에 관찰카메라를 설치했다. 연구가 도약할 수 있게 하는 아이디어가 어느 시점에 도출되는지를 관찰하기 위해서였다. 많은 이들은 연구실에서 아이디어가 나올 것이라고 생각했지만, 이 실험 결과, 사실은 연구실이 아니라 식당이나 카페 같은 곳에서 혁신적인 아이디어가 나오는 것으로 조사되었다. 동료들과 함께 쉬거나 삼삼오오 모여 대화를 나눌 때 아이디어가 '섬광처럼' 떠올랐다. 그래서 창의성은 융합이나 결합에서 나온다고 말하는데, 여기에는 전제 조건이 있다. 상당히 깊이 몰입해야 한다.

지인 중에 건축가가 있는데, 금속공예도 하는 예술가다. 그는 아무리 생각해도 아이디어가 나오지 않을 때는 작업실에서 나와 휴게실 책꽂이에서 아무 책이나 골라 손에 닿는 페이지를 펼쳐 읽는다고 한다. 그러면 놀랍게도 어떤 책을 골라 읽더라도 풀리지 않던 작업에 신선한 아이디어를 제공해준다고 한다. 그 이유는 오랜 기간 몰입을 통해 그 주제와 관련된 것들로 두뇌의 시냅스가 활성화돼서 세상 어떤 것을 봐도 지금 하고 있는 작업과 연관성 있게 보이기 때문이다. 3M의 스펜서 실버는 특이한 물성을 지닌 약한 접착제에 대해 그저 떠들고만 다녔다. 반면 아서 프라이는 쉽게 붙였다 뗄 수 있는 메모지 개발에 몰입했다. 이처럼 깊이 몰입했기 때문에 실버의 연구 가치를 알아보고 자신의 연구에 접목할 수 있었다.

몰입과 통섭을 거쳤더라도 세 번째 요소인 실행이 있어야 혁신이 완성된다. 경영학의 대가인 시어도어 레빗Theodore Levitt은 "혁신은 아이디어에 실행이 더해졌을 때 완성된다"라고 말했다. 그는 아이디어를 끝까지 갈고닦아 결과물로 만들어 내는 실행이 혁신에서는 훨씬 중요하다고 역설했다. 그것은 무엇보다 실행이 어렵기 때문이다. 새로운 아이디어는 한 번도 시도해 보지 않은 것이므로 시행착오를 거칠 수밖에 없다. 시간도 많이 걸리고 효과도 불분명하다. 그래서 보통은 익숙한 방식으로 급한 문제를 해결하려 하고, 그러다 보니 새로운 아이디어는 거절되기 쉽다.

실행이 혁신에서 더 중요한 또 다른 이유는 실행 과정에서 아이디어가 더 확장되고, 세밀하고 더 나은 아이디어로 발전하기 때문이다. 화가는 캔버스에 그림을 그리면서 주제가 더 명확해지고, 소설가는 원고지에 글을 쓰기 시작해야 비로소 인물들이 알아서 유기적으로 움직인다.

나는 2014년부터 5년간 경영자 교육 사이트 세리CEO의 '창조가들'이라는 콘텐츠에 출연했다. 세리CEO는 하루에 네 개, 일주일에 스무 개의 동영상 콘텐츠를 회원들에게 서비스한다. 출연자가 직접 원고를 작성해 촬영한 영상을 세리CEO에서 그래픽 등 나머지 작업까지 완료해 회원들에게 내놓는다. '창조가들'은 유명한 예술가, 과학자 들 중 한 사람을 골라 그가 위대한 창조적 업적을 만들어낼 수 있었던 이유를 밝히는 프로그램이었다.

위대한 창조에는 당연히 몰입, 통섭, 실행 세 가지가 포함돼 있다. 그리고 이 프로그램에서는 그중 가장 중요하고 어려운 것을 강조했다. 5년 동안 60편, 그러니까 60명의 창작가를 다뤘는데, 후에 그 원고들을 분석해 각 원고가 혁신의 3요소 중 무엇에 대해 다뤘는지를 하나하나 들여다봤더니 용기, 설득, 자신감 등 실행과 관련한 내용이 43퍼센트로 가장 비중이 높게 나왔다.

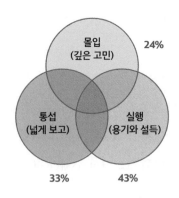

혁신의 세 가지 요소 중 가장 어려운 것은 실행이다. 그래서 포스트잇의 핵심 기술이 약한 접착제임에도 스펜서 실버가 아닌 아서 프라이를 '포스트잇의 아버지'라고 부른다. 구글에서도 역시 새로운 서비스가 성공했을 때 그 서비스와 관련된 기술을 개발한 사람(깊은 고민, 몰입), 그 서비스에 적용할 최신 기술을 발견한 사람(트렌드 민감도, 통섭), 다른 기술을 적용해 새로운 서비스를 제공하자고 제안한 사람(협업, 실행) 중에 용기 있게 설득하고 제안한 세 번째 사람에게 성과급의 60퍼센트를 지급한다고 한다. 조직에서는 새로운 아이디어를 실행하기 위해 행동하는 것이 가장 어렵기 때문이다.

반복 게임 시대
혁신의 특징

———

원샷 게임을 하던 상황에서 혁신의 3요소와 반복 게임이 일어나는 디지털 환경에서 혁신의 3요소는 주제의 형태상으로는 같다. 그러나 반복 게임의 시대에는 혁신의 내용이 달라진다. 과거에는 기술이나 제품을 발명하거나 개선하는 것이 혁신이었다면, 이제는 사용자의 경험을 혁신하는 것이 핵심이다. 즉 사용자가 제품이나 서비스를 이용하면서 만족을 느끼고 감동받게 해야 한다. 그래서 몰입의 대상이 달라져야 한다. 기술과 제품에 대한 고민보다 소비자가 제품을 어떻게 사용할지에 대해 깊게 고민하고, 여러 사람이 생각을 나눠야 한다. 여기에 하나 더 추가하자면, 디지털 통섭을 위해 많은 시간을 투자해야 한다. 디지털 트렌드는 하루가 다르게 변하기 때문에 최신 기술과 트렌드를 놓치지 않아야 한다.

08

가짜뉴스가 늘어나는 이유는 사람들이 가짜뉴스를 좋아하기 때문

2016년 3월, 구글의 AI인 알파고와 이세돌 9단의 대국으로 인해 AI 기술에 대한 관심이 커졌다. 이후 AI는 급속도로 개선됐고 알파고는 바둑 실력을 더 이상 키울 수 없어지자 2017년 말 은퇴했다. 그리고 구글은 그 알고리즘을 다양한 분야에 적용하고 있다. 반복 게임의 시대가 된 지금, 기업은 소비자가 원하는 서비스를 지속적으로 제공하기 위해 필히 AI 기술을 활용한다. 사용자들의 성향을 파악해 최적의 서비스를 추천하기 위해 AI 기술이 반드시 필요하다. 대표적인 것이 유튜브다. 유튜브는 내가 무엇을 원하는지 알고 있다.

이런 AI 기술로 소비자는 편리한 서비스를 제공받을 수 있다. 하지만 부작용도 있다. 내가 좋아하는 것에만 빠지다 보면 다른 사람과 점점 멀어질 수 있다. AI 기반의 서비스로 인해 사람들이 자기가 좋아하는 것만 접하게 되면 편견의 벽이 점점 더 높아질 것이고, 그로 인해 갈등은 점점 더 심화될 것이다. 유튜브로 인해 갈라진 여론 지형만 봐도 알 수 있는 일이다.

사실 이런 부작용이 나타나는 것은 사람의 심리적 특성 때문이다. AI가 사람의 어떤 심리적 성향들을 더욱 강화시키기 때문이다. 가짜뉴스가 사람들을 선동하는 것이 아니라, 사람들이 가짜뉴스를 선택하는 것이다. AI 기술은 이를 도울 뿐이다. 여기서는 이에 대해 좀 더 이야기해 보자. 우선 갈등이 가장 심한 정치 분야부터 보자.

미국 대통령이 고등학교를
자주 방문하는 까닭

2017년 9월, 퇴임 후 조용히 지내던 미국의 버락 오바마 전 대통령이 워싱턴DC에 있는 맥킨리기술고등학교를 깜짝 방문했다. 그리고 마침 진행 중이던 학생회의에 참석해 학생들과 이야기를 나눴다. 학생들은 예기치 못한 전 대통령의 방문에 깜짝 놀라면서도 연신 웃으며 즐거워했다. 그들에게는 강렬한 기억으로 남을 만한 날이었다.

"이렇게 맥킨리고등학교에 찾아와 여러분을 만나는 것은 여러분이 우리의 미래이기 때문입니다. 이 나라의 모든 학생들이 우리나라를 자랑스럽게 만들어주기를 바랍니다. 여러분은 이 나라의 미래 리더니까요. 우리는 지금 여러분이 절실하게 필요합니다."

오바마 전 대통령은 공립학교에 온라인 교육 시스템을 구축하는 커넥티드 교육Connect Education을 주도할 때도 어김없이 중·고등학교를 방문했었다. 이 계획 시행 초기인 2013년에는 노스캐롤라이나주에 있는 무어스빌중학교를 방문해 한국의 교육에 대해 칭찬하기도 했다. 2014년 2월에는 메릴랜드주에 위치한 버크로지중학교를 방문해 학생들과 직접 온라인 교육 관련 기술을 시연하면서 정책 효과를 홍보했다.

이처럼 미국 대통령들은 중·고등학교를 자주 방문한다. 우리나라의 경우는 대통령이나 중량감 있는 정치인이 대학교를 방문하는 일은 많지만 고등학교를 방문하는 일은 드물다. 그러나 미국은 고등학교 학생들을 더 중요하게 생각한다. 심지어 대선 기간 중에 하와이처럼 먼 곳에서 대통령 후보를 부르더라도 기꺼이 가고, 고등학생들이 주최하는 토론회에 참석해 성심성의껏 의견을 주고받는다. 그이유는, 사람은 생애 첫 투표에서 찍은 정당을 평생 지지하는 경향이 있기 때문이다. 고등학생 입장에서 생각해 보라. 인기 연예인보다 만나기 어려운 대통령이 직접 찾아와 진심으로 이야기하는데, 그의 팬이 되지 않는 것이 더 이상한 일이다. 그리고 이렇게 한번 팬이 되면 평생 그의 정당을 지지할 확률이 높다.

사람들은 나이가 들어가면서 보수화되는 경향을 보인다. 그러나 고등학생 시절이나 20대 초반에 강력한 정치적 경험을 한 사람은 그당시에 지지했던 정당을 평생 지지하는 경향이 있다고 한다. 컬럼비

아대학교 교수들은 사람들을 뉴딜정책 세대, 아이젠하워 집권 시절 세대, 베이비 붐 세대, 레이건 집권 시절 세대, 밀레니얼 세대로 나눠 일생에 걸친 투표 성향의 변화에 대해 추적했다. 그 결과 젊은 시절에 강하게 영향받은 정치색이 평생에 걸쳐 지속되는 것으로 나타났다. 하물며 고등학교 시절 학교에 직접 방문한 대통령과 대화를 나눈 경험이나 대통령 후보와 함께 토론을 했던 강렬한 경험은 평생의 정치 성향을 결정하는 데 영향을 미칠 게 자명하다. 생애 첫 투표는 그만큼 중요하다.

첫인상이
끝까지 간다

———

1973년 노벨 생리의학상을 수상한 동물행동학자인 콘라트 로렌츠Konrad Lorenz는 막 알을 깨고 나온 새끼 거위가 맨 처음 본 자신을 졸졸 따라다닌다는 사실을 알아채고, 그 모습을 관찰했다. 이를 통해 갓 태어난 새끼 거위는 처음 본 움직이는 것에 애착을 갖는다는 사실을 알아냈는데, 대부분 그 대상은 어미 거위였다. 새끼 거위는 주변에서 접한 것을 바탕으로 최초의 결정을 내리고, 그 결정을 끝까지 고수한다. 이런 현상을 '각인imprinting'이라고 한다.

　사람의 뇌도 마찬가지다. 첫인상이 끝까지 간다. 그래서 생애 첫 투표가 평생의 정치 성향을 결정한다. 행동경제학자들은 이를 '앵커링(anchoring, 닻 내리기)'이라고 이름 붙였다. 앵커링은 수많은 실험을 통해 입증됐다. 가령 주민등록번호의 마지막 두 자리를 물어본 후, 어떤 제품을 그 두 자리 숫자와 같은 가격으로 살 의향이 있는지 물어보면, 이후로도 그 숫자가 강력하게 영향을 미친다. 한번 머릿속에 각인된 '나만의 법칙'은 이후 지속적으로 영향을 줘서 세상을 보는 가치관, 견해, 믿음, 신념, 고정관념, 심한 경우는 편견까지 만들어낸다. 그리고 그것들은 웬만큼 큰 충격을 받지 않는 한 쉽게 바뀌지 않는다.

10여 년 전 맥도널드는 맥카페라는 제품을 선보이며 재미있는 실험을 했다. 똑같은 커피에 하나는 2,000원, 하나는 4,000원이라는 가격을 써 붙인 후 고객들에게 맛이 어떠냐고 물어봤다. 많은 사람들이 4,000원짜리 커피가 더 맛있다고 대답했다. 그뿐 아니라 "부드럽고 마시기 편하다", "설탕 없이도 단맛이 난다" 등 상당히 구체적인 이유를 들었다. 물론 이들은 거짓말을 한 것이 아니었다. 실제로 그렇게 느꼈다.

뇌가 세상을 이해하기 위해서는 외부에서 들어오는 사실(데이터)과 이미 갖고 있는 신념, 가치, 믿음을 적절히 조합해야 한다. 두 가지가 일치하지 않으면 사실에 근거해서 믿음을 바꿔야 하는데, 뇌는 그걸 싫어한다. 어떻게 구축해온 믿음인데 바꾸겠는가! 뇌는 한순간 얻은 데이터보다 오래전부터 축적해온 신념, 가치, 믿음을 더 신뢰한다. 그래서 믿음과 다를 경우 사실을 왜곡한다.

사람은 '비싼 게 더 좋다'는 믿음을 갖고 있기 때문에 같은 맛이

나는 커피일지라도 그중에서 4,000원짜리를 더 선호하고, 실제로 맛까지 다르게 느끼게 된다. 거기에 더해서 뇌는 자신의 믿음을 정당화하기 위해 수많은 이야기를 지어낸다. 이런 현상을 '인지부조화'라고 한다. 외부에서 들어오는 정보, 데이터와 이미 내부적으로 가지고 있는 믿음이 조화를 이루지 못할 때 사람은 불편함을 느낀다. 합리적인 사람이라면 이럴 때 데이터를 토대로 믿음을 수정해야 마땅하다. 그러나 인간은 그런 존재가 아니다. 지금 한순간 얻은 데이터보다 오래전부터 유지해온 고정관념을 더 믿는다. 사실과 데이터를 왜곡해서라도 자기가 가진 고정관념을 유지한다.

선호, 선택, 설명의
우선순위는?

첫 선택이 이처럼 중요하다면 첫 선택은 무엇에 의해 결정될까? 심리학과 행동경제학은 그동안 인간이 결코 합리적인 존재가 아니라는 사실을 증명해 왔다. 실제로 사람은 합리적이고 이성적인 판단에 의해 어떤 선택을 하거나 행동하는 것이 아니라 감정에 의해 결정을 내린다. 외모를 보고 호감을 느끼고 사랑을 선택한 후 나중에 상대방이 얼마나 소중한 사람인지 이유를 찾는다. 이런 메커니즘은 사랑을 할 때만 작용하는 것이 아니다. 대부분의 선택이 이런 과정을 거친다.

무의식과 감정 연구로 유명한 심리학자 존 바그John Bargh는 이를 입증하는 실험을 여러 차례 수행했다. 예를 들어, 이런 실험이다.

실험에 참가한 학생들이 실험실로 가기 위해 엘리베이터를 탈 때 양손에 커피와 책을 든 여성이 나타나 책을 찾아봐야 한다며 커피를 들어달라고 요청한다. 이때 절반의 실험 참가자들에게는 따뜻한 커피로 실험을 하고, 나머지 실험 참가자들에게는 아이스커피로 실험을 한다. 실험실로 온 참가자들에게 장점도 단점도 풍부한 다양한 면을 가지고 있는 사람의 사례를 읽고 그의 성격에 대해 판단하게 한다. 이때 따뜻한 커피를 들었던 학생은 평가 대상이 친절하고 따뜻하며 성격이 좋은 사람이라고 평가했다. 반면 아이스커피를 들었던 학생은 평가 대상의 특징 중 냉정하고 차가운 면을 더 부각해 판단했다. 따뜻한 커피를 들어 손이 따뜻해졌던 학생은 마음까지 따뜻해져 다른 사람에 대해 판단할 때도 좋은 측면을 더 많이 본 것이다.

이후 존 바그는 따뜻한 패드와 차가운 패드를 이용해 실험을 하기도 하고, 가벼운 짐과 무거운 짐을 들게 한 후 실험을 하는 등 다양한 실험을 수행했다. 그 결과 몸이 따뜻하거나 편안하면 긍정적인 판단을, 몸이 차갑거나 힘들면 부정적인 판단을 하는 것으로 나타났다. 학창시절 선생님에게 심하게 혼났던 경험은 누구에게나 있다. 그런데 돌이켜보면 내 잘못도 있을 수 있지만, 나와 상관없이 선생님이 어딘가 불편했던 날이었을 수도 있다. 집에서 아이를 심하게 혼낼 때도 마찬가지다. 아이의 잘못보다는 내가 무언가 불편했기 때문에 화가 났을 수도 있다.

심지어 이런 감정은 오해로 인해 생기기도 한다.

오래전 캐나다 밴쿠버 북부의 카필라노강에 놓인 현수교 위에서 한 가지 실험을 했다. 강으로부터 70미터 높이에 놓인 이 다리는 길이가 약 140미터에 달하며, 강의 양쪽 절벽을 줄로 이어 만들어서 건널 때 공포감이 느껴질 수밖에 없다. 여기서 한 매력적인 여성이 남성들에게 설문조사를 부탁했다. 그러면서 조사를 마친 후에 전화를 하면 설문에 대해 더 자세히 설명해주겠다며 전화번호를 건넸다.

이 설문은 두 가지 방식으로 진행됐다. 먼저 다리를 건너고 있는 남성에게 접근해 설문을 요청하는 방식과 다리를 다 건넌 남성에게 설문을 요청하는 방식이었다. 그렇다면 이후 전화를 걸어온 남성의 비율은 두 방식에서 차이가 있었을까? 차이가 있었다면 어느 쪽이 더 많았을까?

결과는 흔들다리 위에서 설문에 응한 남성들이 전화를 훨씬 더 많이 걸어온 것으로 나타났다. 출렁거리는 다리를 건너던 남성들은 공포심 때문에 심장이 뛰고 심리적으로 압박을 느끼고 있었다. 그런 상황에서 매력적인 여성이 말을 걸어오자 자신이 느끼는 긴장감과 흥분이 흔들다리 때문에 느끼는 공포심이 아니라 그 여성의 매력 때문이라고 착각하게 됐다. 뇌가 착각을 일으킨 것이다. 그래서 심리학자들은 농담 삼아 사랑 고백을 할 때는 롤러코스터에서 하라고 말하기도 한다.

인간은 우연이 됐든, 감정이 진짜로 반응한 것이든 감정에 의한 좋고 나쁨이 먼저 생기고, 그 다음에 선택을 한다. 그리고 우리 뇌는 그

다음에 자신이 한 선택이 합리적이었다고 설명하는 단계를 거친다.

1962년 캘리포니아 공과대학교 연구실에서 신경생물학자 로저 스페리Roger Sperry는 간질 치료를 위해 좌뇌와 우뇌를 연결하는 뇌량을 잘라낸 환자들을 대상으로 한 가지 실험을 수행했다. 뇌량이 없어 좌뇌와 우뇌가 단절된 환자들의 왼쪽 눈과 오른쪽 눈 사이에 가림막을 쳐서 서로가 무엇을 보는지 모르게 한 후, 오른쪽 눈에는 새의 발을 보여주고, 왼쪽 눈에는 눈 덮인 풍경을 보여줬다. 그런 다음 책상 위에 놓인 그림들 중에서 관련된 것을 고르라고 했다. 환자들은 오른손으로 닭을 지목했고, 왼손으로는 눈삽을 골랐다. 그런데 그 이유를 설명해 보라고 하니 흥미로운 일이 벌어졌다.

인간의 언어는 몸의 오른쪽을 관장하는 좌뇌가 담당한다. 때문에 환자들은 새의 발을 봤기 때문에 닭을 택했다고 말했다. 그런데 왜 눈삽을 선택했는지 물었을 때 사람들은 대부분 이상한 이유를 댔다. "닭똥을 치우려면 삽이 필요하지 않냐"라고 답하는 식이었다. 뇌량이 없는 상태라 좌뇌는 우뇌에서 무슨 일이 일어났는지 모르기 때문에 진짜 이유를 알 턱이 없었지만, 그 누구도 대답을 망설이지 않고 나름대로 합리적인 이유를 댔다.

스페리의 연구는 의학계와 뇌과학계에 충격을 줬으며, 뇌과학이 한 단계 도약하는 계기가 되었다. 이후 우리의 뇌는 소설을 쓰고 이야기를 꾸며 내는 데 선수라는 사실이 후배 학자들에 의해 속속 밝혀졌다. 그 공로로 스페리는 1981년 노벨 생리의학상을 수상했다.

우리는 자신이 내린 선택에 대해 합리적인 이유를 대면서 이성적으로 선택했다고 말하지만, 사실은 그 반대다. 우리는 그냥 좋아서 선택한다. 그리고 그 이유를 나중에 만들어낸다. 이런 프로세스는 순식간에 일어나기 때문에 우리 스스로도 합리적으로 판단하고 선택했다고 믿는다.

학교에서 오바마를 보며 가슴 두근거리는 경험을 했던 학생들은 이유 없이 오바마를 좋아하게 된다. 그리고 향후 민주당을 지지하게 된다. 한번 선택한 이후에는 민주당을 선택한 여러 이유를 덧붙이고, 그 선택은 믿음이 되고 가치관이 된다. 이렇게 그의 평생 가치관은 점점 공고해지고, 더 이상 뇌에 들어오는 정보를 통해 생각하지 않고 자신의 가치관대로 판단하게 되면 편견이 만들어진다. 우연히 속해 있었던 환경, 거기서 우연한 계기로 갖게 된 '선호'와 '선택'이 축적되어 한 사람의 일생을 좌우할 가치관이 만들어진다.

사람은 자기가
보고 싶은 것만 본다

이처럼 사람은 웬만해서는 자기 생각을 바꾸지 않고, 반대되는 데이터가 들어오면 데이터를 왜곡하고, 오히려 여기서 한 걸음 더 나아가기도 한다. 자기 생각, 신념, 고정관념, 편견과 일치하는 데이터만 받아들인다. 확증 편향確證偏向, 즉 자신의 견해에 부합하는 정보만을 취함으로써 인지부조화로 인한 불편함을 없애는 것이다. 말도 안 되는 것을 사실이라고 믿는 사람이 생기는 이유다.

2016년 12월 4일, 워싱턴DC에 있는 코밋 펑퐁이라는 피자 가게에서 총기 난사 사건이 발생해 가게 주인이 사망한 일이 있었다. 경찰에 잡힌 범인은 '피자 게이트'를 직접 조사하기 위해 피자 가게를 습격했다고 주장했다. '피자 게이트'는 그해 3월 위키리크스Wikileaks가 민주당 대선 후보였던 힐러리 클린턴Hillary Clinton의 선거 캠프 대책본부장이었던 존 포데스타John Podesta의 이메일을 해킹해 폭로하면서 알려졌다. 존 포데스타의 이메일 중에는 피자, 파스타, 치즈 등의 단어가 들어간 알 수 없는 문장들이 있었다. 예를 들면 '치즈'라는 제목의 이메일에는 "내가 치즈 위에서 도미노를 하는 게 파스타에서 하는 것보다 나을까?"라는 말이 있었다. 이를 두고 극우 사이트나 유튜브 등에서는 음모론이 제기되었다. '치즈', '피자', '파스타' 등의 단어가 오랫동안 아동 포르노를 의미하는 은어로 사용돼왔다는 사실에 착안한 것이다. 음모론자들은 위키리크스에 실린 포데스타의 이메일을 해석해 보니 민주당 고위 관계자들이 아동 성착취와 인신매매, 살해를 즐기는 악마 숭배자라는 사실이 드러났다고 주장했다. 그리고 그들의 근거지가 워싱턴DC에 위치한 코밋 펑퐁이라는 피자 가게의 지하실이라고 했다. 이에 그 말을 철석같이 믿었던 한 젊은이가 분에 못 이겨 피자 가게를 찾아가 사고를 냈다.

우리나라는 네이버Naver나 다음Daum 같은 포털 사이트를 통해 언론사의 뉴스를 쉽게 볼 수 있지만, 미국의 경우는 각 언론사 사이트에 들어가야 뉴스를 볼 수 있다. 그러다 보니 일일이 언론사 홈페이지에 들어가서 보지 않고 페이스북에서 뉴스를 보는 사람이 많다. 이들은 페이스북에서 자기 성향과 비슷한 뉴스를 제공하는 페이지를 팔로우해 뉴스를 소비한다. 언론사라기보다 뉴스 소개업체라고 표현하는 게 더 적합한 이 업체들은 페이스북의 공유 메커니즘을 잘 안다. 문제는 이들 업체들이 공유에 목적을 두다 보니 공신력 있는 기사보다 자극적인 콘텐츠가 더 잘 소비된다는 점이다. 결국 자극적인 가짜뉴스가 더 많이 생산된다. 우리나라에서는 유튜브, 카카오톡 등을 통해 이와 비슷한 일들이 일어나고 있다.

이런 채널들을 오랫동안 소비해온 이 젊은이가 피자 게이트를 굳게 믿게 됐고, '정의로운' 행동에 나섰다. 그러나 경찰 수사를 통해 코밋 핑퐁에는 지하실이 없다는 사실이 밝혀졌다. 음모론은 거짓이었다. 그렇다면 피자 게이트는 일단락됐을까? 아니다. 아직 많은 사람들이 이를 사실이라고 믿고 있다. 정의를 실현하려 했던 젊은이에 대한 공정한 수사를 민주당에서 가로막고 경찰에 힘을 써서 사실을 조작했다고 믿고 있다. 피자 게이트와 관련된 가짜뉴스는 아직도 유포되고 있다. 피자 게이트를 믿는 사람은 그 이야기가 사실임을 뒷받침할 정보만 취하며 자신의 믿음을 더욱 공고히 한다. 애초에 가짜뉴스를 믿고 싶어 하는 사람들이 있었고, 그들이 피자 게이트를 선택했다. 가짜뉴스가 사람들을 선동하는 것이 아니라 사람들이 가짜뉴스를 선택하는 것이다.

인류는 이미 오래전부터 인간의 이런 특징을 간파하고 있었다. 일찍이 로마의 정치가 카이사르Julius Caesar는 "사람은 자기가 보고 싶은 것만 본다"라고 말했다. 영국의 정치인이자 철학자였던 베이컨Francis Bacon 역시 비슷한 말을 했다. "인간은 일단 어떤 의견을 선택한 뒤에는 모든 이야기를 끌어들여 그 견해를 뒷받침하거나 동의한다. 설사 정반대를 가리키는 중요한 증거가 더 많다고 해도 이를 무시하거나 간과한다. 미리 결정한 내용에 매달리고, 이미 내린 결론의 정당성을 지키려 한다." 영국의 시인인 알렉산더 포프Alexander Pope는 멋진 말로 이를 표현했다. "완고한 인간이 의견을 고집하는 게 아니다. 의견이 그를 잡고 놓지 않는 것이다." 소련 공산당 서기장 스탈린Joseph Stalin도 "현명한 자는 보는 걸 믿고, 겁쟁이는 믿는 걸 본다"라고 말했다. 이 시대의 현인으로 불리는 워런 버핏Warren Buffett 역시 한마디 거들었다. "사람들이 제일 잘하는 건 기존 견해들이 유지되도록 새로운 정보를 걸러 내는 일이다."

AI는 편견을 강화하고, 갈등을 심화시킬 것

———

AI 기술을 통해 도래할 미래에 대해 이야기하려고 여기까지 돌아왔다. 앞에서 말한 내용을 요약하면 이렇다. 사람은 웬만해서는 자기 생각을 바꾸지 않는다. 오히려 생각을 강화하는 정보들을 모은다. 그런데 AI는 사용자가 좋아하는 것을 파악해 그것만 제공한다. 즉 사용자가 불편해 할 정보는 제외하고 좋아할 콘텐츠만 보여준다. 따라서 AI로 인해 사람들의 편견은 점점 더 강화될 것이다. 이와 관련해 미국 대선보다 적절한 사례는 없다.

영국 신문 〈가디언The Guardian〉은 트럼프가 2016년 대통령 선거에서 이긴 배경에 케임브리지 애널리티카Cambridge Analytica 사태가 있었다고 보도한 바 있다. 대략의 내용은 이렇다.

영국 케임브리지대학교 심리학과 교수 알렉산드르 코건Aleksandr Kogan은 페이스북 이용자들을 대상으로 개인 성향 분석 애플리케이션 'This is your digital life'를 배포했다. 이에 27만 명이 이 애플리케이션을 다운로드해 테스트했다. 그런데 이 애플리케이션은 페이스북 이용자의 성별, 학력, 출신, 나이는 물론 그가 어떤 페이지에 '좋아요'를 누르고 다녔는지를 모두 뽑아갔다. 그리고 이로부터 이용자의 정치 성향, 정치 선호도, 정치 심리 정보를 추출할 수 있었다. 그뿐 아니라 애플리케이션을 다운로드한 27만 명이 가지고 있던 친구들의 정보까지 뽑아가 약 5,000만 명의 성향에 대한 데이터를 확보했다.

코건은 이 정보를 트럼프 선거 캠프 본부장 스티브 배넌Steve Bannon이 이사로 있던 케임브리지 애널리티카에 팔아넘겼다. 이 회사는 미국 대통령 선거뿐만 아니라 영국의 브렉시트Brexit 찬반 투표 등 다양한 선거를 도운 것으로 알려진 회사다. 사업을 위해서라면 뇌물, 매춘 등 온갖 수단과 방법을 가리지 않았다고 하는데, 여기서는 그들이 이렇게 사들인 빅데이터를 어떻게 활용했는지에만 초점을 맞추도록 하자.

케임브리지 애널리티카는 미국 유권자들을 5,000가지 카테고리로 분류해 어떤 메시지가 그들에게 먹힐지를 분석했다. 그리고 그들을 설득할 수 있는 가짜뉴스를 공급했다. 개인 맞춤형 가짜뉴스로 말이다. 가령 트럼프 지지자에게는 "교황이 트럼프를 지지한다고 선언했다"라는 가짜뉴스를 제공했고, 힐러리 클린턴 지지자이면서 이슬람 문화를 싫어하는 사람에게는 "힐러리가 IS에 무기를 팔았다고 위키리크스가 밝혔다" 등의 가짜뉴스를 보게 만들었다. 선거에서 이기는 전략은 여러 가지가 있다. 경쟁자의 지지자를 우리 편으로 만들거나, 우리 지지자가 꼭 투표하게 하거나, 최소한 경쟁자의 지지자가 투표를 안 하게 만들어야 한다. 케임브리지 애널리티카는 페이스북 이용자의 성향에 따라 이 세 가지 목적의 가짜뉴스를 치밀하게 만들어 공급했다.

그런데 페이스북을 활용한 선거운동을 트럼프가 처음 했던 것은 아니다. 2012년 오바마 재선 캠페인에서 먼저 재미를 톡톡히 봤다. 당시 오바마 선거 캠프는 후원자들에게 '오바마 2012 페이스북 애플리케이션'을 다운로드받을 것을 권했고, 이를 통해 페이스북 이용자와 그 친구들에 대한 정보를 수집했다. 그리고 이 정보를 활용해 유권자를 세밀하게 분류했고, 맞춤형 선거운동을 진행했다.

가령 사람들을 오바마 열성 지지자로 선거운동을 함께하자고 요청할 대상, 지지 확률이 높아 유권자 등록 절차를 밟고 꼭 투표하도록 독려할 대상, 특정 이슈를 적극적으로 알리며 점차적으로 설득할 대상 등으로 분류했다.

또 페이스북을 통해 이용자들이 즐겨 보는 TV 프로그램을 찾아냈고, 오바마에게 투표할 가능성이 가장 높은 집단부터 점차 낮은 집단, 혹은 결정을 미룬 사람들이 즐겨 보는 TV 프로그램을 매칭했다. 그리고 각각의 TV 프로그램에 맞춤형 광고를 내보냈다. 지지자들이 많이 보는 TV 프로그램에는 메시지만 내보냈고, 오바마에 대해 잘 모르는 사람들이 많이 보는 프로그램에는 후보가 직접 출연했으며, 경쟁자의 지지자들이 주로 보는 프로그램에는 공화당 후보를 지지하다 오바마로 갈아탄 유권자를 출연시키는 식이었다. 그래서 오바마 재선을 '빅데이터의 승리'라고 부르는 전문가도 있었다.

유권자 맞춤형 콘텐츠를 제공했다는 점은 비슷하지만, 2012년 오바마 선거운동과 2016년 트럼프 선거운동은 합법성 측면에서는 다르다. 오바마 선거 캠프는 합법적으로 지지자에게 애플리케이션을 다운로드하게 했고, 트럼프 선거 캠프는 성향 테스트 애플리케이션으로 위장해 은밀하게 이용자 정보를 취득했다. 오바마 캠프는 정당한 맞춤형 광고를, 트럼프 캠프는 맞춤형 가짜뉴스를 내보냈다.

AI 기술의 발달로 지금은 이런 서비스를 훨씬 쉽게 할 수 있다. AI가 사람들의 생각을 점점 더 강화한다. 열성 지지자를 극성 지지자로 만들 수도 있고, 미온적인 지지자를 열성 지지자로 탈바꿈시킬 수도 있다. 2020년 미국 대선에서 1900년 이후 역대 최고의 투표율이 나온 것도 AI의 역할이 컸기 때문이 아닐까 싶다. 그것이 가짜뉴스든 맞춤형 광고든, AI를 탑재한 각종 미디어가 사람들의 견해를 더욱 고착화하고 강화한 것이 아닐까?

AI가 만드는 세상에서
길을 잃지 않는 법

30년간 수많은 기업을 대상으로 컨설팅을 해온 컨설팅 회사의 대표에게 누군가 물었다. "CEO가 되면 취급하고 볼 수 있는 정보가 많기 때문에 더 현명해지지 않나요?" 그에 대해 컨설팅회사 대표는 이렇게 말했다. "제가 보기에는 오히려 고정관념과 편견이 더 강해지는 것 같습니다. 정보가 많아질수록 자신의 생각에 부합하는 정보만 취사선택해 자기가 옳다는 걸 확인하려 드는 경우가 많습니다. 그래서 고집이 점점 세지죠." 과거의 경험, 특히 성공을 경험하며 만들어진 고집은 누구도 꺾을 수 없게 된다.

AI는 이런 확증 편향을 기술적으로 뒷받침해준다. 거기에 AR(Augmented Reality, 증강현실) 기술이 발달하면 세상을 자기가 좋아하는 모습으로 꾸밀 수 있다. AR 렌즈나 안경을 끼고 누구는 동화 속 왕국으로, 누구는 판타지 세계로, 누구는 미래 도시로 꾸미고, 그것을 즐길 수 있다. 한 공간에 있더라도 서로 다른 세상을 보는 상황이 연출된다. 즉, 같은 공간에 있지만 서로 다른 세상을 사는 것이다. 같은 식탁에서 식사를 하지만 각자의 휴대폰으로 각자의 활동에 몰두하는 사람들처럼 말이다.

AI는 사람들의 두뇌구조를 자기중심적으로 바꿔서 서로 다른 세상에 사는 것처럼 만든다. 이런 환경에서 균형 잡힌 시각을 가지려면, 의도적으로 다른 사람들과 소통할 필요가 있다. 특히 경영자는 일부러라도 반대 의견을 들어야 한다.

세계 최대의 헤지펀드업체 브리지워터 어소시에이츠Bridgewater Associates의 최고경영자인 레이 달리오Ray Dalio는 자신의 의견에 반대할 수 있는 시스템을 만들어 화제가 되었다. 2008년 금융 위기를 예측해 이 시기에 '나홀로' 막대한 수익을 올린 바 있는 이 회사는 코로나-19 발생으로 규모를 줄이기 전까지 1,600억 달러(약 179조 원) 규모의 자산을 운용했다.

한번은 고객에게 투자 상담을 하는 자리에 달리오와 함께 있었던 직원이 상담이 끝난 후 그에게 이런 이메일을 보내왔다.

"레이, 오늘은 50분 동안 횡설수설하더군요. 당신은 전혀 준비가 돼 있지 않았어요. 그는 우리가 반드시 유치했어야 하는 고객인데… 오늘 정말 엉망진창이었습니다. 다시는 이런 일이 일어나지 않길 바랍니다."

달리오는 이 이메일을 전 직원에게 공개하면서, 이를 본받으라고 말했다.

달리오는 반대 의견을 말할 수 있는 기업 문화를 조성하고, 그것을 시스템화했다. 우선 모든 회의를 녹화하고, 문제가 생겼을 때 누구라도 그 회의 장면을 되돌려 보며 어떤 의사결정을 할 때 실수가 있었는지 반추할 수 있게 했다. 실수를 지적하려는 목적이 아니라, 미처 보지 못했던 것을 배우기 위해서다. 또 회의를 할 때 다른 사람이 주장하는 바를 평가할 수 있는 애플리케이션을 만들어 모든 직원이 이를 활용하도록 했다. 회의가 끝나면 회의에 참석한 모든 사람이 애플리케이션을 통해 서로를 평가하고, 평가 결과는 모두에게 공개한다. 이 과정을 통해 회장은 물론 직원들도 자신의 의견이 객관적이었는지를 되돌아볼 수 있다.

그렇다고 브리지워터가 단순히 다수결 방식으로 의사결정을 하는 것은 아니다. 비슷한 문제를 여러 차례 해결한 사람이나 문제 해결에 적합한 직원의 의견에는 가중치를 높게 부여한다.

레이 달리오가 이런 조직 문화를 만든 것은 젊었을 때의 경험 때문이었다. 그는 하버드대학교 경영대학원MBA을 졸업하고, 젊은 나이에 회사를 차려 성공 가도를 달렸다. 1981년, 개발도상국의 채무 위기를 예측했는데, 실제로 멕시코가 채무불이행을 선언했다. 다음 해에는 의회 청문회에 나가 "경제는 위기 상태이며, 거의 붕괴 직전입니다"라며 미국의 경제 위기를 예견했다. 그러나 그의 예측과 달리 미국 연방준비제도이사회가 통화 공급을 늘리면서 증시는 오히려 급등했다. 그 결과 그의 회사는 파산 직전까지 갔고, 대부분의 직원을 내보내야 했다. 이 경험을 바탕으로 그는 자신의 판단이 옳은지를 끊임없이 의심하는 법을 배웠다.

고른 정보를 통해 합리적인 판단을 내리는 달리오의 자세는 경영자뿐만 아니라 개인에게도 필요하다. AI로 확증 편향이 일상화된 환경에서는 의도적으로 자신을 불편하게 하는 정보를 접할 필요가 있다. 가령 유튜브에서 추천하는 콘텐츠와 정반대 입장에 있는 채널을 구독하는 것도 좋다. 과거로 치면, 자신이 가진 정치 성향과 정반대되는 성향의 신문을 함께 구독하는 것과 같다. 그렇게 정보가 편향

되지 않도록 의도적으로 조절할 필요가 있다.

AI 탑재가 보편화되면 기업에는 리더십의 위기가 찾아올 것이다. 한 분야의 전문가, 특정한 관심사, 편협한 성향을 지닌 리더들이 대거 탄생할 수 있기 때문이다. 사실 이런 문제는 이미 대형 IT 회사나 게임 회사에서 실제로 나타나고 있다. 따라서 기업 규모가 커질수록 전문 분야만이 아니라, 다양한 분야를 조율하고 소통할 수 있는 제너럴 매니저general manager가 필요하다. 리더의 위치로 올라가기 전부터 전인적인 리더십 교육이 필요한 이유다.

농담 같은 일화로 이야기를 마무리하려고 한다.

오래전에 잘나가던 청와대 수석비서관이 돌연 사퇴를 한 일이 있었다. 탁월한 능력과 함께 언변이 뛰어나고 평판이 좋은 데다 책임질 만한 사고를 일으킨 것도 아니어서 사람들은 그 이유가 무척 궁금했다. 그는 나중에 친구에게 그만둔 이유를 밝혔다.

"청와대에서 회의를 시작하기 전에 대통령께서 개인적인 이야기를 하셨어. 나는 그 말씀을 받아서 농담을 던졌지. 그 말에 모든 수석들이 웃었는데, 대통령만 웃지 않더라고."

"아니, 그런 이유로 사퇴를 하나?"

"웃지 않았다는 사실은 많은 걸 말해주지. 자네, 좋아하는 사람이 웃긴 이야기를 하면 어떤가? 아주 재미있지. 싫어하는 사람이 웃긴 이야기를 하면? 더 밉다네."

인간에 대한 심리에 정통했던 그는 자신의 미래를 예견하고 스스로 먼저 명예롭게 그만두는 선택을 했다. 사람에 대한 편견은 한번 생기면 잘 변하지 않는다. AI가 이를 더 강화한다.

반복 게임의 시대에
객관성을 유지하는 법

AI 기술이 내가 보고 싶은 것만 보도록 해서 이런 문제가 나타난다
고 우려하는 목소리가 높다. 보고 싶은 것만 보는 선택적 지각, 내 믿
음과 일치하는 것만 받아들이는 확증 편향, 유사한 정보가 반복돼
기존의 믿음이 더욱 굳건해지는 반향실反響室 효과, 맞춤형 정보만
제공되는 필터버블filter bubble 현상 등의 상황에서는 내가 보는 세상
이 온전한 전체가 아닐 수 있다. 세상의 일부만 바라보고 전체라고
오해하게 된다.

중요한 의사결정을 하는 경영자라면 자신의 의견을 객관적으로
유지하기 위해 달리오와 같은 노력을 해야 한다. 특히 반복 게임의
시대에는 대부분의 사람들이 다양한 고객의 니즈를 객관적으로 파
악해 반복 서비스하는 일을 하게 된다. 따라서 누구나 의도적으로
반대 의견을 듣는 습관을 기르지 않으면 안 된다.

09

구글은 다
계획이 있었구나!

AI 이론은 1950년대부터 인지과학자를 중심으로 연구되기 시작해 지속적으로 발전해왔다. 특정 상황에서 반응하는 특정 패턴을 알고리즘으로 개발해 복잡한 문제풀이 등에 활용했다. 그러나 일상에 적용하지는 못했다. 그러다가 2010년대 이후 AI 기술이 비약적으로 발전했는데, 컴퓨팅 파워가 급격하게 증가했기 때문이었다. 과거에는 불가능했던 엄청난 양의 데이터도 빠른 시간 내에 계산해 결과를 낼 수 있게 됐다.

논리와 규칙 기반의 기술에서 데이터 기반의 기술로 바뀌면서 실생활에 적용하는 사례가 늘고 있다. 사실 지금 AI 기술에서 핵심 경쟁력은 알고리즘이 아니라 데이터다. AI가 대부분의 서비스에 탑재될 디지털 혁신의 시대에는 데이터 경쟁력이 곧 디지털 경쟁력, AI 경쟁력이다. 현재 가장 앞서가고 있는 회사의 과거 이야기부터 살펴보자.

구글은 왜 수천만 권의
책을 스캔했나?

———

2002년 구글이 전 세계 주요 도서관에 있는 모든 책을 스캔한 후 디지털화해 모든 사람이 볼 수 있게 하겠다는 아이디어를 공표했을 때, 사람들은 모두 미친 짓이라고 말했다. 지금이야 세계 검색 엔진의 90퍼센트 이상을 구글이 점유하고 있지만, 당시에는 미국 내에서도 20퍼센트대로, 야후Yahoo를 더 많이 쓰던 시절이었다. 우리나라에서는 네이버와 야후가 서로 다투던 때였다.

그러다가 2004년에는 미국 내 검색 엔진 점유율이 급상승해 56퍼센트를 기록했고, 이때부터 구글은 검색 엔진 시장을 장악하기 시작했다. 때맞춰 그해 12월, 구글은 '도서관 프로젝트'를 시작하겠다고 발표했다. 구글을 그저 검색 엔진 회사로만 알고 있던 나는 당시에 이 소식을 듣고 '돈이 많으니까 별 걸 다 한다'라고 생각했다. '책 검색을 얼마나 많이 할 거라고 저렇게 돈 많이 드는 짓을 할까' 생각했다. 그나마 이 행보를 긍정적으로 보던 사람들은 구글이 선한 기업이라고 생각했다.

도서관 프로젝트는 현재 '구글 북스Google Books'로 서비스되고 있다. 하버드대학교 도서관, 스탠퍼드대학교 도서관은 물론 뉴욕의 공립 도서관 등 전 세계 60여 개 도서관이 소장하고 있는 40여 개 언어로 된 3,000만 권의 책을 검색하고 열람할 수 있다. 다만 저작권이 소멸되지 않은 책의 경우 책 전체를 볼 수는 없다.

물론 구글은 책을 검색하고 열람하는 데 돈을 받지 않는다. 이렇게 하기까지 우여곡절이 많았다. 구글은 도서관의 책을 일일이 스캔한 후 광학문자인식OCR: Optical Character Recognition 기술을 활용해 디지털로 복원했다. 그런데 책을 일일이 디지털화하는 것보다 더 어려웠던 것은 미국 작가협회와 벌인 저작권 소송이었다. 이 프로젝트가 시작된 이듬해 작가들이 소송을 제기했는데, 작가들은 아무리 돈을 받지 않더라도 구글이 원작자 동의 없이 책을 복제해 발췌 형태로 서비스하는 것 자체가 원작을 변형하는 것이므로 저작권을 침해하는 행위라고 주장했다. 10년이 넘는 소송 끝에 구글이 이겼다. 미국 법원은 구글이 저작권을 훼손하지 않고 원작의 가치를 높여준다고 판단했다. 그 덕분에 우리는 구글 북스 검색 서비스를 통해 지금은 구할 수 없는 희귀한 서적도 열람할 수 있다. 이런 걸 보면 구글은 정말 선한 회사로 보인다. 검색의 범위를 이렇게까지 확장해 사람들에게 편리를 제공했으니 말이다.

그러나 이런 판단은 구글을 검색 엔진 회사로 봤을 때다. 구글을 데이터 회사로 보면 판단은 달라진다. 구글은 이 프로젝트를 통해 충분한 이득을 봤다. 구글은 전 세계 이용자들이 책 검색을 할 때 그 정보를 축적하는데, 그 검색 정보가 구글에게는 돈이 된다. 구글은 검색 정보를 축적해 검색 광고를 포함해 다양한 서비스를 만든다. 마찬가지로 책이라는 특정한 영역의 검색 정보도 구글에게는 의미 있는 데이터가 된다. 단적인 예로, 검색은 쇼핑으로 이어지는데, 구글 북스를 자주 이용하는 사람은 검색 후 구글에서 직접 책이나 전자책을 구매할 수 있다.

데이터의 가치는 겉에서 보는 것보다 더 크다. 구글은 1500년 이후에 나온 3,000만 권의 책 정보를 보유하고 있다. 그리고 원천 데이터에 대해서는 구글만 알고 있을 뿐, 외부에서는 검색을 통한 통계적인 결과만 알 수 있다.

이 데이터는 역사성과 완결성, 두 가지 차별화된 가치가 있다. 인터넷에 있는 데이터는 대부분 오늘날 만들어진 것인데, 구글의 디지털 도서관은 과거 인류가 보유했던 데이터를 확보했다는 점에서 의미가 있다. 또 책이라는 매체는 굉장히 정제된 정보들로 이뤄져 있기 때문에, 비문이나 맞춤법 오류, 생략된 문장 등이 많은 웹페이지의 데이터보다 완결성이 높다. 또 시대별 언어 데이터를 활용해 언어 처리 기술을 경쟁사보다 더 고도화할 수 있다. 정확하고 완결성 있는 언어 데이터는 번역기 기술을 개발할 때도 도움이 된다. 보통 영어를 일본어로 번역하기 위해서는 1억 개의 학습 사례가 필요한데, 이때 인터넷에서 쓴 비문이 섞인 문장보다는 책에 쓰인 문장이 훨씬 낫다. 이런 언어 처리나 번역기 기술은 '구글 어시스턴트Google Assistant'나 '구글 홈Google Home' 같은 AI 비서 서비스 기능을 고도화시켜 구글의 차별화된 경쟁력이 된다.

구글은 문자인식을 할 때 다양한 문자인식 소프트웨어 중 하나인 테서랙트Tesseract 엔진을 활용했다. 서적에 있는 다양한 서체를 인식하는 과정에서 얻은 서체 정보를 활용해 테서랙트 엔진을 보다 더 고도화할 수도 있다. 가령 '구글 북스 엔그램 뷰어Google Books Ngram Viewer'에서 특정 단어를 검색하면 1500년대 이후 그 단어가 쓰인 빈도를 측정할 수 있다. 여기서 'fuck'이라는 단어를 검색하면 다음의 자료와 같이 나온다. 이런 결과가 나온 것은 'fuck'라는 단어를 1600~1700년대에 쓰고 한동안 안 쓰다가 20세기 후반부터 다시 많이 쓰고 있기 때문일까? 그러나 사실은 옛날에는 s를 오늘날의 f와 비슷하게 길게 늘여 썼기 때문이다. 1600~1700년대 검색된 'fuck'이라는 단어는 사실 'suck'을 잘못 읽은 것이다. 엔그램 뷰어에서는 대·

[자료 16] 구글 북스 엔그램 뷰어에서 'fuck'을 검색한 결과

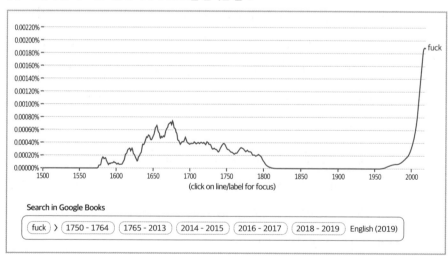

소문자를 구별할 수 있는데, 대·소문자를 구별하면 1600~1700년대에 'Fuck'은 거의 쓰이지 않은 것으로 나온다. 이를 보면 이 시기에 'fuck'이라는 표현은 아직 생겨나지 않았다고 유추할 수 있다. 물론 테서랙트 엔진을 오픈소스로 공개했지만, 구글 내부에서는 그 엔진을 더 고도화시켜서 사용하고 있을 수도 있다.

구글이 진심으로 선한 의지만 가지고 공공을 위해 구글 도서관 프로젝트를 추진했다면 비영리기관을 만들었을 것이다. 그리고 해당 데이터를 모두 공개했을 것이다. 그러나 구글은 데이터 회사다. 이 희귀한 데이터는 구글의 각종 서비스를 경쟁사보다 조금이라도 더 좋게 만드는 데 쓰이고 있다. 사람들은 이제 와 "구글, 너는 다 계획이 있었구나!"라고 깨달았다.

[자료 17] 구글 북스 엔그램 뷰어에서 'fuck'을 대·소문자 구별해 검색한 결과

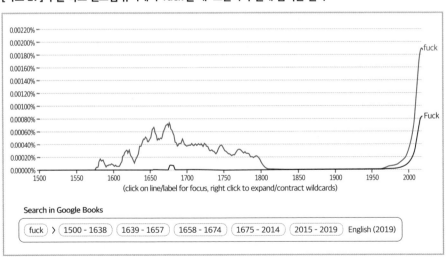

데이터를 쌓아두면
언젠가는 돈이 된다

———

구글이 도서관 프로젝트를 검색 영역 확대라는 순수한 의도로 시작
했는지, 처음부터 데이터 자산 활용을 위해 시작했는지는 모른다. 분
명한 것은 도서 데이터를 축적해가면서 검색 서비스보다는 데이터
자산으로 활용하겠다는 생각이 강해졌을 것이다. 우리가 여기서 배
워야 할 것은 데이터를 쌓아두면 언젠가는 돈이 된다는 사실이다.

우리나라 교육 분야에도 이와 비슷한 사례가 있다.

"이걸 왜 하는지 모르겠어요. 아무도 안 쓰거든요. 몇 년 동안 이
런 데다 돈을 이렇게 많이 쓰는 건 완전 세금 낭비 아닙니까?"

2007년에 교육부는 디지털 교과서 상용화 추진 방안을 발표했
다. 그리고 이듬해부터 시범 사업으로 연구학교에서 제작해 활용했
다. 처음에는 초·중·고등학교의 기존 교과서를 PDF 파일로 바꾸는
일부터 시작했다. 그러다가 예산을 점차 늘려 교과서에는 없는 용어
사전, 수행평가 문항, 심화학습 등의 기능을 추가했다. 또 동영상 같
은 멀티미디어 자료도 지속적으로 첨가해서 과학 과목의 경우에는
실험 영상도 아주 많다. 최근에는 VR(Virtual Reality, 가상현실)과 AR
기술을 적용한 실감형 콘텐츠를 만들기도 했다.

문제는 어떤 교사도 쓰지 않는다는 데 있었다. 책으로 수업을 하
면 편하기 때문에 굳이 학생들에게 디지털 기기를 가져오라고 해서
번거롭게 만들 이유가 없었다. 이에 '세금 낭비'라고 탄식하는 교사

도 많았다. 어쩌면 일자리 창출이나 관련 산업 육성을 목적으로 사업을 수행했을 수도 있다. 그래서 13년 동안 디지털 교과서 사업은 언론이 불필요한 정부 정책을 비판할 때 찾는 단골메뉴였다.

그러다 2020년, 코로나바이러스가 세계적으로 유행하기 시작했다. 전국의 학교는 등교를 계속 늦추다가 결국 원격수업을 하기로 했다. 사실 원격수업은 아무도 준비하고 있지 않았다. 코로나-19로 어쩔 수 없이 급하게 진행할 수밖에 없었다. 이때 그동안 묵혀두었던 디지털 교과서가 요긴하게 사용됐다.

물론 아직도 대다수의 교사들은 원격수업에서 디지털 교과서에 있는 사전, 멀티미디어, 실감형 콘텐츠 등 부가자료는 사용하지 않는다. 그걸 사용하려면 실감형 콘텐츠를 활용하는 교수법을 익혀야 하기 때문에 하루아침에 바뀔 수는 없다. 그러나 대부분의 교사들은 원격수업 시 PDF 파일로 된 디지털 교과서는 요긴하게 사용했다. 교과서를 전자책으로 변환해 놓지 않았다면 원격수업 초반에 더 큰 혼란을 겪었을 것이다. 돌이켜보면 디지털 교과서 상용화 사업은 원격수업을 목적으로 계획된 것은 아니었다. 책 없는 디지털 교실로의 전환이 애초의 의도였다. 그러나 갑작스럽게 발생한 위기 상황에서 원격수업으로 전환했을 때 유용한 인프라가 돼주었다.

계획에 없었더라도 데이터는 쌓아두면 언젠가는 큰 자산이 된다는 걸 기억하자.

교수가 논문 안 쓰고
사진만 분류했다가 벌어진 일

2006년, 캐나다 토론토대학교의 제프리 힌튼 Geoffrey Hinton 교수가 딥러닝 Deep Learning 기법에 관한 논문을 발표했다. 요즘의 AI 기술은 대부분 이 기법을 사용해 한 단계 도약했다. 2013년부터 토론토대학교와 구글에 번갈아가며 출근하고 있는 그는 'AI의 대부', '딥러닝의 대부'로 불린다. 그가 AI 이론을 처음 개발했으니 그럴 만도 하다. 그러나 AI의 성능을 지금처럼 끌어올린 사람은 따로 있다. 바로 스탠퍼드대학교에서 AI 연구소를 이끌고 있는 페이페이 리 Fei-Fei Li다.

프린스턴대학교에서 물리학을 전공하고, 캘리포니아 공과대학교에서 시각 인지 모델 관련 AI 연구로 박사 학위를 받은 리는 대학교수가 되어 AI 연구를 하던 중 AI에서 진짜 중요한 것은 엉뚱한 데 있다는 사실을 깨달았다.

컴퓨터 영상 인식 분야에서는 오랫동안 풀리지 않는 문제가 있었다. 컴퓨터는 사람이 풀 수 없는 수학 문제는 순식간에 풀면서 개와 고양이를 구별하는 간단한 일은 못한다는 사실이었다. 어떻게 하면 컴퓨터가 개와 고양이를 구분하게 할 수 있을까? 그러다 평소 아이를 좋아했던 리는 아이들이 어떻게 사물을 구별하는지를 관찰했다. 그리고 어린 아이가 개와 고양이를 구별하기까지 어마어마한 수의 개와 고양이를 보고, 비교를 거친다는 사실을 알아냈다. 아이의 눈을 카메라라고 치면 0.2초마다 한 장씩 사진을 찍는 셈이다. 아이는 세

살까지 수억 장의 현실 세계 사진을 본다는 의미다. 방대한 학습 사례다. 이를 통해 리는 AI 연구에서 진짜로 중요한 것은 더 나은 알고리즘을 개발하는 것이 아니라 알고리즘을 학습시킬 데이터를 만드는 것이라는 사실을 깨달았다. 그리고 이런 깨달음을 얻은 후 데이터를 모으는 데 연구 활동을 집중했다.

당시 리는 프린스턴대학교에 근무하고 있었는데, 동료 교수들은 리의 아이디어에 손사래를 쳤다. 리를 아끼는 한 교수는 종신교수가 되려면 논문 쓰는 데 집중하라는 충고를 했다. 그럼에도 불구하고 그녀는 2007년 결국 뜻이 맞는 카이 리Kai Li 교수와 함께 '이미지넷ImageNet 프로젝트'를 시작했다. 가능한 한 많은 사진을 분류하고, 그에 대한 설명을 주석으로 다는 작업이었다.

처음에는 대학원생들을 고용해 시간당 10달러(약 1만 1,000원)를 주고 일을 시켰다. 문제는 예산이었다. 그러던 중 한 대학원생이 아마존의 '메커니컬 터크mechanical turk'라는 크라우드소싱 기술을 이용하자고 제안했다. 메커니컬 터크는 인터넷을 통해 간단한 설문에 대답하면 돈을 지급하는 소프트웨어인데, 사진에 관한 질문 열 개에 10센트를 지불하는 방식이다.

리 팀은 인터넷에서 10억 장의 사진을 다운로드했고, 메커니컬 터크를 활용해 이를 분류했다. 물론 사진에 대한 질문에 거짓으로 답하는 사람들을 걸러 내기 위해 중간중간 체크할 수 있는 사진을 넣어 결과를 모았다. 2년 동안 전 세계 167개국에서 거의 5만 명에 가까운 사람들이 참여해 사진을 정리하고 분류했다. 그렇게 해서

1,400만 장이 넘는 정제된 데이터베이스가 만들어졌다. 리는 이것을 무료로 공개했다.

처음에는 잘 알려지지 않아 이미지넷을 쓰는 사람이 많지 않았다. 그래서 이들은 2010년부터 전 세계 연구자들을 대상으로 이미지넷 사진 데이터를 활용해 AI 알고리즘의 인식 능력을 측정하는 대회를 열었다. 이미지넷과 이 대회가 유명해진 것은 2012년 대회에 제프리 힌튼 교수 팀이 참가해 딥러닝 기술로 압도적인 인식률을 선보이며 우승한 이후다. 앞에서 말한 'AI의 대부', '딥러닝의 대부' 말이다.

이후 전 세계 연구자, 개발자 들은 AI 개발에 딥러닝 기법을 이용하기 시작했고, 컴퓨터가 사진을 구별하는 능력이 사람의 능력을 뛰어넘게 됐다. AI 기술이 요즘처럼 광범위하게 확산된 계기는 딥러닝

[자료 18] AI 개발에 소요되는 시간 비율

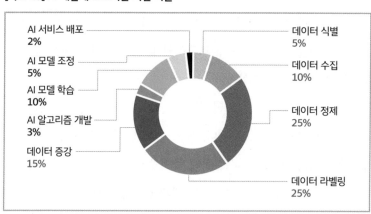

AI 서비스 배포
2%

AI 모델 조정
5%

AI 모델 학습
10%

AI 알고리즘 개발
3%

데이터 증강
15%

데이터 식별
5%

데이터 수집
10%

데이터 정제
25%

데이터 라벨링
25%

* 출처: 한국정보화진흥원, 2020

기법을 활용하면서부터지만, 이런 토대를 만든 것은 페이페이 리 팀이 만든 이미지넷이다.

이때부터 AI 기술력은 데이터에서 나온다고 인식하게 되었다. 국내 AI 기술 확산을 이끌고 있는 한국정보화진흥원에서도 AI 기술 개발의 핵심은 데이터 구축이라는 사실을 인지하고, 이 방향으로 정책을 추진하고 있다. 실제로 기업을 대상으로 AI 개발에 소요되는 시간을 조사했더니 데이터 구축에 80퍼센트의 시간과 비용을 들이고 있었다. AI는 이론을 개선하는 분야가 아니라, 이미 나와 있는 이론을 적용하는 엔지니어링 분야가 되었다.

AI는 결국
데이터로 승부한다

'AI 역량이 높다'는 것은 남보다 데이터를 더 빨리, 더 많이 확보해 그것을 AI 모델 개발에 먼저 사용하고 있다는 것을 의미한다. AI를 먼저 도입해 사용하면 그 과정에서 데이터가 계속 쌓일 것이므로 지속적으로 경쟁력을 유지할 수 있다. 이를 위해서는 데이터를 다루는 역량이 필수적으로 갖춰져야 한다. 데이터를 다루는 역량이란 구체적으로 무엇을 의미하는지 잘 보여주는 사례가 있다.

뉴질랜드의 글로벌 기업인 폰테라Fonterra는 낙농업을 기반으로 하는 협동조합 형태의 기업이다. 뉴질랜드에서 낙농업은 우리나라의 반도체처럼 국가 기간산업이다. 그런 뉴질랜드에서 폰테라는 80퍼센트가 넘는 시장점유율을 자랑한다. 2위 기업의 시장점유율이 10퍼센트에 미치지 못하므로 폰테라가 거의 독점하고 있다고 할 수 있다.

폰테라의 생산품 중 95퍼센트가 해외로 수출되고 있는데, 그중 3분의 1이 우유 분말이다. 나머지도 치즈, 버터, 단백질 제품 같은 가공식품이다. 뉴질랜드에는 소가 워낙 많다 보니, 우유 상태로 판매되는 비율은 극히 미미하다. 그러다 보니 당연히 품질관리에서 가장 신경 쓰는 부분은 우유 분말의 크기나 밀도 같은 물리적인 특성이다. 그동안 지방이나 단백질 함유량 같은 화학적 성분은 잘 관리되고 있었다. 이에 폰테라는 우유 분말의 품질 혁신 작업에 들어갔다. 여러 변수들에 따라 우유 분말의 품질이 어떻게 달라질지를 예측하는 AI 프로그램을 개발하기로 했다. 궁극적으로 분말 입자의 크기나 밀도를 일관되게 생산할 수 있는 프로세스를 구축하기 위해서였다.

이 프로젝트에는 뉴질랜드 최고 대학인 오클랜드 공과대학교와 오클랜드대학교의 연구원, 그리고 폰테라의 실무진이 참여했다. 6년 동안 세 개의 공장에서 수백만 개의 데이터를 수집했다. 온도 같은 환경 상태는 물론이고, 여러 공정에서의 변수들과 함께 우유 분말의 물리적·기능적 특성 값을 다 모았다. 그리고 최신 기법을 이용해 AI 모델을 개발했다. 방대한 작업을 거치면서 결과에 대한 기대가 컸지만, 첫 번째 모델의 예측 정확도는 50퍼센트를 넘기지 못했다. 도저히 현장에서 활용할 수 없는 수준이었다.

이때 현장을 잘 아는 폰테라의 실무진이 큰 역할을 했다. 이들은 비즈니스 관행이나 회사의 현황을 속속들이 알고 있었기 때문에 데이터 속에 담긴 의미를 금방 파악했다.

첫째, 폰테라 실무자들은 세 개의 공장에서 나온 제품이 확연히 다르다는 것을 직감했다. 각각의 공장은 설립 시기가 달라 생산시설의 모양새는 물론 공법도 완전히 달랐기 때문에 당연히 우유 분말 상태에도 영향을 미칠 수밖에 없었다. 프로젝트 팀원들이 분석해 보니 공장별로 데이터가 확연히 다른 특성을 보였다. 그래서 공장마다 AI 예측 모델을 각각 따로 구축했다.

둘째, 공장마다 데이터가 다른 것처럼 생산 연도에 따라서도 다른 데이터가 나올 것이라고 생각했다. 같은 공장일지라도 해마다 기후가 바뀌기 때문에 생산되는 우유의 특성이 달라질 수 있다. 역시 연도별로 데이터가 어떻게 다른지 봤더니 차이가 났다. 그래서 연도별 기후 데이터를 추가했다.

셋째, 품질이 안 좋은 우유 분말에 대한 데이터가 이상했다. 품질에 문제가 있는 우유 분말에 대한 데이터가 현장에서 경험한 것보다 눈에 띄게 적게 나왔다. 이런 데이터가 적다는 것은 공장 품질관리자 입장에서는 아주 좋은 일이다. 그러다 보니 고의는 아니더라도 재생산에 들어간 경우는 문제가 있었던 제품에 관한 데이터를 지운다든지, 입력하지 않았던 것이다. 그래서 실패한 사례들도 모두 데이터화했다.

이렇게 방대한 데이터 속에 감춰져 있던 현장의 특성들을 반영해서 AI 모델을 개선한 결과 95퍼센트의 예측 정확도를 보였고, 이후 폰테라의 업무 현장에 AI 프로그램이 성공적으로 도입되었다.

현장을 잘 아는 폰테라 실무진의 도움 없이 AI 전문가들끼리 이 문제를 풀었더라면 이렇게 빨리 프로그램을 개선하지는 못했을 것이다. AI 기술을 현장에 적용할 때는 실무자의 통찰, 즉 비즈니스에 대한 지식과 경험이 필수적으로 결합돼야 한다. 데이터 안에 뭉뚱그려져 있는 비즈니스 관행, 고객 특성, 특정 기간에 나타났던 이례적인 사례 등은 실무자가 아니면 세세하게 알 수 없다. 결국 AI 역량의 핵심은 데이터를 다루는 역량이다.

AI 시대에 필요한 데이터 역량을 갖추기 위해서는 구체적으로 세 가지 요소를 갖춰야 한다. 그 세 가지는 앞에서 언급한 혁신가의 3요소와 비슷하다.

① 비즈니스의 본업에 몰입함으로써 AI 기술을 활용해 현업의 어떤 문제를 해결할지 명확히 이해하고 있어야 한다. 폰테라 실무진은 우유 분말의 물리적 결과치를 일정하게 유지하는 것이 비즈니스의 핵심이라는 것을 알았다.

② AI 기법을 이해하고 기술을 활용할 수 있도록 툴tool을 사용할 수 있어야 한다. 실무진 입장에서 굳이 AI 알고리즘을 수학적으로 이해한다든가, 코딩을 배울 필요는 없다. AI 알고리즘이 어떤 상황에서 사용되는지 알고, 툴을 활용하고 결과치를 읽는 법 정도만 알면 된다. 이는 자동차를 운전하려고 할 때 굳

이 엔진 개발과 자동차 설계에 필요한 기계공학에 관해 모두 알 필요가 없는 것과 같다. 오일과 냉각수 교체 시기, 계기판에 나타나는 이상신호의 의미 정도만 이해하면 충분하다. 폰테라 실무진은 AI 개발 프로젝트에 참여할 수 있을 정도로 머신러닝 소프트웨어를 다룰 수 있었다.

③ 툴을 활용해 본업에서의 이슈에 적용할 수 있어야 한다. 중요한 것은 AI 기법을 적용해 결과가 나왔을 때 그것이 현장을 정확하게 반영하고 있는지 알 수 있어야 한다. 이른바 '디지털 호기심digital inquisitiveness'이 있어야 한다. 디지털 호기심이란, AI 분석 결과와 실제 현장 사이에 어떤 차이가 있는지 끊임없이 궁금해 하고, 일치시키기 위해 노력하고 능력을 발휘하는 것을 말한다. 폰테라 실무진은 서로 다른 세 개의 공장에서 나온 데이터가 차이가 있으리라는 것을 직감하고 툴을 활용해 이를 확인했다.

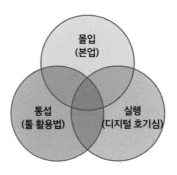

반복 게임의 시대, 디지털 환경에서
필요한 것은 디지털 호기심

———

원샷 게임이 사라지고 반복 게임의 시대가 온 이유는 디지털화로 기업과 소비자가 실시간 연결됐기 때문이다. 오늘날 기업이 고객에게 반복적으로 제공하는 서비스는 디지털 기술을 통해 이뤄진다. 디지털 기술로 고객의 상황을 인지하고, 서비스에서도 디지털 기술을 활용한다. 여기에 AI 기술이 더해지면서 대량의 데이터 분석과 솔루션 창출이 가능해지고 있다.

따라서 디지털 환경에서는 새로운 능력이 필요하다. AI 분석 결과와 실제 현장의 차이를 끊임없이 궁금해 하고, 일치시키려고 노력하고 실제로 일치시킬 수 있는 능력, 이른바 디지털 호기심을 습관화해야 한다. 디지털 호기심을 갖추기 위한 지름길은 없다. 그저 AI가 도출한 결과와 실제 현장의 차이를 끊임없이 비교하고, 그 차이가 발생하는 원인을 밝혀내는 활동을 많이 하는 수밖에 없다. 이런 경험이 많을수록 디지털 호기심은 두터워진다.

10

일상은 모바일,
일터는 온라인

이마트는 2019년 2분기, 사상 처음으로 영업 적자를 기록한 후 계속 손실을 이어가고 있다. 가장 큰 이유는 오프라인 매장 매출이 지속적으로 줄고 있기 때문이다. 특히 코로나-19 확산 이후 많은 사람들이 온라인 지출 비중을 늘렸다. 코로나로 인한 비대면untact 문화는 휴대폰으로 장보는 것이 불편해 망설였던 고령층까지 온라인 쇼핑에 익숙해지게 만들었다. 소비와 일, 거의 모든 일상에 모바일과 온라인이 들어왔다. 쿠팡을 한 번 이용해본 어르신들은 "세상 편하다"라며 웬만해선 이제 시장에서 장을 보지 않겠다고 말하기도 한다. 한번 바뀐 온라인 중심의 생활 패턴을 예전처럼 되돌리기는 쉽지 않아 보인다. 설령 코로나가 끝난다 해도 말이다.

철옹성 이마트도
쿠팡에 밀렸다

이마트의 매출은 2000년 이후 계속 상승세를 기록했다. 이마트 같은 대형 할인마트 때문에 전통시장이 죽는다는 이유로 대형마트 규제법이 만들어지기도 했다. 정부에서 대형마트 쉬는 날을 법제화했지만, 사람들은 그날을 피해 다른 날 이마트, 홈플러스, 롯데마트를 이용했다. 그렇게 지난 20년간 대형 할인마트는 꾸준히 성장했다. 그러던 이마트의 영업이익이 2019년 2분기, 처음으로 적자를 기록했다. 이후에도 이마트는 적자와 흑자를 오가며 실적이 악화되고 있다. 홈플러스, 롯데마트도 영업이익이 계속 줄고 있다. 특히 2020년에는 코로나-19 확산으로 인해 오프라인 할인매장이 많은 어려움을 겪었다.

[자료 19] 2020년 10월 주요 유통업체 1년간 매출 증가율 동향

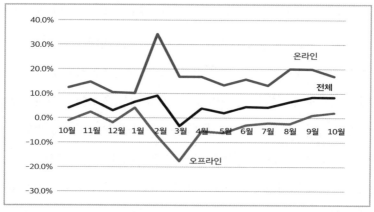

* 출처: 산업통상자원부, 2020.11.23

현재 오프라인 유통업체 전체가 이런 어려움을 겪고 있다. 2020년 10월 기준, 주요 유통업체의 1년간 매출 증가율 동향을 살펴보면 오프라인 유통업계가 겪고 있는 어려움이 극명하게 드러난다. 2019년 10월부터 2020년 10월 사이에 마이너스 성장을 기록한 것이 총 9개월에 달한다. 위의 자료에서 말하는 오프라인 유통업체의 수치에는 대기업에서 운영하는 대형마트, 백화점은 물론 편의점, 기업형 슈퍼마켓ssm의 매출이 포함되어 있다. 많은 오프라인 유통업체들이 매출이 지지부진하거나 줄고 있다. 반면 전체 유통업에서 온라인 매출이 차지하는 비중은 1년 전에는 42.1퍼센트였는데, 2020년 10월에는 45.5퍼센트로 올랐다.

이처럼 온라인은 지속적으로 성장하고 있다. 여기에는 쿠팡, G마켓, 옥션, 11번가, 인터파크, 이마트몰, 신세계몰, 에이케이몰, 홈플러스 온라인, 갤러리아몰, 롯데닷컴, 롯데온, 위메프, 티몬 등이 포함된다. 여기에 네이버 쇼핑이 포함되지 않은 것을 감안할 때 온라인 유통업체의 성장과 비중은 더 클 것이라 짐작할 수 있다. 여기에는 배달 애플리케이션을 통한 매출도 포함되지 않았다. 코로나로 외출을 자제하던 2020년 3월 주요 배달 애플리케이션 네 곳의 월 결제액이 사상 처음으로 1조 원를 넘었고, 8월에는 1조 2,000억 원을 넘어섰다. 2015년에 1조 5,000억 원 하던 배달 애플리케이션 시장이 5년 만에 10조 원 이상으로 폭발적으로 성장한 것이다.

배달 애플리케이션 시장은 단순히 규모만 커진 것이 아니라 하나의 생태계를 만들고 있다. 다음 자료를 보면 흥미로운 사실을 발견할 수 있다. 메뉴나 음식점을 정하고 배달 애플리케이션에 접속하는 이용자가 50대에서 20대로 갈수록 줄어들고 있다. MZ세대는 접속 후에 메뉴와 음식점을 결정하는 사람이 많다. 배달 애플리케이션에 접속한 후 메뉴와 음식점을 결정하는 사람이 50대는 14.1퍼센트인데, 20대는 42.6퍼센트다. 젊은이들은 아무 생각 없이 배달 애플리케이션에 접속해 먹거리 쇼핑을 시작한다. 즉 애플리케이션의 생태계에서 다양한 음식에 대한 정보를 획득·비교하고, 그 안에서 가족이나 친구와 의사결정까지 한 다음 주문한다. 메뉴와 음식점을 결정하고 애플리케이션에 들어가는 50대는 아무 애플리케이션에나 들어가도 된다. 하지만 애플리케이션에 들어가서 맛집을 찾는 MZ세대는 제일 좋아하는 애플리케이션을 계속 사용한다. 따라서 코로나 이후에도 배달 애플리케이션의 성장은 멈추지 않을 것이다.

[자료 20] 배달 앱 서비스 이용 행태

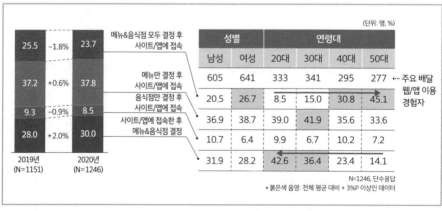

* 출처: 동아비즈니스리뷰, 2020.7

코로나-19로 불어닥친 온라인 쇼핑 열풍 속에서 매우 눈에 띄는 부분이 있다. 바로 고령층이 온라인으로 유입됐다는 사실이다. 코로나 이전에는 10~40대가 온라인 쇼핑의 주요 고객이었다면, 이제는 50대 이상도 적극적으로 온라인에서 쇼핑을 하기 시작했다. 마켓컬리의 경우, 2020년 3월 신규 회원 중 50대 이상이 전년 동기 대비 58퍼센트 증가했다. 같은 기간 11번가는 50대 고객이 전년 동기 대비 16퍼센트, 60대는 17퍼센트, 70대는 10퍼센트 증가했다. 그리고 온라인 쇼핑의 편리함을 한번 맛본 사람은 애가 됐든 어른이 됐든 웬만해선 오프라인에 장을 보러 가지 않으려 하기에 온라인 쇼핑 열풍은 코로나 이후에도 계속될 것이다.

'언택트' 문화는
어디까지 이어질까?

ㅡ

온라인 쇼핑이나 배달 분야에서만이 아니라 일상생활의 모든 소비 영역에서 온라인, 언택트로의 변화가 나타나고 있다. 이런 사례는 너무 많아서 여기에 일일이 다 열거할 수 없을 정도다. 다만 일상의 모든 분야에서 이런 변화가 나타나고 있음을 인지하기 위해 세부 영역별로 나타나는 변화에 대해 요약해 보려 한다. 미국의 경우, 사람들의 지출 중 94퍼센트는 다음 일곱 가지 영역에서 발생하는 것으로 조사되었다. 그래서 이를 '빅 세븐big 7'이라고 부른다.

① 무엇을 먹을 것인가: 음식, 음료, 식자재

② 무엇을 입을 것인가: 패션, 화장품

③ 어디에서 살 것인가: 주거, 가정용품, 주택 유지·관리

④ 어떻게 이동할 것인가: 항공, 육상 교통

⑤ 어떻게 배울 것인가: 정규·비정규 교육

⑥ 어떻게 치유할 것인가: 건강관리, 의료

⑦ 어떻게 즐길 것인가: 미디어, 전자제품, 게임, 스포츠

이 일곱 가지 영역, 즉 우리 일상의 모든 영역에서 언택트로의 변화가 일어나고 있다. 음식, 음료 분야는 앞에서 다뤘으니 패션부터 살펴보자.

패션과 화장품 분야는 인터넷 비즈니스가 태동한 이후 온라인 쇼핑몰이 가장 먼저 등장한 분야다. 최근에는 유행에 민감한 사람들을 대상으로 인스타그램이나 페이스북을 활용한 판매도 늘고 있다. 이에 오프라인을 중심으로 제품을 판매하던 명품 브랜드들도 온라인 판매를 늘려가고 있다. 심지어 AI를 활용해 안전하게 중고 명품 거래를 할 수 있도록 돕는 사이트도 인기를 얻고 있다.

리백Rebag은 2014년 설립된 중고 명품 가방 온라인 거래 사이트다. 리백은 중고 가방을 직접 매입하고 판매한다. 여타의 중고 거래 사이트가 개인 간 거래를 중개하는 데서 그치는 것과는 다르다. 투자은행에서 일한 경험이 있는 창업자가 금융상품 가격 책정 및 차익거래 업무를 하며 쌓은 노하우에 AI 알고리즘을 접목해 중고 명품 가방

을 식별하고 가격을 책정할 수 있게 했다. 회사 설립 이후 거래량이 지속적으로 증가함에 따라 중고 명품의 가격 책정 알고리즘은 점점 더 정확도가 높아졌다. 이런 성과에 힘입어 리백은 5,200만 달러(약 580억 원)의 투자를 유치했고, 2020년 기준으로 뉴욕, 로스앤젤레스, 마이애미 등 미국의 주요 도시에 아홉 개의 매장을 운영하고 있다.

우리나라에도 패션 쇼핑몰 성공 사례는 넘친다. 대표적으로 2018년, 로레알 Loreal에 6,000억 원에 매각된 스타일난다를 들 수 있다. 스타일난다는 동대문시장의 예쁘고 괜찮은 옷들을 옥션에서 팔면서 시작됐다. 패션 쇼핑몰이 확장하면서 화장품 브랜드도 론칭했고, 백화점에도 입점했다.

이처럼 패션, 화장품 온라인 쇼핑몰은 역사가 오래된 만큼 온라인이나 모바일 환경에서 가장 탄탄한 생태계를 구축하고 있다.

주거 분야는 국내에도 사례가 많다. 이 분야에서는 직방이 인기다. 직방 같은 애플리케이션이 대중화되면서 특히 원룸 같은 방을 구할 때 직접 발품을 팔지 않을 수 있게 됐다. 미국에도 직방 같은 부동산 거래 애플리케이션이 있다. 질로우 Zillow를 선두로 레드핀 Redfin, 리얼터 Realtor 등이 뒤를 잇고 있다. 이런 부동산 거래 애플리케이션은 주택 정보의 신뢰성과 정확성이 핵심이다. 어느 애플리케이션이나 VR 기술 등을 활용해 실제 방문했을 때와 비슷한 정보를 제공하려 노력하고 있고, 허위 매물을 줄이기 위해 다양한 장치를 두고 있다.

또 다른 형태의 주거 관련 회사로 에어비앤비를 들 수 있다. 코로나-19로 잠시 어려움을 겪기도 했지만, 해외에서 입국 시 자가격리를 위한 숙소를 필요로 하는 사람들을 공략하며 성과를 이어갔다. 에어비앤비는 부동산을 소유하지 않고도 원하는 주택을 이용할 수 있게 서비스를 혁신했다. 가령 예전에는 타지에 사는 사람이 바르셀로나 같은 곳에 살아보고 싶으면 콘도를 구입하거나, 돈을 내고 누군가가 소유한 콘도를 이용해야 했다. 그러나 에어비앤비를 활용하면 적은 비용으로 방을 빌려 내 집처럼 이용할 수 있다.

교통 분야도 교통수단을 이용하기 직전 단계까지의 모든 활동이 언택트로 진행된다. 자동차, 항공 서비스를 이용하기 위한 온라인 거래는 오래전부터 활성화됐다. 이제는 돈을 직접 내고 대중교통을 이용하는 사람은 거의 없다. 우버나 카카오택시는 차를 기다리고 결제하는 불편함을 해소해 주었다.

코로나바이러스 확산 이후 가장 급격히 바뀐 곳은 뭐니 뭐니 해도 교육 분야다. 등교를 할 수 없게 되자 초·중·고등학교뿐 아니라 대학에서도 온라인 강좌로 수업을 대체했다. 그런데 대학 강의는 사실 대규모 온라인 공개 강좌MOOC: Massive Open Online Course 형태로 이미 오래전부터 서비스되며 서서히 인기를 얻고 있었다. 이 분야에서는 스탠퍼드대학교 교수진이 설립한 코세라 Coursera, 강사의 진입 장벽을 없애 교수뿐 아니라 풍부한 강사진을 보유해 이용자가 급증한 유데미 Udemy 등이 유명하다. 이런 온라인 교육 확산에 힘입어 최근 미국에서는 정규 경영대학원을 폐지하고 온라인 강좌를 새로 개설하는 대학이 늘고 있다.

온라인 교육은 초·중·고등학교 정규교육 같은 의무교육에서는 효과가 떨어진다고 우려하는 사람이 많지만, 자발적 참가자를 대상으로 했을 때는 장점이 더 많다. 대학 입시 학원이 온라인 강의를 도입하며 급성장한 것도 그 효과가 증명되었기 때문이다. 자발적으로 온라인 강의를 신청한 사람에게는 학원에서 직접 수업을 받는 것과 별반 다르지 않다.

2020년, 온라인에서 리더십 교육을 새롭게 시작한 한 강사의 말에 따르면, 서너 명으로 반을 나눠 토론을 하니 오프라인에서 하는 것보다 집중도가 더 높았다고 한다. 거기다 온라인은 학습자가 어느 곳에서나 강의에 참여할 수 있기에 매우 효율적이다.

의료 분야는 해외에서는 오래전부터 원격의료가 활성화됐다. 미국 원격진료 서비스 1위 업체 텔레닥 Teladoc Health은 음성이나 화상으로 의사에게 증상을 설명하고 약을 처방받을 수 있게 하고 있다. 병원을 방문해 의사를 만나 처방을 받기까지 보통 1~2시간이 걸리는데, 텔레닥은 5분 만에 이 과정을 마칠 수 있게 했다. 그동안 서비스 이용자가 꾸준히 늘어왔는데, 코로나 발생 이후 이용자가 폭발적으로 증가하면서 주가가 95달러(약 10만 원)에서 200달러(약 22만 원) 가까이 오르기도 했다. 코로나로 서로 만나기를 기피하는 상황에서 의사와 환자의 걱정을 완벽하게 해결해주고, 거기에 시간까지 절약된다는 장점 때문에 이 서비스를 이용해본 소비자라면 앞으로도 일반 의료 서비스 대신 디지털 헬스케어 서비스를 지속적으로 이용하게 될 가능성이 높다.

그동안 우리나라에서 원격의료는 의사와 의료인 사이에서만 이뤄져왔는데, 코로나-19 확산으로 2020년 2월부터 한시적으로 의사와 환자 간 원격의료를 허용했다. 이렇게 전화 상담과 대리 처방이 허용되자 세 달 만에 26만 건이 넘는 전화 상담과 처방이 이뤄졌다. 사람들의 비대면 진료에 대한 욕구와 시장성이 증명됐다.

오락 분야에서는 일찌감치 디지털 혁신이 일어났다. 미디어나 영화, 음악, 게임이 모두 디지털 기술을 통해 제작할 수 있는 콘텐츠 형태이므로 당연하다. 콘텐츠는 어디서 만들든 전 세계 사람들에게 곧바로 다가갈 수 있다. 그에 따라 영화, 음악, 방송, 신문 분야의 비즈니스모델도 많이 바뀌었고, 지금도 계속 변화하고 있다. 예전에는 없던 새로운 모델이 생겨나기도 했다. 가령 트위치Twitch는 미국 샌프란시스코에 본사를 두고 있는 게임 전용 인터넷 방송 서비스인데, 워낙 인기가 좋아 신작 게임이 나오면 대부분 트위치에서 방송을 한다. 이제 게임을 직접 하는 것과 게임을 시청하는 것은 별개의 오락이다. 게임 시청은 그 자체로 가치를 창출하고 있다. 게임 애호가들은 프로게이머에게서 배울 기회를 얻고, 자기가 게임을 하는 것과 비슷한 즐거움을 느낀다. 마치 스포츠를 직접 하지 않아도 스포츠를 보는 것 자체로 커다란 산업을 형성하는 것과 같다.

일하는 곳에서
나타나는 언택트 열풍

이처럼 언택트 열풍, 온라인화는 우리 일상생활 전 영역에서 나타나고 있다. 소비자로서 온라인을 통한 소비에 익숙해져가고 있고 다른 한편으로는 생산자로서, 일하는 사람으로서도 언택트를 경험하고 있다. 특히 코로나 발생 후 원격근무가 일상화되면서 일터가 바뀌고 있다.

코로나-19 확산으로 어쩔 수 없이 재택근무를 하는 사람도, 비중도 늘어났다. 재택근무 시행 결과, 효과를 본 몇몇 실리콘밸리의 IT 기업들은 앞으로도 재택근무 체제를 지속 유지하기로 결정했다. 트위터의 CEO 잭 도시Jack Dorsey는 직원이 원할 경우 영구히 재택근무를 선택할 수 있게 하겠다고 밝혔다. 구글과 페이스북도 2020년 내내 재택근무를 허용했다. 우리나라도 연말에 코로나-19가 크게 유행하자 공무원부터 일정 비율 재택근무를 하도록 지시했다. 이렇게 어쩔 수 없는 상황에서 시작한 재택근무와 원격근무는 앞으로 어떤 형태를 띠게 될까?

먼저 재택근무와 원격근무를 엄밀하게 구분할 필요가 있다. 재택근무와 원격근무는 차이가 있다. 지금 공공기관이나 우리나라의 많은 기업들이 하는 것처럼 같은 시간에 다른 공간, 주로 집에서 일하는 형태를 '재택근무work from home'라고 한다. 여기에 더해 일하는 공간도 다르고 시간도 다른 형태를 '원격근무remote work'라고 한다.

[자료 21] 재택근무와 원격근무 비교

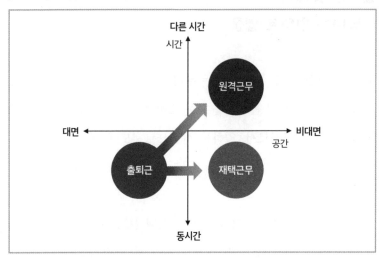

* 출처: 산업통상자원부, 2020.11.23

주로 글로벌 기업에서 시간대가 다른 직원들이 세계 곳곳에서 일하는 형태가 원격근무다. 그러니까 원격근무가 재택근무보다 한 단계 더 나아간 형태고, 일하거나 소통하기도 훨씬 어렵다. 그래서 여기서는 원격근무를 하는 회사의 사례를 통해 언택트 환경에서 일할 때 유의할 점에 대해 생각해 보자.

전 세계 웹 사이트의 3분의 1이 사용하는 워드프레스WordPress라는 오픈소스 응용프로그램의 제작사 오토매틱Automattic은 창업 때부터 지금까지 전 직원이 원격근무를 해왔다. 오토매틱의 설립자 맷 뮬렌웨그Matt Mullenweg는 휴스턴대학교 1학년 때인 2003년, 콘텐츠 관리 프로그램인 워드프레스를 공동 개발한 후 전 세계 개발자들과 공유했고, 2년 후에 워드프레스를 활용한 웹 사이트 관련 비즈니스를 위해 지금의 회사를 설립했다. 이때는 회사의 구성원 모두가 오픈소스 개발자였기 때문에 원격근무가 회사를 만들 수 있는 유일한 방법이었다. 오토매틱은 설립 후 계속 성장해 2019년에는 1억 3,500만 달러(약 1,500억 원)의 매출을 올렸고, 기업가치는 30억 달러(약 3조 3,600억 원) 이상인 것으로 평가되었다.

코로나 상황 속에서도 직원은 꾸준히 늘어 2020년 말 1,319명에 이르는 직원 전체가 원격근무 형태로 일하고 있다. 77개국에서 98개 언어를 쓰는 사람들이 흩어져서 일하고 있다. 이들은 집, 카페, 공원, 개인 사무실 등 자기가 일하고 싶은 곳에서 일하고 싶은 시간에 일한다. 한국에도 서울과 제주도에서 일하는 직원이 한 명씩 있다. 오토매틱도 초창기에는 샌프란시스코에 본사가 있었다. 여기에 20여 명이 근무하며 전 세계에서 일하는 직원들을 지원했다. 본사 사무실은 선택적으로 함께 일하거나 이벤트를 여는 공간이었다. 그러나 이마저도 필요 없다고 판단, 2017년에 아예 문을 닫았다. 사무실 유지비를 직원들이 일을 더 잘할 수 있도록 지원하는 데 쓰겠다는 취지에서였다.

통상적인 사무실 근무 형태에서 오토매틱과 같은 원격근무 형태로 가려면 다섯 단계를 거친다.

1단계 사무실에서 일하는 시기로, 원격근무 시작 전 단계

2단계 주로 사무실에서 일하지만 재택근무도 가능한 단계

3단계 모두가 원격근무를 하지만, 단일 시간대에만 일하는 재택근무 단계

4단계 전 세계에 분산된 여러 팀이 여러 시간대에 일하는 단계. 팀 단위로 시간대가 다를 수 있지만, 같은 팀끼리는 같은 시간대에 일하는 형태

5단계 구성원들이 언제, 어디서든 완전히 자유롭게 일할 수 있는 단계

오토매틱은 완전한 원격근무인 5단계에 해당된다. 언제 일해도 상관없다는 의미는 내가 함께 일하는 사람과 업무 시간이 다를 수 있다는 뜻이다. 완전한 원격근무 환경에서 커뮤니케이션은 기본적으로 질문이나 요청에 즉각 응답을 기대할 수 없는 비동기asynchronous, 문자 방식으로 이뤄진다. 이런 응답 지연은 원격근무를 처음 시작한 사람들이 겪는 최초의 장벽이다. 같은 사무실에서 근무하는 사람들은 급한 일이 생겼을 때 담당자에게 전화를 걸거나 자리로 찾아간다. 원격근무에서는 이게 불가능하다. 지구 반대편에 사는 동료와 일하게 될 수도 있기 때문이다. 급한 문제가 생기더라도 담당자에게 메시지를 보내 놓고 기다리는 수밖에 없다. 오토매틱에서 '커뮤니케이션은 산소다'라는 업무 신조가 생긴 이유다. 그리고 원격근무를 잘하기 위해서는 텍스트 커뮤니케이션의 3요소를 잘 지켜야 한다. 텍스트 커뮤니케이션의 3요소는 다음과 같다.

첫째, 주기성을 지킨다. 너무 잦을 필요는 없지만, 작업당 최소 하

루 1회 이상, 충분한 빈도로 커뮤니케이션해야 한다. 원격근무는 실제로 일을 하는지 안 하는지 알 수 없는 근무 형태이므로 진행 상황 업데이트는 필수다. 가령, 시간이 오래 걸리는 작업은 "거래처로부터 응답을 기다리고 있음"과 같이 그 이유를 알려줘야 한다.

둘째, 반드시 응답한다. 누군가 나에게 요청하거나 질문하면 반드시 답을 한다. 작업과 관련된 내용뿐 아니라 문서나 채팅에서 나를 언급했다면 "잘 모르겠다"라는 말이라도 해준다. 이때 24시간 이내에 응답할 것을 권장한다.

셋째, 투명성은 기본이다. 오토매틱에는 회사에서 일어나는 모든 커뮤니케이션은 공개된다는 원칙이 있다. 매출, 페이지뷰, 가입자 수, 쿠폰 사용 횟수 같은 민감한 통계 자료도 모든 구성원에게 공개돼 있다. 누구는 알고 누구는 모르는 정보가 있으면, 업무에 따라 무작위적으로 다수 대 다수가 커뮤니케이션해야 할 때 문제가 된다. 잡담, 면담, 또는 사적인 부탁을 비공개 채널에서 주고받는 경우더라도 거기서 회사와 관련된 의견이나 결론이 도출됐다면, 그 내용을 정리해서 공개해야 한다.

텍스트 커뮤니케이션을 하다 보면 종종 확인해야 할 문자 등이 폭증해 불편함을 겪기도 한다. 오토매틱도 회사가 커지면서 채팅, 메시지, 이메일 등이 급격히 늘어났다. 아침에 컴퓨터를 켰을 때 확인해야 할 이메일이 100개가 넘는다고 상상해 보라. 그래서 오토매틱은 블로그를 중심으로 커뮤니케이션을 하기 시작했다. 팀별, 지역별, 프로젝트별, 관심사별 블로그를 만들어 관련된 사람은 누구나 일의 진행 상황을 파악할 수 있게 했다.

또 원격근무로 일하다 보면 자칫 회사에 대한 소속감이나 공동체 의식이 약해질 수 있다. 그래서 회사의 정체성과 비전을 공유하는 것이 중요하다. 오토매틱의 리더들은 직원들과 소통할 때 이를 가장 중요시한다. 1년에 한 번 오프라인에서 전 직원이 참가하는 '그랜드 미트업Grand Meetup' 행사를 여는 것도 이 때문이다. 각자 흩어져서 다른 시간에 일하지만, 오토매틱의 구성원으로서 정체성을 유지하라는 의미다.

이처럼 원격근무는 시행하기 어렵고 복잡할 수도 있다. 그럼에도 오토매틱이 원격근무 형태를 유지하는 이유는, 원격근무가 세계 곳곳에 흩어져 있는 최고의 인재를 뽑아 그들이 일을 잘할 수 있게 하는 유일한 방법이기 때문이다. 그에 대해 뮬렌웨그는 이렇게 말했다.

"저는 전 세계에 인재들이 고루 분산돼 있다고 믿습니다. 하지만 기회는 그렇지 않아요. 실리콘밸리에서 큰 테크 기업들은 서로 같은 작은 연못 안에서 인재를 채용합니다. 하지만 원격근무를 할 수 있으면 전 세계에 펼쳐져 있는 거대한 바다에서 최고의 인재를 뽑을 수 있죠."

오토매틱의 사례를 보면 원격근무 형태에서는 대부분 문자로 커뮤니케이션이 이뤄진다. 곧 텍스트 커뮤니케이션을 잘하는 것이 언택트 환경에서 일하는 필수 노하우라는 얘기다. 이에 대해서는 다음 장에서 살펴보자.

언택트 시대에
바꿔야 할 것

———

코로나-19로 인해 재택근무가 늘어나고 비대면 소통이 일상화되면서 그 어느 때보다 텍스트 커뮤니케이션 능력이 중요해졌다. MZ세대는 바로 옆자리에 있는 사람과도 카카오톡을 이용해 소통할 정도로 문자 소통에 익숙하다. 문제는 기성세대다. 원래도 만나서 대화하는 것을 좋아하는 기성세대는 40대 후반이 되면 노안 때문에라도 문자로 대화하는 것이 점점 어려워진다. 만약 그렇다면 태블릿 기기를 이용해서라도 텍스트로 소통하는 데 익숙해져야 한다.

11

일에서도 일상에서도
컨택트 줄고
커넥트 는다

코로나 이후 재택근무가 늘어나면서 화상회의도 자주 하지만, 이메일과 메신저를 활용한 텍스트 커뮤니케이션이 크게 늘어났다. 그리고 텍스트 커뮤니케이션은 앞으로 점점 더 일상화될 것이다.

오프라인에서 직접 만나 소통을 하면 나이와 직급이 구별되기 때문에 수직적 소통을 할 수밖에 없는 반면, 온라인 소통은 N분의 1 소통, 수평적 소통이 가능하다. 화상회의도 그렇지만, 텍스트로 소통하게 되면 참여자 모두가 똑같은 권한을 갖는다. 특히 오프라인에서는 남 눈치 보느라 못했던 이야기도 온라인에서는 자유롭게 말할 수 있다.

온라인 소통, 즉 텍스트 커뮤니케이션은 매체의 특성과 한계로 인해 그 활용법을 새로 배워야 한다.

꼰대는 전화,
MZ세대는 카카오톡

언론에 실린 세대 간 커뮤니케이션의 차이와 관련한 사례를 몇 가지 살펴보자.

대전에 있는 공기업 신입사원으로 일하고 있는 김 모 씨는 급성장염으로 갑자기 새벽에 병원 응급실로 실려 갔다. 그는 정상적으로 출근하기 어려울 듯해 팀장에게 문자 메시지를 보냈다. 그랬더니 팀장이 출근 후 김 씨에게 전화를 걸어왔다. "그런 중요한 일이 생겼으면 직접 전화를 해야지. 달랑 문자 메시지만 보내면 어떻게 하나"라며 화를 냈다. 사실 김 씨는 반대로 생각했다. '모두 잠든 새벽에 전화를 거는 게 오히려 실례라고 생각했는데, 팀장은 전화하지 않고 문자 메시지로 소식을 전한 게 기분 나빴다니 의외다'라고 생각했다.

서울에서 대학에 다니는 이 모 씨는 스마트폰 벨이 울리면 일단 '통화 거절' 버튼을 누르고, 문자나 카카오톡을 통해 메시지를 보낸다. 친하게 지내는 친구 몇 명을 빼곤 전화로 통화하는 것보다 문자로 소통하는 것이 훨씬 편하기 때문이다. 가족과 연락할 때도 전화보다 카카오톡을 즐겨 사용한다. 음식 배달 같은 것은 배달 애플리케이션을 이용하기 때문에 아예 음식점에 전화를 걸 일이 없다. 가끔 친구에게서 전화가 걸려오면 '얘가 왜 갑자기 전화를 걸고 그러지'라는 생각이 먼저 든다.

춘천에 있는 대학에서 정치외교학을 가르치는 김 모 교수는 시험이 끝나고 성적 처리 기간이 되면 스트레스가 이만저만이 아니다. 학점을 좋지 않게 받은 학생들에게서 성적을 올려달라는 카카오톡 메시지를 많이 받기 때문이다. 학기 초에 고지한 대로 수업 참여도와 시험 성적에 비례해 학점을 부여하고 있는데, 자꾸만 봐달라고 해 곤란하다. 더욱이 요즘 학생들은 직접 찾아오지도 않고 문자나 카카오톡으로 메시지를 보낸다. 김 교수는 "아니, 연구실로 찾아와서 공손히 사정을 해도 점수를 줄까 말까 한데, 달랑 문자 하나 보내 놓으면 나더러 어떻게 하라는 건지 모르겠어. 그래도 문자 메시지 보내는 애들은 양반이야. 어떤 애들은 카카오톡을 보내더라고. 교수한테 카카오톡 보내는 건 너무 무례한 거 아냐"라며 푸념했다.

기성세대는 스마트폰을 성인이 된 후에 접하고 익힌지라 자유자재로 사용하지 못하는 경우가 많다. 또 기성세대는 스마트폰을 전화기로 보기 때문에 전화가 걸려오면 당연히 받아야 한다고 생각하고, 텍스트 소통보다 전화 통화를 더 선호한다. 반면, 태어나면서부터 디지털 기기를 끼고 살아온 Z세대를 포함한 젊은이들은 스마트폰을 자유자재로 다룰 수 있고, 텍스트 커뮤니케이션이 훨씬 편하다. 그들에게 스마트폰은 신체의 일부와 같은 존재다. 이는 어느 나라나 마찬가지다.

2017년 한 IT업체에서 전 세계 18~35세 청년들을 대상으로 디지털 기기 사용 실태를 조사했다. 이때 사람들과 소통 시 스마트폰을 사용하는 게 더 좋은지, 직접 만나 대화하는 게 더 좋은지 택하라는 조사 항목에 미국과 영국 MZ세대 중 75퍼센트는 문자로 연락하고 대화하는 것이 직접 만나는 것보다 좋다고 답했다.

이런 추세는 점차 심화되고 있다. 미디어 연구를 하는 비영리 조직 커먼센스 미디어Common Sense Media에서도 디지털 미디어가 미국의 10대 청소년들에게 미치는 영향을 조사했다. 2012년과 2018년 두 차례 조사해 이 기간 동안의 변화를 알아봤는데, 조사 결과 불과 6년 사이에 메신저 채팅, 소셜 미디어 DM, 화상 채팅 등을 통한 텍스트 커뮤니케이션에 대한 선호도가 크게 증가했다. 대면 접촉에 대한 선호도는 49퍼센트에서 32퍼센트로 급격히 감소했다. 이 조사를 주도한 연구자는 이렇게 말했다. "사람들이 서로 의사소통하는 방식에 근본적인 변화가 일어나고 있다." 이제 텍스트 커뮤니케이션은

[자료 22] 미국 10대 청소년이 가장 선호하는 소통 방식

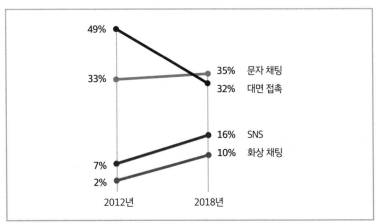

* 출처: Common Sense Media, 2018.9

미래 세대의 대세가 됐다.

텍스트 커뮤니케이션은 장점이 많다. 그중 하나는 수평적 대화가 가능하다는 점이다.

대학에 교수로 있는 지인이 들려준 일화다. 그와 대학원생들이 세미나에 참석하기로 한 날이었는데, 한 학생이 늦었다. 늦는 학생에게 전화를 달라고 했더니, 계속 카카오톡으로 메시지를 보내왔다. 나중에 만나서 학생에게 물었다. "왜 전화 안 했니?" 그러자 그 학생은 "전화를 받지 못하는 상황일 수 있잖아요"라고 답했다.

이처럼 세대에 따라 문자, 카카오톡에 대한 인식이 크게 다르다. 그리고 대면 소통에 비해 문자 소통은 수평적이다. 같은 텍스트 커뮤니케이션 중에서도 문자보다 카카오톡이 더 수평적이다. 상대방이 메시지를 보내면 꼭 답을 해야 하기 때문이다.

대면 소통에서는 이 같은 수평적 소통, 대칭적 소통이 어렵다. 나이, 직급, 직위에 따라 한 사람은 이야기를 하고 다른 사람은 듣는 구도가 되기 때문이다. 따라서 원격근무, 재택근무에 따른 텍스트 커뮤니케이션의 증가는 조직을 보다 더 수평적으로 바꿔 놓을 것이다.

메라비언의 법칙은
틀렸다!

MZ세대가 선호하는 텍스트 커뮤니케이션에 거부감을 갖는 이들은,

문자만으로는 한 사람의 의도를 온전하게 전달할 수 없다고 주장한다. 그러면서 비언어적 커뮤니케이션의 중요성을 강조한 '메라비언의 법칙'을 그 증거로 내민다. 메라비언의 법칙은 비언어적 커뮤니케이션 연구로 유명한 사회심리학자 앨버트 메라비언Albert Mehrabian이 내놓은 학설이다. 앨버트 메라비언에 따르면 사람들은 의사소통 시 상대방의 말로부터 7퍼센트, 목소리로부터 38퍼센트, 얼굴 표정으로부터 55퍼센트의 영향을 받는다고 한다. 이 법칙을 과도하게 해석한 나머지 의사소통에서 말은 7퍼센트밖에 중요하지 않으니 말보다는 표정이나 목소리, 태도를 더 신경 쓰라고 주장하는 경우도 있다. 그러나 사실 메라비언의 법칙에서 제시한 숫자는 1967년에 발표한 두 가지 연구를 합쳐서 인위적으로 만들어낸 것이다.

첫 번째 연구는 긍정적 감정과 부정적 감정을 나타내는 단어에 목소리 톤을 조합했다. 그랬더니 단어보다 목소리 톤에 93퍼센트 더 영향을 받는 것으로 나왔다. 가령 "내 사랑"이라는 말을 하면서 혐오스럽다는 투로 발음했을 때, 참가자들은 사랑의 느낌보다 혐오의 느낌을 더 받았다는 식이다. 반대로 "끔찍해"라는 말을 사랑스러운 목소리로 발음했을 때, 그 말을 끔찍하다고 느끼기보다 좋게 받아들였다. 예전 할머니들이 손주를 "우리 똥강아지"라고 불렀던 것이 혐오의 표현이 아니었던 것과 비슷하다.

두 번째 연구는 감정을 표현할 때 비언어적 수단 중 얼굴 표정과 목소리 톤 두 가지를 비교했다. 그랬더니 표정과 목소리가 3 대 2의 비율로 영향을 준 것으로 나왔다. 그래서 93퍼센트를 3 대 2 비율로 나눠 표정 55퍼센트와 목소리 38퍼센트, 거기에 말 7퍼센트를 더해 메라비언의 법칙이 탄생했다.

메라비언의 법칙은 두 연구 결과를 단순히 합해서 숫자를 도출했다는 비판을 받았다. 또 긍정적, 부정적 감정을 표현하는 단순한 단어를 전달할 때 나타난 현상을 의사소통 전체로 확대할 수는 없다는 반론도 제기됐다. 따라서 메라비언의 법칙을 곧이곧대로 받아들일 필요는 없고, '의사소통에서 비언어적인 요소도 매우 중요하다'는 정도로 받아들이면 된다. 실제로 여러 연구에서 비언어적 요소가 의사소통에서 중요한 역할을 한다는 것이 입증됐지만, 메라비언의 실험처럼 극단적인 수치가 나오지는 않았다.

게다가 표정과 목소리 말고도 의사소통에 영향을 주는 비언어적 요소는 많다. 강조, 억양 등 준언어, 중간중간의 침묵, 몸짓, 손짓, 눈 모양, 웃음, 자세, 옷차림, 듣는 사람과의 거리 등이 모두 말하는 사람의 의사를 전달하는 데 영향을 준다. 당연히 다양한 비언어적 요소를 잘 감지할수록 말하는 사람의 의사가 잘 파악된다. 그러므로 실제로 만나서 대화하는 것이 의사 파악을 하는 가장 효과적인 방법이다.

의사소통 요소별로 의사 파악이 잘되는 순서를 살펴보면 다음과 같다.

그런데 커뮤니케이션이라는 것은 양자 간에 이뤄진다. 만약 한쪽

에서만 말하고 다른 쪽은 말도 하지 않을뿐더러 비언어적인 요소도 전혀 드러내지 않는다면 어떨까? 이때는 말하는 사람의 의사는 잘 전달되지만, 듣는 사람의 생각은 전달되지 않는다. 수직적인 조직에서의 커뮤니케이션이 대부분 이렇다. 윗사람은 비언어적인 요소까지 넣어서 자신의 의사를 확실하게 전달하지만, 그것을 듣는 사람들이 어떻게 받아들이는지는 모른다. 그러니까 쌍방향 커뮤니케이션이 되려면 메라비언의 법칙보다 더 중요한 게 있다. 의사소통을 하는 당사자들이 수평적 관계가 돼야 한다.

소통 수단별로 수평적 관계의 정도를 살펴보면 다음과 같다.

대면 〈 화상회의 〈 전화 〈 이메일 〈 문자 〈 카카오톡

앞의 사례에서 학생이 카카오톡을 보냈을 때 교수가 불쾌해 했던 이유도 카카오톡이 가장 수평적인 수단이기 때문이다. 교수는 학생이 자신을 친구처럼 대했다고 느낀 것이다. 이런 점에서 텍스트 커뮤니케이션은 대면 접촉에 비해 의사 파악이 어렵다는 단점이 있음에도 불구하고 수평적이라는 특성으로 인해 쌍방향 커뮤니케이션 수단으로써 강점이 있다.

텍스트 커뮤니케이션의
장단점

———

재택근무, 원격근무가 늘어나면서 기성세대도 어쩔 수 없이 텍스트 커뮤니케이션을 하게 됐다. 이런 텍스트 커뮤니케이션은 장단점이 명확하다. 최근 고용노동부에서 실시한 재택근무 활용 실태 조사, 협업 커뮤니케이션 서비스 잔디Jandi를 운영하는 토스랩Toss Lab에서 실시한 재택근무 만족도 조사를 통해 이를 엿볼 수 있다.

두 조사 모두 응답자의 3분의 2 이상이 재택근무를 하는 것에 대해 만족하고, 재택근무로 인해 생산성도 향상됐다고 답했다. 그 이유로는 출퇴근 시간 낭비가 줄어들었기 때문이라는 답이 압도적으로 높게 나왔고, 그밖에 불필요한 업무 감소, 여가 시간 확보, 업무 집중도 향상 등을 꼽았다.

반면, 재택근무가 어려운 이유로 업무와 생활 공간의 미분리, 시스템 미비, 긴장감 없어 나태함, 일정 관리에 대한 압박감, 고립감과 외로움 등을 언급했다.

이런 상황을 종합해 보면 텍스트 커뮤니케이션의 장점은 첫째, 수평적이다. 이에 대해서는 앞에서 지속적으로 언급했으므로 여기서는 생략하도록 하겠다.

둘째, 눈치 보지 않고 말할 수 있다. 그래서 더 자유롭게 말할 수 있다. 유명 게임회사에서 리더십 워크숍을 진행한 강사의 경험담이다. 1차 워크숍은 오프라인으로, 2차는 코로나 사태로 인해 화상회의 툴인 줌을 활용해 진행했다. 화상으로 워크숍을 진행할 때, 처음에는 참가자들이 화면을 켜지 않아서 당황했다고 한다. 그런데 채팅 창을 이용해 질문과 답변을 주고받으며 온라인 워크숍을 진행해 보니 오프라인 워크숍 때보다 고민의 양도 많고, 질적으로도 훨씬 깊었다. 오히려 오프라인에서는 발언을 주저하던 사람들이 채팅 창을 통해 의견을 적극적으로 제시했다. 대부분 개발자로, 디지털 기기에 익숙한 이들은 문자 소통이 더 편했기 때문이다.

셋째, 몰입도와 집중도가 높아진다. 문자 소통은 1 대 1 쌍방향 소통이므로 경청을 하지 않을 수 없다. 한 사람이 연설하고 다수가 듣는 상황에서는 듣는 사람들이 100퍼센트 몰입과 집중을 할 수가 없다. 그러나 쌍방향 커뮤니케이션 상황이 되면 집중할 수밖에 없다.

텍스트 커뮤니케이션은 단점도 있다.

첫째, 상대가 감성적으로 어떤 상태인지 파악하기 쉽지 않다. 비언어적 요소들의 도움을 받을 수 없으므로 당연하다. 나아가 타인과의 감성적 교감이 적으면 혁신적 아이디어도 덜 나온다. 혁신이란 '몰입+협력'에서 나온다. 재택근무는 그 장점에 대한 질문에 시간 낭비가 줄고 집중도가 향상된다고 응답한 데서도 알 수 있듯이 몰입도를 향상시킬 수 있다. 그러나 동시에 나태함, 외로움 등의 단점과 함께 협력이 줄어들 수 있다. 협력이 혁신으로 이어지는 이유는 구성원 사이의 감성적 교감을 통해 어떤 일에 몰입했던 사람들이 섬광과 같은 아이디어를 제공받을 수 있기 때문이다. 요컨대 텍스트 커뮤니케이션은 감성 파악이 어렵고, 혁신의 촉진제 역할을 못한다.

둘째, 문자 폭탄이 쏟아질 수 있다. 문자 소통은 제대로 관리하지 못하면 문자, 채팅, 이메일이 폭증해서 오히려 몰입을 방해하고, 그로 인해 스트레스가 쌓일 수 있다.

셋째, 조직에 대한 소속감, 공동체 의식이 약화될 수 있다. 감성적 교감이 지속되지 않은 상태에서 오랜 기간 떨어져 지내면 회사에 대한 소속감이 줄어든다. 업무 성과는 내지만 회사에 대한 충성도는 옅어질 수밖에 없다.

텍스트 커뮤니케이션 리더십을 키우는 방법

위와 같은 문제를 해결하기 위해서는 텍스트 커뮤니케이션 리더십을 새롭게 정립하고 실천할 필요가 있다.

세심하고 더 세심하게 소통한다

문자 소통은 오해가 생길 여지가 다분하다. 이모티콘이 생겨난 것도 문자 소통 시에 감정을 표현하기 위함이다. 그래서 문자 소통 환경에서는 항상 오해가 발생할 가능성을 염두에 두고 대화해야 한다. 특히 문자 소통이 일상화된 회사에서 리더는 일을 지시할 때 이부분을 가장 주의해야 한다. 전 직원이 원격근무를 하는 오토매틱에서도 팀장들이 가장 신경 쓰는 것 중 하나가 세심한 커뮤니케이션이다. 원래 맡겨지지 않은 일을 시킬 때는 반드시 메신저를 통해 왜 이 일을 해야 하는지에 대해 정도 이상으로 많은 설명을 한다고 한다. 아주 작을지라도 불필요한 오해가 생기지 않게 하기 위해서다.

가령, 한 개발자가 만든 기능에 문제가 생겨 신규 회원 가입이 불가능한 상황이 발생했다. 문제를 해결한 후 팀장은 이런 문제가 다시 발생하는 것을 방지하기 위해, 개발자에게 개발 과정을 일일이 묻고 문제 재발 방지 방안을 문서화해 공유했다. 이 문서를 만들 때 팀장은 그 개발자에게 불필요하다 싶을 정도로 그 작업을 왜 하는지 설명하고, 질책의 목적이 아님을 누누이 설명했다. 이 모든 소통이 회사 메신저를 통해 이뤄졌지만, 오해가 생기지도 않았고 감정이 상하는 일도 없었다.

그런 점에서 우리말은 텍스트 커뮤니케이션에 적합한 언어다. 한국말에는 결이 있다. 같은 의미라도 어느 나라 말보다 표현이 풍부하다. 가령 옷차림을 표현하는 단어도 '옷차림', '입성', '차림새', '겉모습', '행색', '꼴', '꼬락서니', '꼬라지' 등 그 표현이 다양한데, 말하는 이의 기분과 상황에 따라 다른 단어를 쓸 수 있고, 표현에 따라 감정을 실을 수도 있다.

붉은 빛깔을 나타내는 단어는 셀 수 없을 정도로 많다. 가마발갛다, 거무벌겋다, 검불그스름하다, 검붉다, 노라발갛다, 발가발갛다, 발가야드르르하다, 발가우리하다, 발갛다, 발그대대하다, 발그댕댕하다, 발그레하다, 발그무레하다, 발그속속하다, 발그스레하다, 발그스름하다, 발그족족하다, 발긋발긋하다, 발깃발깃하다, 벌거이드르

르하다, 벌거이들이들하다, 벌겋다, 벌그데데하다, 벌그뎅뎅하다, 벌그레하다, 벌그무레하다, 벌그숙숙하다, 벌그스레하다, 벌그스름하다, 벌그죽죽하다, 벌긋벌긋하다, 벌깃벌깃하다, 볼그대대하다, 볼그뎅뎅하다, 볼그레하다, 볼그름하다, 볼그무레하다, 볼그속속하다, 볼그스레하다, 볼그스름하다, 볼그족족하다, 볼긋볼긋하다, 볼긋하다, 볽좀하다, 불그데데하다, 불그뎅뎅하다, 불그레하다, 불그름하다, 불그무레하다, 불그숙숙하다, 불그스레하다, 불그스름하다, 불그죽죽하다, 불긋불긋하다, 불긋하다, 불기우리하다, 붉디붉다, 빨가빨갛다, 빨가우리하다, 빨갛다, 빨그대대하다, 빨그뎅뎅하다, 빨그스레하다, 빨그스름하다, 빨그족족하다, 빨긋하다, 뻘거뻘겋다, 뻘거우리하다, 뻘겋다, 뻘그데데하다, 뻘그뎅뎅하다, 뻘그스레하다, 뻘그스름하다, 뻘그죽죽하다, 뻘긋뻘긋하다, 뻘긋하다, 뽈그레하다, 뽈그름하다, 뽈그스레하다, 뽈그스름하다, 뽈그족족하다, 뽈긋뽈긋하다, 뽈긋하다, 뿔그레하다, 뿔그름하다, 뿔그스레하다, 뿔그스름하다, 뿔그죽죽하다, 뿔긋뿔긋하다, 뿔긋하다, 새붉다, 새빨갛다, 시뻘겋다, 연붉다, 엷붉다, 올긋볼긋하다, 울긋불긋하다, 짙붉다, 희불그스름하다, 희붉다 등 표현할 수 있는 말이 100가지는 족히 넘는다. 이런 우리말의 풍부한 표현을 살리면 문자 소통을 하면서도 말의 미묘한 뉘앙스를 살릴 수 있다.

문자 소통과 달리 화상회의를 할 때는 비언어적 요소를 전달할 수 있다. 최근 〈하버드비즈니스리뷰Harvard Business Review〉에 청각장애인들로부터 화상회의 의사소통에 대해 배울 점에 대한 팁이 실렸다. 예를 들면 이런 것이다. 참가자의 눈을 바라보며, 메모할 시간을 준다. 순번을 정해 한 번에 하나의 대화만 허용한다. 화면 앞으로 너무 가까이 가지 말고, 몸통까지 나오게 해 보디랭귀지까지 볼 수 있게 한다. 화상회의 시 채팅을 동시에 이용한다. 복잡한 무늬를 피하고 눈에 편한 복장을 입는다. 이런 팁들을 지키면 화상회의 시 언어는 물론 비언어적 요소도 전달할 수 있다.

문자 소통을 위한 매뉴얼을 만든다

IT를 활용해 텍스트 커뮤니케이션 리더십을 키울 수 있다. 적당한 도구를 선택해 문자 폭주를 막는다. 일을 시작할 때 확인해야 할 이메일이 일흔여섯 개 와 있다면 의욕이 꺾일 것이고, 자세히 확인하지도 않을 것이다. 업무 이메일이 쌓이는 이유는 한 업무가 진척될 때마다 메일을 주고받기 때문이다. 이런 경우 블로그 같은 시스템을 활용하면 좋다. 주제마다 게시판을 만들고, 일이 진척될 때마다 해당 게시판에 소통 내용을 추가하면 된다. 지금 나와 있는 협업 툴들은 대부분 이런 기능을 지원한다.

그리고 업무 관련 채팅을 할 때, 목적을 넣어서 완결형으로 쓰는 습관을 길러야 한다. 예를 들면, "자리에 계세요?"라는 인사말을 한 후 곧바로 목적을 쓰고, 본인의 상황과 요구사항을 한 문장에 넣는 것이 좋다. 그래야 같은 시간대에 문자를 확인하지 않는 사람이 보더라도 내용을 바로 파악할 수 있다.

이런 차원에서 문자 소통에 관한 매뉴얼을 만들어 사내에서 공유하는 것도 좋다. 가령 처음에는 주제, 두 번째는 목적, 세 번째는 요구사항을 쓰기로 매뉴얼화하는 것이다.

핵심가치와 비전을 강조해 공동체 의식을 형성한다

원격근무 중심의 업무 형태에서는 공동체 의식이 약화되기 쉽기 때문에 리더십이 더욱 요구된다. 과거, 한국에 들어와 있던 글로벌 기업들은 경영에 있어서 한국 기업과 관행이 약간 달랐다. 매뉴얼에 더 익숙하고, 일을 세분화해 관리했다. 지금의 재택근무 상황이 그와 비슷하다고 할 수 있다. 한국 기업의 직원들은 매일 서로 만나 대화하고 회식도 하면서 소속감을 키웠고, 경영진과 대면할 기회도 많았다. 반면 본사가 해외에 있는 글로벌 기업의 직원들은 본사 경영진을 자주 볼 수 없었다. 대신 그들은 오래전부터 화상회의를 해왔다. 글로벌 기업에 경영 매뉴얼이 생기고 업무가 세분화된 이유는 이처럼 서로 볼 수가 없기 때문이었다. 그래서 글로벌 기업은 핵심가치나 비전을 매우 강조한다. 공동체 의식을 강화하기 위해서다.

한국의 토종 기업들도 이제 글로벌 기업들처럼 바뀌어가고 있다. 매일 만나면서 그 회사의 문화가 자연스레 전파되고 소속감과 공동체 의식도 커졌던 과거와 달리 이제 원격근무의 시대가 도래했다. 이럴 때 리더는 무엇보다 조직원들이 소속감과 공동체 의식을 갖게 할 방법을 강구해야 한다. 그리고 기업에 비대면 문화가 정착되더라도 정기적인 만남은 당연히 필요하다.

딸아이가 숙제를 할 때 페이스북 메신저 단체 통화 애플리케이션을 켜 놓을 때가 많다. 네 개로 분할된 휴대폰 화면에 친구들 모습이 보이는데, 아무도 말을 하지 않고 각자 공부를 한다. 처음에는 왜 그러고 있는지 의아했는데, 생각해 보니 학창시절 나와 친구들이 도서관에 가서 같이 공부하던 것과 별반 다르지 않다는 생각이 들었다. 공부는 혼자 하는 것이지만, 도서관에 친구들과 함께 가는 이유는 사람은 사람과 어울리며 사는 존재이기 때문이다. 딸아이는 디지털 기기를 통해 친구들과 어울리고 있었다.

비대면 문화의 확산으로 접촉할 기회가 줄어들고 있지만, 서로서로 연결되는 방법은 대면 문화 그 이상으로 늘어날 것이다. 만남이 줄어드는 상황에서 서로 연결하고 공동체 의식을 키워가는 것이 텍스트 커뮤니케이션 리더십의 핵심이다.

12

오타니 쇼헤이의
스트라이크 존이
넓은 까닭

어디에서 경쟁자가 출현할지 모르는 시대다. 불확실성이 커지면서 계획을 세우는 것도 무의미해졌다. 예전 일본의 잘나가던 기업들은 100년 계획을 세웠다. 그 정도는 아니더라도 우리 기업도 3~5년 중장기 전략을 세우고 실행하는 것이 유행이었다. 그러나 원샷 게임이 아닌 반복 게임을 해야 하고, 지속적인 서비스가 중요해진 요즘 같은 디지털 시대에 기업들은 더 이상 장기 계획을 세우지 않는다.

최근에 뜬 경영 이론을 보더라도 이런 흐름을 감지할 수 있다. 최대한 가볍게 상품과 서비스를 만들어 출시한 후 고객 반응을 보고 보완하는 린 스타트업Lean Startup, 상황 변화와 고객의 요구사항을 그때그때 반영하는 애자일agile 경영, 지속적인 테스트를 통해 사업

방향을 전환하는 피보팅pivoting, 사람들이 변화에 적절히 대응하도록 지원하는 적응 리더십, 모두 계획에 의존하지 말고 방향만 설정한 후 상황 봐가면서 수정하고 적응하자는 내용이다. 요컨대 지금은 예측 불가능하고, 무슨 일이 생길지 모르는 환경이다. 사업에서 운이 작용하는 부분이 더 커졌다고 볼 수 있다. 그렇다고 이런 상황을 나쁘게만 볼 일도 아니다. 운은 계획할 수 있기 때문이다. 운을 내 편으로 만드는 과학적인 방법이 있다. 일본 야구선수 오타니 쇼헤이는 이 사실을 고등학생 때 깨달은 것 같다.

시범 경기에서는 꽝!
본 게임에서는 펑!!

2017년 12월, 미국 야구 역사상 가장 떠들썩하게 메이저리그MLB에 입성한 이가 있다. 일본 프로야구 구단 닛폰햄 파이터스 출신의 최고 유망주 오타니 쇼헤이로, 그는 전 세계 언론의 주목을 받으며 LA 에인절스에 입단했다. 오타니는 고등학생 때부터 시속 160킬로미터의 강속구를 던졌기 때문에 오래전부터 메이저리그 구단들이 탐냈지만, 이렇게 그가 주목받게 된 데는 특별한 사정이 있었다.

같은 해 11월에 메이저리그 사무국과 일본야구기구가 합의한 이적 규칙 개정안에 메이저리그 선수노조가 동의하면서 오타니가 메이저리그에 갈 수 있는 길이 열렸다. 새 노사협정에 의하면 만 25세

미만, 프로 경력 6시즌 이하의 선수는 아마추어 선수로 분류됐다. 만 23세를 넘긴 오타니가 고액 연봉 계약을 하려면 2021년에나 가능했다. 그러나 오타니는 돈보다 꿈을 택했다. 메이저리그 구단 입장에서는 수억 달러 가치의 선수를 마이너리그 연봉을 주고 영입할 수 있는 기회였다. 주도권은 오타니에게 있었다.

오타니의 에이전시는 메이저리그 사무국을 통해 서른 개 구단에 숙제를 내줬다. 여섯 가지 질문을 던지고, 그에 대한 답변을 영어와 일본어로 제출해달라고 요청했다. 그 질문은 다음과 같았다.

① 투타겸업을 하는 오타니의 투수와 타자로서의 재능 평가
② 선수 훈련 방식에 대한 철학과 시설에 대한 설명
③ 마이너리그와 스프링캠프의 시설 소개
④ 각 팀의 연고 도시에서 오타니의 문화적 적응 방안
⑤ 오타니가 구단 조직과 팀 문화에 어떻게 잘 녹아들지에 대한 비전 제시
⑥ 오타니가 행복하게 뛸 수 있는 팀인지에 대한 설명

일찍이 선수가 이토록 '갑'의 입장이 된 사례는 없었다. 이후 스물일곱 개 구단에서 답신을 보내오면서 오타니 열풍이 시작됐다. 오타니와 에이전시는 최종적으로 일곱 개의 팀을 추렸고, 이들과 면접을 치렀다. 말 그대로 입단하는 오타니를 구단들이 면접한 것이 아니라 오타니가 구단들을 면접했다. 그 결과 LA 다저스, 샌프란시스코 자

이언츠, 샌디에이고 파드리스, 시카고 컵스, LA 에인절스, 시애틀 매리너스, 텍사스 레인저스 중 LA 에인절스가 선택됐다. LA 다저스와 샌프란시스코 자이언츠는 오프 시즌에 휴가 중이던 스타 선수들을 대동하고 면접에 참여했지만 퇴짜를 맞았다. 오타니는 이렇게 메이저리그 역사상 가장 화려한 입단식을 치르고 메이저리거가 됐다.

LA 에인절스 입단 후 모두의 기대 속에 시범 경기가 열렸다. 오타니는 메이저리그에서 사라진 투타겸업 선수고, 입단할 때도 워낙 떠들썩했던 터라 대부분의 경기가 중계됐다. 첫 선발 등판은 주목할 만한 게 없었다. 지명 타자로 출전한 첫 경기에서도 안타를 치지 못했다. 이후 출전한 경기에서도 저조한 성적을 보였다. 일본에서는 160킬로미터짜리 공을 뿌리는 투수였는데, 가장 빠를 때가 148킬로미터 조금 넘게 나왔다. 투수로는 두 경기 2.2이닝 9실점으로 평균 자책점이 30.38, 타자로는 32타수 4안타, 타율 0.125의 실망스러운 성적을 기록했다.

당시 미국 스포츠 방송국 ESPN은 이런 논평을 남겼다. "스물세 살인 오타니는 일본보다 수준 높은 곳에서 던진 적이 없다. 일본 프로야구도 어려운 곳이지만 세계에서 가장 수준이 높지는 않다. 오타니는 싱글A에서 시즌을 시작해야 한다는 견해가 많다." 야구 전문기자 제프 파산Jeff Passan은 경험 많은 스카우터들의 분석을 인용해 "오타니의 스윙에는 단점이 있다. 또한 메이저리그 마운드에도 적응하기가 쉽지 않다. 메이저리그에서 투타겸업을 하는 것은 어려울 것"이라는 칼럼을 썼다.

이처럼 시범 경기에서 실망을 안겨줬던 오타니는 시즌이 개막되자 잭팟을 터트렸다. 오타니는 완전히 달라져 있었다. 개막전에서는 지명 타자로 나와 처음으로 안타를 쳤고, 첫 선발 등판에서는 팀을 승리로 이끌었다. 이후 타자로 나온 경기에서는 세 경기 연속 홈런을 치며 시범 경기에서의 부진했던 모습을 거짓말처럼 씻어냈다. 그다음 다시 선발투수로 나와 무실점 호투로 2승을 따냈다. 메이저리그 팬들은 하루는 투수로, 하루는 타자로 나와서 펄펄 날아다니는 오타니에게 연일 열광했다. 이에 시범 경기를 보고 오타니를 혹평했던 제프 파산은 "친애하는 쇼헤이, 미안하다. 내가 당신을 완전히 잘못 봤다"라는 제목의 칼럼을 썼다. 4승을 올리며 꾸준히 좋은 성적을 내던 오타니는 6월, 팔꿈치 부상을 당해 투수로서는 경기에 출전할 수 없게 됐다. 하지만 이후에도 타자로 나와 필요할 때마다 한 방 터뜨리며 전 세계 야구 팬들에게 즐거움을 선사했다.

오타니의 2018년 연봉은 고작 54만 5,000달러(약 6억 원)였다. 이런 선수가 수천만 달러 연봉을 받는 베테랑 선수처럼 활약했고, 메이저리그 초창기에나 있었던 투타겸업을 현실로 보여줘 팬들에게 색다른 즐거움을 줬다. 데뷔 시즌, 투수로 열 경기에 선발 등판해 4승 2패 평균자책점 3.31의 양호한 성적을 거뒀고, 타자로 104경기에 출전해 타율 0.285, 홈런 스물두 개, 타점 예순한 개, 도루 열 개 등 탁월한 성적을 기록했다. 이 같은 활약을 기반으로 그해에 오타니는 아메리칸리그 신인왕에 뽑혔다.

오타니가 투수로 나올 때는
스트라이크 존도 넓어진다?

———

오타니는 어떻게 메이저리그에서 그런 열풍을 일으킬 수 있었을까? 물론 그는 잘생겼고 스타성이 있었다. 또 193센티미터, 95킬로그램의 우수한 체격 조건과 천재적인 재능을 가졌다. 그래서 일본에서도 고등학교 시절부터 화제를 몰고 다녔다. 이미 고등학교 3학년 때 아마추어 야구 사상 최초로 160킬로미터를 던져 신문에 대서특필됐다. 각종 대회에서 두각을 나타내 세계청소년야구선수권대회에 일본 대표로 출전, 투수로 빠른 볼을 던지는 한편, 4번 타자로 안타를 만들어냈다.

당연히 메이저리그 구단들이 그를 스카우트하려고 했다. 그래서 오타니도 일본 프로야구 드래프트에 앞서 메이저리그에 진출하겠다며 일본 프로야구 구단들에 자신을 지명하지 말아달라고 요청했다. 그럼에도 닛폰햄 파이터스의 단장은 오타니를 1차 지명하고, 오타니와 그의 가족을 설득했다. 닛폰햄 파이터스는 일본 프로야구를 거친 후 메이저리그에 진출하는 것이 성공 가능성이 더 높다는 내용의 자료를 만들어 그에게 전달했다. 가령 한국에서 뛰어난 기량을 보인 고졸 선수 중 메이저리그에 직행한 선수들의 성과가 얼마나 저조한지, 류현진처럼 자국 리그를 거쳐 미국에 진출한 선수들이 성공 가능성이 왜 높은지, 닛폰햄 파이터스가 오타니를 어떻게 성장시킬 것인지 등에 대한 분석과 계획이 들어 있었다. 그 결과 자신이 미처 생각하지 못했던 내용이 많다며 오타니는 닛폰햄 파이터스를 선택했다.

오타니는 닛폰햄 파이터스 입단 첫해부터 유격수와 투수로 출장했다. 일본 언론에서는 이를 '이도류'라고 불렀다. 이도류는 일본 검술에서 양손에 검을 한 자루씩 들고 싸우는 기술을 말한다. 일본의 전설적인 무사 미야모토 무사시가 이도류를 쓴 것으로 유명한데, 오타니가 겸업을 하다 보니 그렇게 표현한 것이다.

입단 첫해인 2013년에 적응기를 무난히 거친 그는 2014년부터는 투타겸업을 하며 투수로서는 물론 타자로서도 탁월한 성적을 거뒀다. 2014년에는 11승 4패에 2.61의 평균자책점, 타율 0.274에 열 개의 홈런, 2015년에는 15승 5패에 2.24의 평균자책점, 타율 0.202에 다섯 개의 홈런, 2016년에는 10승 4패에 1.86의 평균자책점, 타율 0.322에 스물두 개의 홈런을 기록했다. 일본에서의 마지막 시즌이었던 2017년에는 부상으로 3승 2패에 그쳤지만, 타자로서는 타율 0.332에 여덟 개의 홈런을 기록했다. 더욱이 2016년에는 일본 시리즈에 진출해 2연패 뒤 3차전에서 연장 끝내기 안타로 승리한 후, 연승으로 팀의 우승을 이끌었다. 경이로운 기록도 있는데, 지구 우승을 가리는 경기에서 3번 타자로 안타 하나를 친 후 9회 마무리 투수로 나와 165킬로미터의 강속구를 던졌다. 그해 오타니는 일본 퍼시픽리그 MVP를 차지했다.

이처럼 오타니는 천부적인 재능에 부단한 노력을 더해 과거에는 없었던 경이로운 결과를 만들어냈다. 그런데 이상한 점이 있다. 언론이나 야구계가 오타니에 대해 유별나게 우호적이라는 사실이다. 그리고 이런 주변의 우호적인 시선이 오타니를 더욱 잘되게 만들고 있다.

달리 말해 그는 운도 좋다. 사실 이런 운은 우연의 결과가 아니다.
오타니가 고등학교 시절부터 만들어온 것이다.

오타니는 고등학교 시절 야구선수로서 목표를 분명히 정하고 이

[자료 23] 오타니 쇼헤이의 목표달성용지

몸 관리	영양제 먹기	FSQ 90kg	인스텝 개선	몸통 강화	축 흔들지 않기	각도를 만든다	위에서부터 공을 던진다	손목 강화
유연성	몸 만들기	RSQ 130kg	릴리즈 포인트 안정	제구	불안정 없애기	힘 모으기	구위	하반신 주도
스테미너	가동 영역	식사 하루 13그릇	하체 강화	몸을 열지 않기	멘탈을 컨트롤	볼을 앞에서 릴리즈	회전 수 증가	가동 영역
뚜렷한 목표·목적	일희일비 하지 않기	머리는 차갑게 심장은 뜨겁게	몸 만들기	제구	구위	축을 돌리기	하체 강화	체중 증가
핀치에 강하게	멘탈	분위기에 휩쓸리지 않기	멘탈	8구단 드래프트 1순위	스피드 160km/h	몸통 강화	스피드 160km/h	어깨 주변 강화
마음의 파도 안 만들기	승리에 대한 집념	동료를 배려하는 마음	인간성	운	변화구	가동 영역	라이너 캐치볼	피칭 늘리기
감성	사랑받는 사람	계획성	인사하기	쓰레기 줍기	부실 청소	카운트볼 늘리기	포크볼 완성	슬라이더 구위
배려	인간성	감사	물건을 소중히 쓰자	운	심판을 대하는 태도	늦게 낙차가 있는 커브	변화구	좌타자 결정구
예의	신뢰받는 사람	지속력	긍정적 사고	응원받는 사람	책 읽기	직구와 같은 폼으로 던지기	스트라이크 볼을 던질 때 제구	거리를 상상하기

* 출처: "오타니 쇼헤이 목표달성표 작성법", youtube, 2019.4.1

를 목표달성용지로 작성해 벽에 붙여놨다. 고등학교 졸업 때 여덟 개 구단 드래프트 1순위를 목표로 정하고, 이를 위해 달성해야 할 세부 목표를 세웠다. 그런데 그중 눈에 띄는 항목이 있다. 바로 '운'이라는 항목이다.

오타니는 최고의 야구선수가 되기 위해 몸, 제구, 구위, 스피드, 변화구, 멘탈 등 세부 목표를 세우고, 이를 어떻게 달성할지 구체적으로 계획했다. 그뿐 아니라 목표에 인간성과 운까지 포함시켰다. 인간성까지는 자기 힘으로 관리할 수 있지만, 운은 어떻게 좋게 만든다는 말일까? 그런데 운이 좋아지게 하기 위한 세부 실천사항을 보면, 오타니의 통찰력에 놀랄 수밖에 없다. 인사하기, 쓰레기 줍기, 야구부실 청소, 물건 소중히 쓰기, 긍정적 사고, 응원받는 사람 되기, 책 읽기, 심판을 대하는 태도 등이 그가 세부적으로 실천한 사항이다. 이것을 보고 단순히 주변의 사소한 일들을 실천해서 운이 좋아지게 하려 했다고 해석할 수 있다. 그러나 이 실천사항들을 자세히 보면 공통점이 보인다. 그 공통점은 모두 사람과의 관계를 좋게 만드는 것들이라는 점이다. 쉽게 말해 이것들을 실천하면 사람들이 자신을 좋아하게 만들 수 있다. 오타니는 고등학교 때부터 알고 있었다. 운은 누군지는 모르지만 결국 사람이 가져다준다는 사실을. 운은 제비가 물어다주는 것이 아니다. 행운의 기회는 바로 사람들에 의해 연결된다. 어떤 사람이 어떤 운을 가져다줄지 모른다. 그래서 오타니는 주변의 모든 사람에게 사랑받을 수 있도록 모두를 진심으로 대해왔다. 그래서인지 동료, 코치, 직원, 심판 등 오타니 주변에 있는 사람들은 누구나 그를 좋아한다.

그 예로, 2015년 시즌이 끝나고 '프리미어 12Premier 12'라는 국제 야구대회가 열렸다. 이때 오타니는 일본 국가대표로 출전했는데, 한국과의 시합에서 두 경기 선발로 나와 160킬로미터 직구를 던지며 한국 타자들을 얼어붙게 만들었다. 개막전에서 무실점으로 이기고, 준결승전에서 역시 무실점 투구를 했지만, 경기는 한국의 역전승으로 끝났다. 그런데 경기 후 인터뷰에서 오타니는 "대한민국은 뛰어난 단결력을 보여줬다"라며 한국 팀을 추켜세웠다. 후속 투수의 실투로 한국에 패해 자신의 승리가 날아간 것이 분했을 법도 한데 한국 선수들을 칭찬한 것이다.

더욱이 그는 이틀 후 있을 3·4위전에 등판할 가능성이 전혀 없음에도 3·4위전 대비 연습에 참가했다. 이 일로 한국에서는 오타니 팬이 크게 늘었다. 국내 야구 전문 사이트나 애플리케이션에서 '주간 오타니'라는 코너를 만들어 그의 근황을 전했을 정도였다. 메이저리그를 중계하는 방송사에서도 오타니는 한국 선수와 중계 우선순위가 비슷하다.

그의 이런 태도는 일본의 야구 영웅인 스즈키 이치로와 대비된다. 이치로는 2006년 WBC 1회 대회에 앞서 "앞으로 일본과 경기하는 나라들이 30년은 이길 수 없다는 느낌이 들 정도로 확실하게 이기겠다"라고 말하는가 하면, 한국에 2연패한 후에는 "내 야구 인생에서 가장 굴욕적인 날이다"라는 발언을 서슴없이 해 한국에 안티 팬이 양성된 바 있다.

반면 오타니는 심판들까지 좋아하는데, 그래서 "오타니가 투수로 나올 때는 스트라이크 존이 넓어진다"라는 우스갯소리가 있을 정도였다. 그들이 오타니를 얼마나 아꼈으면 이런 말이 다 생겼을까! 스트라이크 존이 넓어지면 투수가 이길 확률도 높아진다. 이것이 오타니가 운을 좋게 만드는 방법이다.

필요한 건
단 한 번의 법칙

———

운을 좋게 만드는 이런 오타니의 방법은 꽤 과학적이다. 복권을 예로 들어 설명해 보겠다.

복권 관련 소식을 보면 희한한 것이 있다. 어느 나라에나 한 번도 당첨되기 어려운 복권에 두 번 당첨된 사람이 반드시 있다는 사실이다. 2019년 미국의 폭스뉴스는 메사추세츠 멘돈에 살고 있는 롤프 로데스가 100만 달러(약 11억 원) 복권에 당첨된 지 18개월 만에 또다시 100만 달러 복권에 당첨됐다고 보도했다. 두 번 연속해서 100만 달러 복권에 당첨될 확률은 연속해서 벼락을 맞을 확률보다 낮다고 한다. 그에 앞서 2018년 6월에는 프랑스 남동부 오트사부아 주에 사는 한 프랑스인이 100만 유로(약 13억 원)가 넘는 복권에 당첨됐다. 이 사람은 2016년 11월에도 복권 1등에 당첨된 바 있는데, 이처럼 연달아 복권에 당첨될 확률은 16조분의 1이라고 한다.

이런 사례는 우리나라에도 있다. 2018년 나눔로또는 연금복권 520에서 1등에 당첨된 사람의 사연을 소개했다. 이 사람은 1등에 당첨된 후 월 500만 원씩을 20년 동안 지급받게 됐는데, 놀라운 사실은 이 사람이 5~6년 전에도 로또 1등에 당첨된 적이 있다는 것이었다. 당첨 전략을 묻는 질문에 그는 이렇게 답했다. "특별한 방법은 없어요. 재미 삼아 꾸준히 조금씩 산 게 1등 당첨 비결 같아요."

오타니가 운을 좋게 만들기 위해 인사 잘하고 청소 잘하는 것과 복권에 두 번 당첨된 사람들의 비결은 통한다. 수학적으로 증명이 가능하다.

로또 복권 1등에 당첨될 확률은 대략 800만분의 1이다. 재미있는 것은 매주 1등이 나온다는 사실이다. 로또 복권 한 장을 샀을 때의 확률이 800만분의 1이지, 여러 장을 샀을 때는 확률이 급격히 높아진다. 숫자를 줄여서 계산을 단순화해 보자.

어떤 행운의 확률이 1,000분의 1이라고 하자. 실패할 확률은 1,000분의 999다. 그럼 열 번 시도했을 때는 어떨까? 즉 열 번 시도했을 때 한 번이라도 행운이 생길 확률은 1 − (열 번 모두 실패할 확률)이다. 즉 $1 - (0.999)^{10} = 0.996$퍼센트다. 그럼 100번 시도했을 때는? $1 - (0.999)^{100} = 9.5$퍼센트다. 1,000분의 1, 그러니까 0.001 확률의 운도 100번 도전하면 10퍼센트는 성공할 수 있다는 뜻이다. 이런 식으로 1,000번 시도하면 63퍼센트$[1 - (0.999)^{1,000}]$의 확률이, 2,000번 시도하면 86퍼센트$[1 - (0.999)^{2,000}]$의 확률이 나온다. 숫자 놀음이라고? 그렇지 않다.

KFC를 설립한 커널 샌더스Colonel Sanders는 이를 몸소 보여준 인물이다. 평생 일궈온 식당 사업이 망했을 때, 샌더스는 자신의 식당에서 가장 인기 있었던 후라이드 치킨 조리법을 사업화하기로 결심했다. 프랜차이즈 사업 개념이 생기기 전인 1950년의 일이었다. 그는 2년 동안 전국의 식당을 돌아다니며 후라이드 치킨 조리법과 레시피를 홍보했지만, 매번 거절당하고 말았다. 그는 무려 1,008번이나 거절당했다. 그리고 1,009번째로 방문한 유타주 솔트레이크시티에 있는 한 식당에서 그의 조리법을 구매하기로 결정했다.

샌더스가 조리법 판매에 성공할 확률이 1,000분의 1 정도로 매우 낮다고 할 때, 1,009번 시도해서 한 번 성공할 확률은 64퍼센트 $[1-(0.999)^{1009}]$다. 오타니가 인사하고, 청소하고, 쓰레기 줍고, 심판에게 공손하게 대해서 주변에 그에게 행운의 기회를 가져다줄 사람이 많아졌다고 하자. 그런 행운을 연결시켜줄 확률이 1,000분의 1만큼 낮다 해도 오타니를 도와줄 사람이 1,000명이 넘으면 그가 행운을 잡을 확률은 63퍼센트가 된다.

코로나 사태로 채용 시장이 얼어붙은 요즘이지만, 그 와중에도 잊지 말아야 할 것이 있다고 한다. 채용 관련 전문가의 조언에 따르면, 최종 면접을 본 후에도 다른 일자리 찾기를 그만두지 않는 것이다. 일자리 구하기는 결국 숫자 싸움이기 때문이다. 팬데믹과 같이 어려운 상황에서도 일자리를 찾은 사람의 경험담에서 그 원리를 발견할 수 있다.

"지금은 채용 담당자가 주도권을 쥔 시기라는 것을 인정합니다.

그동안 저는 적임자가 아니라거나, 더 나은 후보가 있다거나, 조직의 방향이 변했다는 등 수없이 많은 이유로 일자리 찾기에 실패했어요. 하지만 결국 이렇게 진행된다는 걸 알면 편합니다. 제가 더 많은 사람과 이야기할수록, 더 많은 자리에 지원할수록, 더 많은 인터뷰를 할수록 일자리를 찾을 가능성은 더 커진다는 사실 말이에요. 필요한 건 단 한 번이니까요." 그는 계속 떨어져서 의기소침한 기분이 들 때에도 이 사실만은 기억했다고 한다. '결국 필요한 건 단 한 번만 붙으면 된다.'

힘들어도 포기하지 않는 이유는
결과를 모르기 때문

운을 좋게 만드는 과학적인 방법은 여러 번 시도하는 것이다. 또 다른 방법은 한 번 시도했을 때 힘들어도 포기하지 않는 것이다. 이렇게 하면 한 번 시도했을 때의 확률 자체가 높아진다.

세계 최고의 운동선수들이 컨디션이 나쁠 때도 포기하지 않는 이유 또한 나중에 결과가 어떻게 될지 모르기 때문이다. 테니스 사례를 보자.

지난 20년간 세계 테니스계는 페더러Roger Federer, 나달Rafael Nadal Parera, 조코비치Novak Djokovic 세 선수가 지배해왔다. 이 선수들이 '빅 3'로 불리며 20년간 랭킹 1, 2, 3위를 놓치지 않았던 이유는 바로 어려울 때도 어떻게든 경기를 끌고 갔기 때문이다. 오랜 테니스 팬인 나는 이들이 컨디션이 안 좋을 때 했던 경기도 많이 봤다. 대략 이런 패턴이다. 첫 세트 초반, 샷이 맞지 않고 상대 선수가 공격적으로 나와 세트를 내준다. 첫 세트를 내줬으므로 두 번째 세트도 쉽지 않다. 종종 여기서도 점수를 내주면서 경기는 패색이 짙어진다. 그래도 이 선수는 포기하지 않는다. 두 번째 세트가 끝날 때쯤 겨우 득점을 해 점수는 6 대 6이 된다. 타이브레이크에서는 상대 선수가 긴장을 해 실수를 연발한다. 이제 세트 스코어는 1 대 1로, 세 번째 세트로 넘어간다. 여기까지 오면 이 선수는 지금까지 억지로 끌고 오다가 컨디션을 되찾는 반면, 상대 선수는 오히려 긴장하거나 포기하게 돼, 초반에 패색이 짙었던 선수가 결국 승리한다.

실제로 프로 테니스 투어 공식 웹 사이트에 이와 관련된 분석 자료가 실렸다. 2018년 상위 40위권 내에 들었던 선수들의 포인트 승률을 분석했더니 거의 차이가 나지 않았다. 2018년에는 55.40퍼센트로 나달이 1위를 차지했고, 2위인 조코비치는 54.54퍼센트, 3위인 페더러는 54.36퍼센트였다. 상위 10위권 선수들의 평균 포인트 승률은 52.79퍼센트였고, 10위권대 선수들은 51.26퍼센트, 20위권대 선수들은 50.89퍼센트, 30위권대 선수들은 50.35퍼센트였다. 40위 선수와 나달, 조코비치, 페더러는 포인트 승률이 4~5퍼센트밖에 차이가 나지 않았다. 이처럼 포인트 승률은 거의 비슷했지만, 이 선수들은 꼭 이겨야 할 때 포기하지 않음으로써 큰 대회에서 대부분 우승할 수 있었다.

[자료 24] 2018년 상위 프로 테니스 선수 그룹별 성적

순위 그룹	2018년 득점 포인트	2018년 총 포인트	2018년 포인트 승률
1-10	54,424	103,105	52.79%
11-20	46,260	90,239	51.26%
21-30	42,648	83,797	50.89%
31-40	37,101	73,685	50.35%

라파엘 나달=55.40%(4,281/7,728)
노박 조코비치=54.54%(5,796/10,628)
로저 페더러=54.36%(5,097/9,377)

* 출처: ATP Tour, 2019.4.26

이를 극적으로 보여준 경기가 있었다. 2019년 7월 14일 벌어진 윔블던 테니스 대회 결승 경기로, 이때는 조코비치가 페더러를 이겼다. 페더러의 팬인 나는 이 경기를 새벽까지 봤는데, 아주 힘들게 경기를 시청해야 했다.

첫 세트에서는 두 선수가 팽팽하게 맞붙었다. 그러다 결국 타이브레이크에서 조코비치가 페더러를 겨우 이겼다. 2세트에서는 페더러가 조코비치를 일방적으로 무찔렀다. 이날 조코비치는 최고의 컨디션은 아닌 듯했다. 반면 페더러의 컨디션은 상당히 좋아 보였다. 3세트가 시작되자 조코비치는 온 힘을 다해 페더러를 상대했는데, 서로 팽팽하게 맞서다가 3세트도 타이브레이크로 들어갔다. 참고로 타이브레이크는 경기가 무한정 길어지는 것을 방지하기 위해 도입된 경기 규칙으로, 경기가 듀스 상황일 경우 열두 개의 서브를 교대로 넣어 7포인트를 먼저 획득한 사람이 이기는 것으로 하는 방식이다.

페더러가 결정적인 순간에 실수를 하면서 3세트는 조코비치가 이겼다. 그러나 3세트에서 힘을 다 쏟아부은 조코비치는 4세트도 페더러에게 쉽게 내줬다. 5세트는 둘 다 남은 힘을 다 끌어모아 최선을 다했고, 좀처럼 게임을 가져오지 못했다. 시종일관 이날 경기를 지배했던 페더러가 7 대 7 상황에서 조코비치의 서브 게임을 가져와 8 대 7이 됐다. 페더러는 자신의 서비스로 40 대 15까지 게임을 끌고 갔다. 그러다 한 포인트만 더 따면 우승하는 챔피언십 포인트가 되는 상황에서 자신의 서비스였음에도 4포인트를 연이어 내주면서 조코비치에게 지고 말았다.

원래 윔블던 테니스 대회에는 마지막 세트의 경우 타이브레이크가 없었다. 두 게임 차 이상으로 앞서야 이길 수 있었다. 그런데 2019년부터 게임 스코어 12 대 12가 되면 5세트에서도 타이브레이크를 치르도록 규정이 바뀌었다. 결국 12 대 12 타이브레이크에서 페더러의 실수로 조코비치가 우승을 차지했다.

경기 후 조코비치는 게임을 페더러가 주도했음을 인정했다.

"오늘은 선수 생활 전체를 통틀어 정신적으로 가장 힘든 경기였어요. … 경기 대부분을 뒤로 물러나 있었어요. 저는 주로 수비를 했고, 페더러가 경기를 지배했습니다. 저는 그냥 대응하는 수밖에 없었고 기회가 오면 방법을 찾으려고 했어요. 결국 그렇게 됐지만요."

경기 통계를 보면 페더러가 실책unforced errors 항목에서만 뒤지고 모든 항목에서 우위를 보였음을 알 수 있다. 에이스, 더블 폴트, 서비스 확률, 서비스 승률, 네트 플레이 승률, 브레이크 횟수, 서브 리시브, 위닝 포인트, 총 포인트, 심지어 뛰어다닌 거리까지 페더러가 앞

[자료 25] 2019년 윔블던 테니스 대회 결승 결과와 통계치

CENTRE COURT
GENTLEMEN'S SINGLES | FINAL

N. DJOKOVIC 1	✓	7^7	1	7^7	4	13^7
R. FEDERER 2		6^5	6	6^4	6	12^3

PTS 1 2 3 4 5

DURATION: 4:57 · COMPLETED

OVERVIEW MOMENTUM LIVE STATS KEYS

● Metric ○ Imperial

N. DJOKOVIC	Name	R. FEDERER
Serbia	Country	Switzerland
22 May 1987	Birth Date	8 August 1981
Belgrade, Serbia	Birth Place	Basel, Switzerland
Monte Carlo, Monaco	Residence	Switzerland
1.88 metre	Height	1.85 metre
77.3 kilos	Weight	85 kilos
Right Handed	Plays	Right Handed
1	Singles Ranking	3
128	Doubles Ranking	-
FULL PROFILE		FULL PROFILE

N. DJOKOVIC		R. FEDERER
10	ACES	25
9	DOUBLE FAULTS	6
136/219 (62%)	FIRST SERVE % IN	127/203 (63%)
101/136 (74%)	WIN % ON 1ST SERVE	100/127 (79%)
39/83 (47%)	WIN % ON 2ND SERVE	39/76 (51%)
24/38 (63%)	NET POINTS WON	51/65 (78%)
3/8 (38%)	BREAK POINTS WON	7/13 (54%)
64/203 (32%)	RECEIVING POINTS WON	79/219 (36%)
54	WINNERS	94
52	UNFORCED ERRORS	62
204	TOTAL POINTS WON	218
5623.5 m	DISTANCE COVERED	5810.3 m
13.3 m	DISTANCE COVERED/PT.	13.8 m
	FULL STATS	

* 출처: Wimbledon.com, 2019.7.14

섰다. 이처럼 페더러가 완벽하게 경기를 지배했음에도 승리는 조코비치가 가져갔다. 조코비치는 자신이 열세에 놓였음에도 포기하지 않고 순간순간을 버텨냈다. 그리고 기회가 왔을 때 그것을 잡았다. 이런 이상한 시합은 100년 넘는 테니스 역사상 처음이었다.

반복 게임의 시대에는
빨리 일어서는 능력이 중요

운을 끌어모으는 수학적 방법은 ① 여러 번 시도하고, ② 일단 시도했다면 절대 포기하지 않는 것이다. 여기에 비결 하나를 더 추가해야 한다. 여러 번 시도할 수 있게 만드는 전제 조건인데, 이 조건은 조직의 경우일 때와 개인의 경우일 때가 다르다.

먼저 기업 등 조직의 경우는 실패를 결과가 아닌 과정으로 봐야 한다. 실패를 결과로 봐서 그에 대해 질책하면, 사람들은 실패하지 않기 위해 소극적으로 행동하게 된다. 자연스레 새로운 시도를 하지 않게 된다. 반면 실패를 결과가 아닌 과정으로 보는 문화가 조성되면, 사람들이 여러 가지 시도를 하게 돼 성공 확률이 높아진다.

특히 디지털 기술의 영향으로 불확실성이 확대돼 운이 기업의 성과에 미치는 영향이 점점 커지고 있다. 옥스퍼드대학교의 저커 덴렐Jerker Denrell 교수가 1,000여 개의 기업을 대상으로 역량과 10여 년간의 성과에 대해 분석했더니, 다음 그래프와 같은 결과가 나왔다. 능력과 성과는 어느 정도는 정비례하지만, 양쪽 끝에서는 정비례하지 않았다. 즉, 평균적인 기업의 경우에는 역량과 성과가 비례하는데, 가장 크게 성공한 기업과 가장 크게 망한 기업의 경우는 반드시 역량과 정비례하지 않는 것으로 나왔다. 역량이 최고로 높지 않은 기업이었지만 최고 성과를 냈고, 능력이 가장 떨어지지 않은 기업이었지만 최저 성과를 냈다. 운이 작용한다는 얘기다. 이 그래프의 곡선은 불확실

[자료 26] 운이 능력과 성과의 관계에 미치는 영향

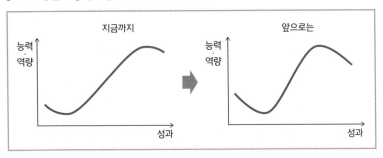

＊출처: Strategic Management Journal, 2013.2

성이 더 커지는 미래에는 끝부분이 더 크게 휘게 될 것이다. 앞으로는 운이 더 많이 작용할 것이기 때문이다. 그래서 혁신적인 시도를 더 많이 해야 하고, 그러기 위해서는 기업 내에 실패를 과정으로 바라보는 문화가 정착되어야 한다.

반면, 개인이 실패했을 때 다시 시도하기 위한 전제 조건은 조직의 경우와 다르다. 개인은 넘어졌을 때 되도록 빨리 일어나야 한다. 원샷 게임보다 반복 게임에서 실패는 더 자주 발생한다. 그런데 사람은 감정의 동물이므로 실패했을 때 그것을 극복하기가 쉽지 않다. 사람은 실패했을 때 좌절하고, 거절당했을 때 자괴감에 빠진다. 그래서 실패를 툴툴 털고 일어나 다시 시도하는 것이 쉽지 않다. 따라서 회복탄력성이 필요하다.

회복탄력성에 대해 간단하게 언급하면 다음과 같다. 회복탄력성이 높은 사람은 ① 삶에 대해 긍정적이다. 자신에 대해 낙관적으로 생각하고, 생활에 만족하며, 감사하는 태도를 지니고 있다. 그래서 상대적으로 실패를 덜 두려워한다. ② 또 자기 조절 능력이 높다. 감정과 충동을 통제할 수 있고, 객관적으로 자신을 바라볼 수 있기 때문에 문제에 대한 분석력과 해결력이 높다. ③ 대인관계에서 소통과 공감 능력이 높다. 어려움에 빠졌을 때 사람들과 함께 위기에서 탈출할 줄 안다. 이런 속성은 충분히 훈련 가능하다.

나는 커널 샌더스가 2년 동안 1,008군데나 되는 식당을 돌아다니면서 퇴짜를 맞는 동안 어떻게 버텼고 어떻게 일어섰을지가 궁금하다. 거절당한 후 기계적으로 다음 식당으로 갔는지, 오기를 품고 '그래, 너 나중에 다시 보자'라는 생각으로 마음을 다잡았는지, '다음엔 되겠지' 하는 긍정적인 마음으로 다음 식당으로 갔는지가 궁금하다. 그때 그의 마음 상태를 알 수는 없다. KFC 앞에 서 있는 인상 좋은 할아버지의 미소를 보면 툴툴 털어 버렸을 것 같기도 하다.

오타니 쇼헤이는 메이저리그 첫 시즌이 끝난 후 팔꿈치 수술을 받았다. 2019년에는 타자로서만 활약했는데, 막바지에 무릎 수술을 받았다. 106경기에 출전해 타율 0.286에 열여덟 개의 홈런을 기록했다. 그리고 코로나바이러스로 시즌이 단축된 2020년에는 극심한 슬럼프에 빠졌다. 0.190의 타율에 일곱 개의 홈런을 기록했다. 전문가들은 오타니가 더 이상 투타겸업이 아닌 둘 중 하나를 선택해야 한다고 말한다. 이 책을 쓰고 있는 현재 오타니가 어떤 선택을 할지는 알려진 바 없다. 다만 천부적인 재능, 부단한 노력, 운의 작동 메커니즘에 대한 통찰력까지 갖춘 그가 이번 어려움도 곧 극복하지 않을까 하고 기대할 뿐이다.

13

미디어는 다양해지는데
콘텐츠는 획일화되는 이유

디지털 기술이 도입되고 콘텐츠를 쉽게 제작할 수 있게 되면서 방송 국 숫자가 급격하게 증가했다. TV 채널이 워낙 많다 보니 그중에는 보지 않는 채널도 수두룩하다. 미디어는 많아졌는데 TV를 보는 사 람들은 줄어들고 있다.

방송사 같은 전통적인 미디어 외에도 콘텐츠를 전달하는 미디어 의 수도 셀 수 없이 많아졌다. 스마트폰의 대중화와 모바일 기술의 발달로 트위터, 페이스북, 인스타그램, 유튜브 등의 소셜 네트워크 서비스SNS와 블로그, 팟 캐스트 등의 소셜 미디어가 많아졌기 때문 이다. 이제 스마트폰 하나만 있으면 누구나 미디어로서의 역할을 할 수 있다. 그러니까 사람 숫자만큼, 아니 사람 숫자보다 훨씬 많은 미디어가 존재할 수도 있다.

그런데 미디어가 기하급수적으로 늘어나고 자연스럽게 미디어의 다양성이 증가한 반면, 미디어를 통해 제공되는 콘텐츠는 더 단순해졌다. 이른바 미디어 다양성의 역설이 나타나고 있다. 영화를 보면 쉽게 알 수 있다.

극장가는 히어로 영화,
TV는 트로트 일색

2020년 골든글로브 시상식도 코미디언 리키 저베이스Ricky Gervais가 사회를 봤다. 그는 골든글로브 시상식의 사회를 여러 번 맡았는데, 그때마다 시사적인 이슈를 풍자적으로 풀어내 시청자들에게 웃음을 줬다. 이번 시상식에서도 예외는 아니었는데, 그는 배우 및 영화 관계자들 면전에서 영화계의 유행과 세태를 조롱하고 풍자적으로 비판했다.

"할리우드 영화 찍던 배우들은 판타지나 어드벤처 같은 말 같지도 않은 영화나 찍고 앉아 있지. 마스크 쓰고 망토 두르고 쫄쫄이 코스튬 입고 말이야. 이 사람들은 이제 더 이상 연기하는 게 자기 일이 아니야. 하루에 두 번씩 헬스장 가고 스테로이드 맞는 게 진짜 일이 돼 버렸지. 위대한 감독 마틴 스코시즈Martin Scorsese가 마블 영화에 대해 논란이 될 만한 말씀을 하셨잖아. '이건 진짜 영화가 아니다. 마치 테마파크 같은 거다'라고 말이지. 나도 거기에 동의해."

저베이스의 지적대로 지금 영화계는 히어로물만 만들고 있다. 30년 전과 비교해 보면 요즘 특징이 그대로 드러난다. 1990년, 세계적으로 가장 흥행한 영화를 살펴보면 장르가 참 다양했다. '나 홀로 집에'는 아이가 주인공인 코미디이고, '사랑과 영혼'은 각본이 돋보이는 로맨스, '늑대와 함께 춤을'은 대작 드라마, '귀여운 여인'은 로맨틱 코미디, '붉은 10월'은 첩보, '유치원에 간 사나이'는 코미디였다. 장르도 다양하고 주제도 다양했으며, 이 영화들은 사람들에게 두루 사랑받았다.

2020년은 코로나바이러스로 인해 영화계 또한 어려움이 많았으니, 2019년의 영화를 보자. 2019년에 흥행한 영화는 모두 판타지나 만화가 원작인 히어로 영화다. '어벤져스', '스파이더맨', '캡틴 마블', '조커', '스타워즈', '쥬만지' 등 절반 이상이 특수효과로 무장한 판타지 영화다. '라이온 킹'과 '알라딘'은 애니메이션을 실사화한 영화로, 역시 특수효과로 볼거리를 제공한 영화다. 나머지 '겨울왕국 2'와 '토이 스토리 4'는 인기 있는 애니메이션 시리즈다. 영화계의 다양성이 사라졌다.

의아한 것은, 영화 제작사는 과거에 비해 훨씬 많아졌고, 그 형태도 다양해졌다는 사실이다. 이제는 누구나 영화를 만들 수 있기 때문이다. 아이디어만 있으면 적은 자본으로도 충분히 영화를 제작할 수 있다. 심지어 개인이 제작해서 유튜브나 인터넷에 올릴 수도 있다. 예전에는 영화라는 것이 아무나 시작할 수 있는 영역이 아니었

[자료 27] 세계 영화 흥행 순위 비교

순위	1990년	2019년
1	나 홀로 집에	어벤져스: 엔드게임
2	사랑과 영혼	라이온 킹
3	늑대와 함께 춤을	겨울왕국 2
4	귀여운 여인	스파이더맨: 파 프롬 홈
5	닌자거북이	캡틴 마블
6	붉은 10월	조커
7	토탈 리콜	스타워즈: 라이즈 오브 스카이워커
8	다이하드 2	토이 스토리 4
9	딕 트레이시	알라딘
10	유치원에 간 사나이	쥬만지: 넥스트 레벨

＊출처: 박스오피스 모조(https://www.boxofficemojo.com)

다. 필름을 구하기도 어려웠지만, 필름 값이 너무 비싸서 사용하고 남은 필름을 오려 붙여서 사용하기도 했다. 지금은 디지털 카메라로 찍기 때문에 필름 비용이 들어가지 않는다. 인건비가 올랐지만, 열정만 있으면 누구나 영화를 만들 수 있게 됐다. 그래서 중소 규모의 영화사도 많아졌다. 자연스럽게 다양한 기호, 다양한 취향의 영화가 늘어났다. 그런데도 현실적으로는 만날 히어로 영화만 판을 치고 있다.

마치 방송사가 많아지면서 케이블 채널 숫자는 늘어났지만, 채널을 넘길 때마다 트로트만 나오는 현상과 비슷하다. 그러나 바꿔 생각해 보면, 영화사와 방송 제작사가 늘어났기 때문에 콘텐츠가 단일해졌을 수도 있다. 즉, 경쟁이 심해졌기 때문일 수도 있다는 말이다.

과거 방송국이 두세 개밖에 없던 때 시청자들은 KBS나 MBC를 볼수밖에 없었다. 이때는 방송국 내부에서 다양한 프로그램을 제작할수 있었다. 방송국 내부에서 프로그램 포트폴리오를 조정하던 시절이었다. 높은 시청률을 기대하는 프로그램과 시청률은 낮지만 의미있는 작품을 두루 제작할 수 있었다. 그래서 일요일 저녁 8시 황금시간대에 KBS2에서는 시청률이 보장되는 주말 드라마를 방송하면서 동시간대에 KBS1에서는 많은 제작비가 들어간 다큐멘터리를 방송할 수 있었다. 그런데 방송 제작사와 채널이 늘어나 경쟁이 격화된 지금 이런 의미 있는 프로그램은 그대로 사장된다. 채널 수가 늘어난 만큼 각 채널은 잘 팔리는 콘텐츠에 집중할 수밖에 없다. 요즘모든 채널에서 트로트를 소재로 삼는 이유다.

미디어 공급자들 간에 경쟁이 심화됐기 때문에 콘텐츠가 획일화되는 것은 이해된다. 그렇다면 미디어 수요자 입장에서는 어떨까?

선택의 역설,
많을수록 나쁘다

———

미디어가 늘어나 즐길 수 있는 콘텐츠가 풍부해지면 자연스레 다양성도 증가한다. 실제로 과거에는 생각지도 못했던 콘텐츠가 인기를끌기도 한다. 이야깃거리 없이 그냥 고양이 모습만 보여주는 유튜브채널에 사람들이 몰리기도 한다. 그러나 이렇게 다양한 콘텐츠가 모두 다 잘 소비될까?

저명한 심리학자 쉬나 아이엔거Sheena Iyengar 교수는 선택의 폭이 넓다는 것이 반드시 좋은 것은 아니라는 사실을 밝혀냈다. 아이엔거는 스탠퍼드대학교에서 박사 과정을 밟던 시절 연구한 내용을 논문으로 발표했는데, 사람들의 상식을 깨는 연구 결과로 심리학계에서 단번에 유명해졌다.

아이엔거는 스탠퍼드대학교 근방에 있는 멘로파크의 한 식료품점에 각기 다른 제품의 머스터드가 250가지나 있고, 올리브 오일도 75가지나 있다는 사실에 착안해 여기서 한 가지 실험을 실시했다.

2주 동안 식료품점에 온 소비자들을 대상으로 잼을 두 가지 방식으로 노출시켰다. 한 번은 스물네 가지 종류의 잼을 진열했고, 또 한 번은 여섯 가지 잼을 진열했다. 그리고 사람들이 어떤 관심을 갖는지, 몇 명이 구매하는지 조사했다. 그런데 결과는 우리의 상식과 달랐다. 스물네 가지 잼을 진열했을 때, 242명의 손님 중 145명이 잼 코너에 멈춰 잼을 만지거나 유심히 살피며 관심을 보였다. 반면 여섯 종류를 진열했을 때는 방문 고객 260명 중 단 104명만이 잼에 관심을 보였다. 즉 잼의 종류가 많을 때는 방문 고객 중 60퍼센트가 관심을 보였고, 잼 종류가 적을 때는 방문 고객의 40퍼센트만이 관심을 보였다. 다양한 제품을 진열했을 때 손님의 관심을 끄는 것은 당연했다. 이 실험에서는 다다익선(多多益善)이 통했다.

그런데 구매 수량을 살펴보니 놀라운 결과가 나왔다. 잼이 스물네 종류일 때 잼에 관심을 보인 사람 중 구매한 사람은 단 네 명으로,

3퍼센트만이 잼을 구매했다. 반면 여섯 가지 잼을 진열했을 때는 관심을 보인 손님 중 30퍼센트가 잼을 구매했다. 구매 비율만 봐도 3퍼센트와 30퍼센트로, 무려 열 배 차이가 났다. 그러니까 구매에서는 다다익선이 통하지 않았다. 상품 종류가 너무 많아 인지 과부하가 걸렸기 때문이다. 미국의 사회학자 배리 슈워츠Barry Schwartz는 선택 안이 많아질수록 선택이 어려워지는 이런 현상을 '선택의 역설'이라고 불렀다. 선택할 것이 많으면 주의를 끄는 데는 효과적이지만, 수많은 대안을 일일이 비교하기가 힘들어지기 때문이다.

	24가지 종류의 잼	6가지 종류의 잼
관심도	60%(145/242)	40%(104/260)
구매율	3%(4/145)	30%(31/104)

실험 결과가 이렇게 나오자 아이엔거는 더 큰 궁금증이 생겼다. 선택 옵션의 수가 많을수록 선택이 어려워진다는 것은 알겠는데, 선택한 결과는 어떨까? 즉 옵션의 수가 선택의 질에도 영향을 미칠까? 쉽게 말해 선택 옵션의 많고 적음이 올바른 선택을 하는 데도 영향을 주는지 알고 싶었다.

아이엔거 교수는 심리학과 학생들을 대상으로 추가 과제를 내주는 실험을 했다. 학생들에게 법정 영화의 고전으로 불리는 1957년 영화 '12인의 노한 사람들12 Angry Men'을 보여주고 에세이를 써오라고 했다. 명백한 정황에 배심원 열한 명이 유죄를 주장하고 한 명이 반대 의견을 내다가 배심원들의 의견이 바뀌어가는 내용으로, 토론할 거리가 매우 많은 영화다. 아이엔거 교수는 추수감사절 휴강기간 동안 이 영화에 관한 에세이를 쓴 학생에게는 추가 점수를 주겠다고 했다. 물론 이번에도 학생들을 두 그룹으로 나눴다. 한 쪽은 서른 가지 에세이 주제 중 하나를 골라서 쓰게 했고, 다른 쪽에는 여섯 가지 주제 중 하나를 골라 쓰게 했다.

예상대로 에세이 주제 옵션이 많은 쪽에서 선택 과부하 현상이 나타났다. 서른 가지 주제 중 하나를 선택해야 하는 학생 123명 중 60퍼센트에 해당하는 74명이 에세이를 제출해서 추가 점수를 받았다. 여섯 개의 주제 중 하나를 선택해야 하는 학생은 70명이었는데, 이 중 52명, 즉 74퍼센트가 에세이를 제출했다. 확실히 선택 옵션이 많을수록 선택이 힘들다는 것을 보여준 실험이었다.

선택의 결과는 어땠을까? 대학원생들에게 실험에 관한 어떤 정보도 주지 않은 상태에서 10점 만점으로 이 에세이들을 평가하게 했다. 그 결과 선택 옵션이 많았던 학생들의 평균 점수는 7.79점이었다. 반면 선택 옵션이 적었던 학생들의 평균 점수는 8.13점이었다. 즉, 선택 안이 많을수록 선택하기 힘들고, 선택의 결과도 나빠진다는 사실이 밝혀졌다.

이처럼 볼 수 있는 영화가 너무 많으면 영화 보기가 어렵다. 채널

	30가지 에세이 주제	6가지 에세이 주제
에세이 제출 비율	60%(74/123)	74%(52/70)
에세이 완성도	7.79점(10점 만점)	8.13점(10점 만점)

개수가 너무 많으면 하나를 선택하기가 어려울뿐더러, 제일 재미있는 방송을 선택하기도 힘들다는 의미다. 넷플릭스에 들어가서 화면에 영화와 드라마가 너무 많아 무엇을 볼지 한참 스크롤만 하다가 나온 경험이 있는 사람은 아이엔거 교수의 연구 결과에 동의할 것이다.

요컨대 미디어가 많아지면 미디어를 선택하기도 어려워진다. 이런 상황에서 소비자는 스스로 선택하지 않고 남들이 많이 보는 것을 택하게 된다. 이게 소비자들이 히어로 영화나 트로트 프로그램을 보게 되는 이유다. 이처럼 미디어 증가는 미디어 공급뿐만 아니라 미디어 수요 측면에서도 다양성을 줄인다.

굳이 유튜브를 통해
종합 채널을 소비하고 싶을까?

———

유튜브에는 매 분마다 500시간 분량의 동영상이 업로드되고, 매일 10억 시간 이상의 영상이 조회된다. 넷플릭스에는 1만 3,000편 이상의 타이틀이 올라와 있다. 드라마의 경우 타이틀 하나가 여러 편으로 구성되고, 시즌을 나눠 제작하는 경우도 있으므로 재생 시간으로 따지면 3만 6,000시간 이상의 분량이다. 2021년 1월 29일 기준, 쿠팡에서 '칫솔'을 검색하면 111만 6,506개의 상품이 뜬다. 이 정도면 공산품인 칫솔 하나도 완벽하게 선택하기가 어렵다.

그래서 잘되는 온라인 유통업체는 화면이 단순하다. 마켓컬리를 창업한 김슬아 대표가 모바일 유통 사업을 하기로 결심한 이유는 기존 온라인 매장의 화면 구성이 마음에 들지 않아서였다고 한다. 한 화면에 들어오지 않을 정도로 너무 많은 상품이 나열돼 있고, 화면을 내리다가 어느 순간 '아, 모르겠다' 하며 창을 닫아 버리는 일이 많았다. 그래서인지 마켓컬리 애플리케이션에 접속해 카테고리별로 검색을 하면 한 화면에 네 개의 제품이 노출된다. 컴퓨터에서도 한 화면에 상품이 여섯 개까지만 보인다. 선택 과부하가 일어나지 않도록 한 것이다.

넷플릭스도 그렇게 많은 타이틀을 가지고 있으면서도 일부러 제한적으로 보여준다. 모바일에서 화면을 아래로 내리더라도 스무 개 정도까지만 보이도록 했고, 컴퓨터 화면에서도 마흔 번째 화면까지만 노출하고 있다. 대신 이용자의 시청 이력에 따라 다른 작품을 추천한다.

그런데 문득 이런 생각이 들었다. '넷플릭스가 아무 콘텐츠나 추천해도 사람들은 만족스러워 할지 모른다.' 넷플릭스의 추천 시스템은 AI 기술을 활용한다고 알려져 있다. 그래서 이용자가 볼 만한 영화나 드라마를 정확히 찾아내 추천한다고 하는데, 사실 그 정확도는 아무도 모른다. 내가 봤던 드라마와 비슷한 장르로 대충 추천하더라도 볼 것 같다. 앞서 논문에서 본 것처럼, 사람은 1만 3,000편의 콘텐츠 중 뭔가 하나를 선택하는 것이 불가능하기 때문이다.

이처럼 쇼핑몰이나 콘텐츠 플랫폼 업체는 추천 시스템을 활용해 소비자가 선택하기 쉽도록 적절한 수의 옵션을 제공하면 된다.

그렇다면 미디어업체는 어떻게 해야 할까? 유튜브 채널이 인기를 끄는 이유를 살펴보면 이에 대한 답을 얻을 수 있다. 유튜브 콘텐츠가 인기를 끌려면 채널의 색깔이 분명해야 한다. 즉 장르를 매우 세분화하라는 의미다. 이게 바로 대형 방송사에서 운영하는 유튜브 채널이 휴대폰으로 영상을 만들어 올리는 사람들의 채널보다 조회수가 안 나오는 이유다. 방송사는 좋은 장비와 풍부한 인력으로 질 높은 영상을 만들어 올리는데, 방송국 특성상 그 주제가 매우 다양하다. 뉴스, 드라마, 예능 등 포맷도 다양하고 출연자도 많다. 그런데 유튜브 이용자들은 특정 주제를 찾아 시청하는 경향이 있다. 유튜브를 통해 종합 채널을 볼 생각은 아예 없다. 같은 이유로 특정한 주제의 영상이 인기를 끌자 주제를 다양하게 넓혔다가 조회수가 떨어진 채널도 많다. 그래서 한 회사일지라도 서로 다른 성격의 채널을 여러 개 개설하는 것이 좋다.

오래전에 나이키의 창업자이자 CEO였던 필 나이트Phil Knight도 비슷한 상황에 놓인 적이 있다. 나이키는 운동선수 출신이 만든 회사답게 운동 기능을 높이기 위한 기능성 제품을 내놓으면서 성공했다. 그러다 캐주얼화 시장으로 확장을 꾀했는데, 이때 나이키는 어려움을 겪었다. 나이키는 운동화 회사라는 이미지가 워낙 강했기 때문에 캐주얼화를 출시하자 소비자들이 어리둥절해 했고, 매출은 둔화됐다. 그래서 이후 나이키는 소비자에 따라 제품 카테고리를 세분화해 각기 다른 브랜드를 만들었다. 심지어 한 카테고리에서도 서로 다른 취향을 지닌 소비자들을 위해 브랜드를 여러 개 만들었다. 가령 농구화 분야에서 에어 조던 브랜드는 2년간 엄청난 성공을 거뒀다. 그러다 판매가 급감했는데, 마이클 조던과는 다른 스타일을 구사하는 농구 스타들 때문이었다. 모든 농구선수가 마이클 조던 스타일과 같을 수는 없었다. 그래서 나이키는 브랜드 두 개를 더 만들었다. 찰스 버클리가 대변하는 포스Force와 스코티 피펜 스타일의 플라이트Flight였다. 포스는 버클리처럼 매우 적극적이고 근육질인 스타일에 적합한 신발이었고, 플라이트는 피펜처럼 빠르고 높게 날아다니는 스타일에 맞는 신발이었다. 나이키는 이처럼 브랜드를 계속 세분화해 가면서 운동 용품뿐만 아니라 일반 패션 분야로도 계속 확장해 가고 있다.

미디어 회사는 나이키가 그랬듯이 작고 독립적인 콘텐츠 그룹을 만들어 대응할 필요가 있다. 이런 추세는 기업의 마케팅에도 시사점을 준다. 기업도 종합적인 광고보다는 세분화되고 개성이 명확한 형태의 광고가 더 효과적이다. 사람들이 다 쓰는 제품이라도 그 제품의 정체성과 타깃 고객을 세분화해 구체적인 내용으로 광고를 만들 때 더 큰 효과를 낼 수 있다.

14

모두가 연결된 세상, 더 이상 한 번 보고 말 사람은 없다

모바일 기술은 우리 사회 구성원 대부분을 서로 연결시킨다. 이 세상을 살아가는 사람이라면 그 누구라도 몇 번의 클릭이나 터치로 서로 연결될 수 있다. 그에 따라 사람과 사람끼리도 원샷 게임이 아니라 반복 게임을 하게 됐다. 이제 한 번 보고 말 사람은 없다는 뜻이다.

그래서 20년 전에 비해 유명인으로 살아가는 것이 훨씬 힘들어졌다. 언제, 누가 자신이 과거에 저지른 잘못을 폭로할지 모른다. 스마트폰을 가진 사람이면 누구나 세상을 향해 이야기할 수 있기 때문이다. 더욱이 요즘 사회를 움직이는 주된 감정은 질투심인 듯하다. 우리 사회는 때때로 부러움이나 자신감, 분노, 자괴감에 의해 움직인다. SNS가 활성화된 요즘은 질투심이 많은 영향을 끼치고 있다. SNS

는 속성상 자신을 포장하고 과시하는 매체다. 그렇다 보니 한쪽에서는 자랑하고, 다른 쪽에서는 질투한다. 여론의 관심과 사랑을 한 몸에 받던 사람이 갑자기 과거가 까발려지면서 한순간에 나락으로 떨어지기도 한다.

끊임없이 제기되는
'미투', '빚투', '학폭'

2020년 11월, 하버드대학교 출신의 베스트셀러 작가이자 조계종 소속의 혜민 스님이 논란의 중심에 섰다. 발단은 한 예능 프로그램에서 자신이 사는 집을 공개한 데서 시작됐다. 남산이 보이는 집에 살고, 식사 때 밥을 두 공기나 먹는 그의 모습이 전형적인 스님과는 거리가 멀어 재미를 주기도 했지만, 이를 불편한 시선으로 바라본 사람도 많았던 것이다. 곧 스님치고는 너무 호화로운 집에 산다는 비판이 제기되고, 무소유가 아니라 '풀full 소유'라는 논란이 일었다. 연이어 뉴욕에 수영장과 헬스장을 갖춘 고가의 아파트를 소유하고 있다는 사실이 밝혀지면서 사람들은 그에게 적잖이 실망했다. 논란이 계속되자 결국 작가이자 유명 강사, 명상 관련 스타트업 대표였던 혜민 스님은 모든 활동을 중단하겠다고 선언했다.

사실 혜민 스님이 스스로 무소유를 주장했던 적은 없다. 다만 대중이 스님이라는 그의 정체성에 무소유와 내려놓음 등의 이미지를 덧씌웠다. 하버드대학교를 나온 무소유를 실천하는 스님의 이미지를 좋아하다가 너무 보통 사람 같은 그의 모습에 마음이 돌아섰다.

그와 비슷한 시기에 또 한 명의 유명인이 논란의 중심에 섰다. 탁월한 입담과 퍼포먼스로 역사를 쉽게 전달하는 것으로 유명한 인기 강사 설민석이 바로 그 주인공이었다. 먼저 세계사 프로그램을 진행하면서 역사적 사실을 왜곡했다는 비판이 제기됐다. 거기에 더해 석사학위 논문 표절 의혹이 제기됐고, 이게 어느 정도 사실인 것으로 드러나자 여론이 나빠졌다. 이 일로 설민석도 활동을 중단했다.

그런가 하면 유명인들의 학교 폭력 논란은 현재진행형이다. 배구계에서 시작된 학교 폭력 논란은 스포츠계를 넘어 연예계로 확산됐다. 오래전에 저지른 불미스러운 일로 잘나가던 선수들이 출장 정지를 당하거나 은퇴했고, 감독은 자리에서 물러났으며, 방송인들은 출연하던 프로그램에서 하차했다.

사실 대다수의 사람들은 방송이나 매체에 공개된 유명인들의 모습에서 재미, 마음의 평안 등을 느꼈을 것이다. 그러나 우리 사회에는 다양한 사람들이 있다. 그중에는 이들을 싫어하는 사람도 있고, 이들의 모습을 위선적이라고 보는 사람도 있다. 문제는 이런 사람의 의견이 SNS를 통해 전체에게 전달되는 시대에 살고 있다는 점이다. 많은 사람들에게 사랑받았지만, 그에 대한 그럴 듯한 험담이 들리기 시작하면 그동안 잠자고 있던 질투심이 깨어나게 된다. 그로 인해 요즘 세상은 일주일이 멀다 하고 유명인과 관련된 논란이 보도되고 있다. 성폭력 폭로 관련 '미투me too', 빚을 지고도 나 몰라라한 사람들의 만행을 폭로한 '빚투', 학교 폭력에 관한 폭로 등이 끊이지 않고 보도되고 있다. SNS가 활성화된 환경에서는 이런 사건이 자주 불거질 수밖에 없다. 질투심은 시대를 막론하고 모든 인간이 가지고 있는 본성인데, 그것이 쉽게 폭발하는 시대가 된 것이다.

"질투는 은밀히 숨어서 기회를 노린다"

스키피오 아프리카누스라는 이름으로 더 잘 알려진 로마의 장군 푸블리우스 코르넬리우스 스키피오Publius Cornelius Scipio는 로마를 침략해 멸망 직전까지 몰고 갔던 카르타고의 명장 한니발Hannibal을 물리치고 포에니 전쟁을 끝낸 것으로 유명하다. 훌륭한 장수이면서도 자비로운 인격을 소유했던 스키피오는 로마의 영웅으로 오랫동안 원로원의 일인자로 군림했다. 그러다 건강이 악화되자 정적들의 공격이 시작됐다. 시리아 왕에게서 받은 배상금 500탈렌트의 사용처가 불분명하다는 혐의로 그의 형을 고발했다. 스키피오는 건강이 악화돼 변론을 제대로 하지 못했다. 그리고 감정이 격해져서 "나 아니었으면 당신들은 지금 살아 있지도 못했을 거요"라고 말했다. 한니발에게서 로마를 구한 공로를 말한 것이었는데, 그 과정에서 로마 시민들의 자존심과 감정을 건드리고 말았다. 여론이 악화되자 재판관들은 17년 전 전장에서 있었던 일까지 들춰내 그를 공격했다. 결국 스키피오는 실각했고, 이듬해 52세의 나이로 세상을 떠났다.

《로마인 이야기》에서 이 사건을 서술하며 시오노 나나미는 이렇게 평했다.

"남보다 뛰어난 공적을 이룩하고 유력한 지위에 오른 사람 가운데, 남의 질투를 받지 않은 사람은 없다. 하지만 질투심을 품더라도, 당장 탄핵이나 중상이라는 형태로 그것을 표면화하는 경우는 거의 없다. 질투는 은밀히 숨어서 기회를 노린다. 상대에게 조금이라도 약점이 보였을 때가 바로 기회다. 추문은 절대로 강자를 습격하지 않기 때문이다."

스타트업 대표까지 맡았던 혜민 스님에 대해 스님답지 않다고 비판하는 목소리는 오래전부터 있었고, 설민석 강사의 강의는 역사를 다룬다기보다 쇼에 가깝다고 지적하는 사람도 예전부터 있었다. 그러다가 그들이 약점을 보이자 질투심이 폭발하게 됐다.

명품 가방과 여행 경험 중
질투심을 더 유발하는 것은?

26년간 맨체스터 유나이티드 FC의 감독으로 재임했던 알렉스 퍼거슨Alex Ferguson은 한 인터뷰에서 "트위터는 인생의 낭비다"라는 말을 했는데, 요즘 이 말만큼 자주 소환되는 명언도 없는 듯하다.

수많은 연구자들은 SNS가 사람들에게 질투심과 부러움을 불러

일으키고, 그로 인해 삶에 대한 만족도가 저하된다는 연구 결과를 발표했다. 그런가 하면 최근에는 SNS에서 어떤 종류의 게시물이 질투심을 더 많이 불러일으키는지에 대해 자세히 분석한 연구 논문이 발표되었다. 이 연구에서는 그동안 우리가 알고 있던 것과 달리 여행이나 콘서트처럼 무언가를 경험한 소비에 대한 게시물이 자동차, 가방 등 물질 소비에 관한 게시물보다 질투심을 더 많이 유발하는 것으로 나타났다.

독일과 유럽의 연구진은 페이스북 이용자들을 대상으로 페이스북 게시물 중 어떤 종류의 게시물에 더 질투심을 느꼈는지 측정하는 실험을 했다. 참고로 연구진은 게시물을 경험 소비와 상품 소비, 기타로 분류했다. 저녁 식사, 파티, 휴가, 여행, 콘서트 등과 관련된 게시물을 경험 소비로, 자동차, 스마트폰, 옷, TV 등에 관한 내용을 상품 소비로 나눴다.

참가자들의 친구들은 페이스북에 물질적인 상품 소비보다 경험 소비와 관계된 게시물을 더 많이 올렸다. 그리고 참가자들은 상품 소비보다 경험 소비에 대한 게시물에서 더 강한 질투심을 느꼈다. 이유는 상품 소비의 경우 아무리 비싼 상품 관련 게시물이 올라와도 '저건 나와 상관없는 거지'라는 생각이 드는 반면, 여행이나 콘서트 등에 대한 게시물은 '나도 저렇게 놀고 싶은데'라는 생각이 들었기 때문이다.

연구자들은 또 동일한 금액의 경험 소비와 상품 소비에 대해 어떤 느낌을 받는지 측정했다. 참가자들에게 55달러(약 6만 원)짜리 콘서트를 즐겼다는 게시물과, 같은 가격의 아이팟을 샀다는 게시물을 비교·평가하도록 했다. 결과는 앞에서 한 실험 결과와 같았다. 사람들은 경험 소비에 대해 더 부러움을 느낀다고 답했다.

그런데 이상한 것은 경험 소비가 다른 사람의 질투심을 더 크게 유발함에도 페이스북에는 경험 소비와 관련된 게시물이 훨씬 더 많다는 사실이다. 여기에는 이유가 있다. 연구자들은 페이스북 게시물을 경험 소비, 상품 소비, 가족이나 친구 관계, 성공이나 성취, 옷차림이나 외모 등 다섯 가지 종류로 나눴다. 그리고 실험 참가자들에게 게시물을 올리는 사람 입장과 그것을 읽는 사람 입장에서 서로 다른 항목의 질문을 했다.

우선, 게시물을 올리는 사람 입장에서 다섯 가지 종류의 게시물을 각각 얼마나 자주 올릴 것인지, 그리고 그 게시물을 올렸을 때 읽는 사람이 각각의 게시물에 얼마나 부러워하고 질투할지 예상해 보라고 했다. 그 다음에는 게시물을 읽는 사람 입장에서 다섯 가지 종류의 게시물에 대해 각각 어느 정도 읽을 생각이 있는지, 어느 정도 질투할지를 물었다.

그 결과 게시물을 올리는 사람 입장에서는 관계와 경험 소비 게시물을 가장 많이 올릴 것이라고 답했고, 이때 읽는 사람은 상품 소비나 성취에 대해 가장 질투를 많이 할 것이라고 대답했다. 그런데 읽는 사람 입장이 됐을 때는 경험 소비에 대해 가장 질투심을 많이 느낀다고 답했다.

이 실험 결과를 보면 그동안 우리가 얼마나 눈치 없이 페이스북을 이용하고 있었는지가 드러난다. 사람들은 경험 소비 게시물에 부러움과 질투심을 가장 많이 느끼는데, 상품 소비나 성취 관련 게시물에 질투심을 더 느낄 것이라고 생각하고 있었다.

[자료 28] SNS에 게시물을 올리는 사람과 읽는 사람의 입장 차이

	얼마나 자주 올리겠나?			읽을 용의가 있나?	
	경험 소비	2위		경험 소비	2위
	상품 소비	4위		상품 소비	4위
게시물 올리는 사람 입장	가족·친구 관계	1위	게시물 읽는 사람 입장	가족·친구 관계	1위
	성공·성취	3위		성공·성취	2위
	옷차림·외모	5위		옷차림·외모	4위
	읽는 사람이 질투할 것 같은가?			얼마나 질투를 느끼나?	
	경험 소비	3위		경험 소비	1위
	상품 소비	1위		상품 소비	2위※
	가족·친구 관계	5위		가족·친구 관계	4위
	성공·성취	1위		성공·성취	2위※
	옷차림·외모	4위		옷차림·외모	4위

※ 경험 소비와 상품 소비 및 성공·성취의 실제 차이는 매우 크게 나타남

＊ 출처: Computers in Human Behavior, 2018

그러니까 사람들은 SNS에 개인의 경험을 올리면서 그것을 자랑으로 생각하지 않는 반면, 보는 사람은 그것을 자랑으로 느낀다. '이건 그냥 내가 겪은 특별한 일이니까'라는 생각으로 게시물을 올리지만, 그것을 읽는 사람은 '나도 저렇게 놀고 싶은데' 하는 생각이 들고, 기분이 상한다는 얘기다. 우리는 자신도 모르게 다른 사람들을

기분 나쁘게 만들고 있었다.

특히 사람들은 자랑할 만한 일이 생겼을 때 SNS에 게시물을 올린다. 이때 사람들은 자신의 가장 좋은 상태만을 뽑아서 올린다. 그 결과 나의 '평범한 일상'과 다른 사람의 '가장 좋은 상태'를 비교하며 부러움과 질투를 느끼게 된다.

반복 게임의 시대에
필요한 자세는 겸손

반복해서 말하지만, 소셜 미디어로 대부분의 사람들이 연결되는 반복 게임의 시대에 더 이상 한 번 보고 말 사람은 없다. 이런 시대에 자칫 나락으로 떨어지지 않으려면 겸손한 자세를 습관화, 일상화할 필요가 있다. 이와 관련해 아프리카 칼라하리사막에 사는 부시맨 쿵족에게서 지혜를 빌려올 수 있다.

캐나다 인류학자 리처드 리Richard Lee는 연구를 위해 쿵족과 3년 동안 함께 지냈다. 조사를 마치고 집으로 돌아갈 무렵이었다. 리 박사는 크리스마스를 맞아 이웃 마을에서 살찐 소 한 마리를 구해 쿵족에게 선물했다. 리는 부시맨들이 좋아하는 모습을 상상했는데, 그들의 반응은 뜻밖이었다. "아니 어디서 이렇게 마른 황소를 골랐나요?", "아직 먹지 않았지만 별로 맛이 있을 것 같진 않네요." 그들의 반응에 리는 적잖이 실망했다.

그런데 정작 소를 요리해서 내놨더니 부시맨들은 아주 맛있게 먹기 시작했다. 그리고 음식을 먹다가 리에게 다가와서 한마디씩 했다. "박사님, 소가 너무 말라서 먹을 게 없네요." "고기가 너무 질겨서 도저히 먹을 수가 없네요." 그러고는 자리로 돌아가서 다시 맛있게 먹었다.

리의 작업을 도와준 토마조라는 부시맨이 그 황당한 광경에 대해 설명했다. 그들의 그런 표현은 교만해지는 것을 방지하기 위한 부시맨들의 독특한 문화에서 비롯되었다는 것이다. 예로부터 쿵족은 공동체 의식을 중요하게 생각했다. 그래서 칭찬받을 만한 일을 한 사람이 자만하지 않도록 칭찬 대신 폄하하는 말을 건네는 풍습이 생겨났다. 가령 큰 짐승을 잡아온 사냥꾼이 으쓱거리며 자기 때문에 부족 사람들이 배불리 먹게 되었다고 이야기하면 공동체 의식에 금이 가고 만다. 그래서 사냥에 성공한 사냥꾼은 스스로 "아, 오늘 사냥은 망쳤어요. 나는 사냥에 영 소질이 없는 것 같아요"라고 말하면서 위장된 겸손을 떤다. 이런 문화에 익숙한 쿵족 사람들도 그런 말을 들으면 '오늘은 배불리 먹겠구나'라고 짐작한다. 그리고 사냥해온 고기를 먹으면서 "정말 뼈다귀만 남은 걸 잡아 왔네"라며 핀잔을 준다.

쿵족이 주고받는 말은 진심이 아니었다. 모두 이런 핀잔이 농담이라는 사실도 안다. 그런데 이런 농담이야말로 쿵족이 지금까지 살아남을 수 있었던 비결이다. 토마조는 이렇게 말했다.

"어떤 사람이 너무 많은 짐승을 잡으면 그 사람은 자기가 마치 추장이나 대단한 사람이 된 걸로 착각합니다. 다른 사람들을 하인이나 자기보다 못한 사람으로 여기기도 하죠. 그렇게 되는 것을 그냥 보고만 있으면 안 돼요. 우리는 잘난 척하거나 교만한 사람을 절대 그냥 두지 않습니다. 그걸 그냥 두면 언젠가 교만이나 자만심이 우리 형제, 자매를 죽입니다. 그래서 우리는 항상 그가 사냥한 짐승의 고기가 형편없다고 일부러 말하는 거예요. 그를 겸손하게 만들려는 거지요."

현대인들에게 필요한 것은 쿵족과 같은 억지 겸손일지도 모른다. 조직에서 뛰어난 성과를 낸 사람에게는 충분히 보상하는 것이 마땅하다. 그러나 예전처럼 한 사람을 스타로 만들어 경쟁심을 불러일으키는 시대는 지났다. 성과를 낸 사람은 스스로 겸손할 줄 알아야 하고, 조직은 소모적인 경쟁을 경계해야 하는 시대가 됐다.

개인의 입장에서도 의도적인 낮춤과 겸손을 습관화할 필요가 있다. 방송인 유재석이 훌륭한 인성으로 칭찬받는 이유는, 원래 그가 빼어난 인품을 가지고 있기 때문일 수도 있지만, 팬들을 반복해서 만나야 하는 입장에서 겸손함을 갖출 수밖에 없었기 때문이다. 이제 유명인들뿐 아니라 일반인들도 과거의 실수가 언제 미래를 가로막을지 알 수 없게 되었다. 특히 요즘 사회적으로 학교 폭력 문제가 큰 논란이 되고 있는 것도 SNS로 모든 사람이 서로 연결된 반복 게임의 시대이기 때문이다. 이럴 때 청소년들에게 다른 무엇보다 반복 게임의 메커니즘에 대해 알려주어야 한다. 태어나는 순간부터 죽을 때까지 이제 더 이상 한 번 보고 말 사람은 없다는 사실을 말이다. 단 한 번 만난 관계일지라도 살다보면 언젠가는 다시 만나게 된다는 사실

을 주지시켜 사람을 함부로 대하지 않는 태도를 갖게 해야 한다. 이
는 가정과 학교는 물론 우리 사회가 함께 동참해야 할 일이다.

15

선하지는 못하더라도
최소한 솔직하라

'유리 집 효과Glass House Effect'라는 말은 세상 모든 사람이 미디어가 되는 시대가 되면서 비밀 유지도, 숨을 곳을 찾기도 어려워 투명성과 솔직함이 더욱 중요해진 상황을 뜻한다. 무언가를 숨기려고 하고 진실을 회피하려 할수록 사람들은 더 큰 관심을 갖게 되고, 그로 인해 문제가 점점 더 커진다. 모든 사람이 SNS를 통해 마이크로 미디어 역할을 하는 상황에서 세상에 비밀은 없다. 비밀 유지를 위한 비용은 과거에 비해 천문학적으로 비싸졌지만, 예기치 못한 상황에서 비밀은 드러나게 돼 있다. 원샷 게임이 아니라 반복 게임 상황에서 영원히 숨긴다는 것은 불가능하다.

따라서 이제는 기업 활동도 모든 사람이 보고 있다는 전제하에

이뤄져야 한다. 기업의 사회적 책임과 공유 가치 창출, 환경과 사회에 대한 관심 증가는 이런 시대의 트렌드 속에서 나왔다. 나아가 사회적 가치를 생각하는 기업이 점점 소비자들의 사랑을 받고 있다. 이제 잘못이 있다면 그 잘못을 솔직하게 인정하는 것이 가장 싸고 쉽게 문제를 해결하는 길이다.

귀족적 이미지 뒤에 감춰진
에르메스의 충격적인 진실

프랑스에서 활동한 영국의 가수이자 원로 배우 제인 버킨Jane Birkin은 2015년 한 영상을 보고 큰 충격을 받았다. 동물보호단체 페타PETA가 악어 농장에 잠입해 거기서 자행되는 동물 학대 장면을 취재해 공개했다. 아프리카 짐바브웨와 미국 텍사스에 있는 이 농장들은 프랑스의 최고급 명품 브랜드 에르메스에 악어가죽을 공급한다. 콘크리트 수조 안에 바닥이 안 보일 정도로 빼곡하게 들어찬 악어들의 모습, 수돗물을 틀어 놓은 채 악어의 목을 베고 가죽을 벗기는 장면 등은 너무 끔찍해서 현재 유튜브에서 연령 제한을 걸어놨을 정도다. 목이 잘렸음에도 죽지 않고 의식이 남아 있는 악어는 가죽을 벗기는 동안 계속 고통을 느낀다고 한다.

버킨의 충격이 컸던 것은, 이렇게 공급된 악어가죽으로 에르메스에서 자신의 이름을 딴 버킨백을 만들고 있기 때문이었다. 버킨백은

1984년 에르메스의 CEO가 비행기에서 제인 버킨을 만난 게 계기가 되어 디자인됐다. 당시 버킨은 에르메스의 켈리백을 들고 있었는데, 가방이 바닥에 떨어지면서 그 안에 있던 물건이 마구잡이로 떨어지자, 에르메스 CEO에게 '당신네 가방은 주머니가 하나도 없어서 불편하니 좀 실용적인 가방을 만들어달라'라고 요청했다. 이에 에르메스의 CEO는 버킨에게 '직접 실용적인 가방을 디자인하면 만들어주겠다'고 했고, 이듬해 버킨의 디자인을 바탕으로 한 버킨백이 탄생했다. 버킨백은 소재와 생산량에 따라 수천만 원에서 2억 원을 호가할 정도로 비싸지만 전 세계적으로 가장 인기 있는 제품으로, 제품을 주문하고 받기까지 몇 달 혹은 1년 이상을 기다려야 한다. 심지어 버킨 본인도 다섯 개밖에 갖고 있지 않다고 한다.

버킨백 하나를 만들려면 악어 세 마리가 필요하다고 한다. 그리고 짐바브웨 농장은 1년에 악어 4만 3,000마리분의 가죽을 에르메스에 공급한다. 페타에서 취재한 영상을 본 제인 버킨은 성명서를 발표했다. "제조 공정에 대한 국제 기준이 마련되기 전까지는 버킨백에 내 이름을 사용하지 말아달라고 요청했습니다."

이에 에르메스는 발 빠르게 대응했다. 에르메스는 지난 10년간 악어 농장들에 엄격한 윤리 기준을 적용해 왔으며, 영상 속 농장에서 생산된 악어가죽은 버킨백에 사용되지 않는다고 주장했다. 버킨에게도 이와 관련된 서신을 보냈고, 버킨은 에르메스의 설명에 만족한다며 자신의 요구를 철회했다.

그러나 페타의 영상은 SNS에서 빠르게 확산됐고, 에르메스의 명성에 흠집을 냈다. 최고가 브랜드의 제품이 학대받은 악어의 가죽으로 만들어졌다는 사실에 사람들은 실망하고 분노했다. 에르메스는 명품 브랜드 중에서도 초고가 브랜드로 사람들의 선망 대상이었는데, 이 영상을 통해 고급스럽고 귀족적인 이미지 뒤에 감춰진 진실이 세상에 알려졌다. 특히 미래의 잠재 소비자인 MZ세대들이 에르메스에게서 많이 등을 돌렸다. 일이 이렇게 확산된 것은 유명 브랜드인 에르메스가 아주 잘 보이는 유리 집 안에 있기 때문이다.

폐방수포 재활용 가방이
명품 대우를 받는 이유

이번 사례 역시 가방을 만드는 회사지만, 에르메스와는 전혀 다른 행보에 관한 이야기다. 2020년, 스위스의 재활용 소재 가방 브랜드 프라이탁Freitag은 연중 물건이 가장 많이 팔리는 기간인 블랙프라이데이 시즌을 맞아, 오히려 하루 동안 온라인 쇼핑몰을 닫았다. 제품이 가장 많이 팔리는 기간에 제품을 팔지 않기로 한 것이다. 그리고 가방 교환 페이지만 열어 놓고, '사지 말고 바꿔 써요' 캠페인을 진행했다. 2019년에 신설한 가방 교환 페이지는 프라이탁 가방을 가지고 있는 사람들끼리 서로 맞교환하는 것을 돕기만 하고, 회사는 수익을 보지 않는다. 프라이탁 관계자는 이 캠페인에 대해 이렇게 말했다.

"소비보다는 공동체를 지향하는 재활용 소재 가방 브랜드 프라이탁은 전 세계에서 가장 유명한 세일 기간인 블랙프라이데이에 지나친 소비보다 나눠 쓰고 바꿔 쓰는 지속 가능한 라이프 스타일을 권장할 목적으로 이번 캠페인을 진행하게 됐습니다."

이 캠페인에 프라이탁 마니아들은 "역시 프라이탁이야!"라고 외치며 환호했다.

프라이탁의 가방은 수십만 원대에 달하지만 처음 보는 사람은 마트에서 나눠주는 장바구니라고 착각하기 쉽다. 가방은 트럭에 씌웠던 방수포를 재활용해 만들었고, 어깨끈은 폐차에서 나온 안전벨트로 만들었으며, 포인트를 주는 접합부는 폐자전거의 튜브를 가공했다. 그래서 가방에서는 오물과 먼지를 제거하는 과정에서 사용한 세제 냄새가 심하게 난다. 쉽게 말해 쓰레기로 버려질 법한 재료를 가지고 만들었는데도 고객들의 반응은 뜨겁다. 한국의 홍대나 이태원 거리에서도 이 가방을 맨 젊은이들을 꽤 볼 수 있다. 옷 잘 입는 사람들이 주로 들고 다니다 보니 흠집이 나 있어도 멋있어 보인다. 그래서 프라이탁을 '감성 쓰레기'라고 부르는 사람도 있다.

프라이탁은 1993년에 디자이너였던 마르쿠스 프라이탁Markus Freitag과 다니엘 프라이탁Daniel Freitag 형제가 만든 브랜드다. 스위스 취리히는 비가 자주 오는 곳으로, 자전거를 타고 다니던 형제는 비 때문에 스케치북이 자꾸 젖어서 고민이었다. 그래서 방수 가방을 만들 생각을 하고 있었는데, 고속도로를 달리는 트럭을 보다가 아이디어를 얻었다. 형제는 근처 공장에 가서 트럭에서 사용하다 버린 천, 자동차 안전벨트, 자전거 타이어를 잔뜩 구해 와 가방을 만들었다.

처음에 친구들은 '가방이 왜 이리 더럽냐'고 물었는데, 트럭의 폐방수포로 만들었다고 하니 다들 멋지다며 자기 것도 만들어달라고 부탁했다. 이에 형제는 성공을 직감하고 회사를 차렸다.

프라이탁이 마니아들 사이에서 인기를 얻자 스위스 최대 슈퍼마켓인 미그로스가 프라이탁과 똑같은 형태의 가방을 중국에서 생산해 판매하기 시작했다. 이름도 독일어로 금요일을 뜻하는 프라이탁을 모방해 목요일을 뜻하는 도너스탁Donnerstag이라고 붙였다. 대기업이 스타트업의 제품과 콘셉트를 모방한 것인데, 오히려 이를 계기로 프라이탁은 더 유명해져 급성장하는 계기가 됐다.

프라이탁은 본사가 있는 스위스에서만 한정 생산하며, 연간 70만 개의 가방과 액세서리를 판매해 800억 원 규모의 매출을 올리고 있다. 날이 갈수록 인기가 많아지고 있지만, 폐품으로 제품을 만든다는 원칙으로 인해 매출을 금방 늘릴 수 없다. 지금은 직원들이 전 세계를 다니며 최소 5년 이상 사용하고 폐기한 방수포를 한 장에 600유로(약 80만 원)를 주고 사와 가공하는데, 가방 하나를 만드는 데 45일이 걸린다. 제품이 비쌀 수밖에 없다. 그럼에도 프라이탁은 생산비가 싸고 대량 생산이 가능한 중국 등으로 공장을 이전할 계획이 없다. 완전히 쓰고 버린 재료로 제품을 만들어 세상을 이롭게 하자는 경영철학에 위배되기 때문이다.

소비자들이 프라이탁에 열광하는 이유는 세상에 오직 하나뿐인 가방이기 때문이다. 트럭에서 5년 이상 사용한 방수포를 쓰는 데다 같은 방수포라도 때가 묻은 위치와 해진 정도가 달라 방수포마다 절

[자료 29] 프라이탁 현황

1993년	설립일
250명	직원 수
327곳	매장 수
800억 원	연 매출
70만 개	연 생산량
800톤	연간 가방 만드는 데 드는 방수포
15만 개	연간 가방 만드는 데 드는 폐차 안전벨트
1만 1,000대	연간 가방 만드는 데 드는 폐자전거 튜브
45일	가방 1개 제작 기간
5년	폐방수포 최소 사용 기간
5만 명	전 세계 프라이탁 애호가 수

＊ 출처: https://www.freitag.ch/en(2021년 2월 기준). 주요 수치는 회사 성장을 감안하여 새로이 추정함

단 부위도 다르고 질감도 다르다. 그래서 프라이탁의 모든 제품은 모양이 각기 다를 수밖에 없다. 개성을 중시하는 MZ세대가 프라이탁에 특히 열광하는 이유다.

또 다른 인기 비결은 진정성 있는 스토리다. 프라이탁 형제가 처음부터 중시한 것도 가방에 담겨 있는 스토리였다. 프라이탁 가방에는 재료로 쓴 천이 어디서 왔는지, 어떤 곳에서 어떻게 쓰이던 것인지 그 내용이 표시돼 있다. 여기서 마트 장바구니와는 다른 감성이 생긴다. 프라이탁에는 가방에 흔히 사용되는 검정색이나 여성들이 좋아하는 핑크색이 없다. 트럭에서 그런 색깔을 쓰지 않기 때문이다. 그럼에도 이런 천을 주문해서 만들지 않는 것은 진정성 있는 스토리를 담아내고자 하기 때문이다.

이런 이야기를 듣고 나면 누구도 프라이탁이 비싸다고 말하지 않는다. 오히려 같은 디자인의 제품을 여러 개 사는 소비자도 많다. 국내 패션 유튜버들 중에도 프라이탁 가방을 열 개 넘게 가지고 있다고 하는 사람이 많다. 일본에는 프라이탁 제품만 200개 이상 가지고 있는 사람이 여럿 되고, 네덜란드의 한 소비자는 프라이탁 가방만 모아두는 방이 따로 있다고 한다. 현재 프라이탁 애호가는 전 세계에 걸쳐 5만 명 이상, 한국에만 5,000명 이상 될 것으로 추정된다.

착한 기업만이
살아남는 시대

———

모든 사람이 미디어인 상황에서는 숨을 곳이 없다. 더구나 유명인이나 주목받는 기업은 더 많은 사람들이 지켜본다. 프라이탁처럼 세상을 더 나은 곳으로 만드는 기업이 점점 더 각광받을 수밖에 없다. 사람들은 프라이탁을 소비하며 세상에 선한 영향력을 행사한다.

많은 사람들이 특별히 맛있지도 않으면서 고급 아이스크림 하겐다즈보다 비싼 벤앤제리스Ben & Jerry's를 좋아하는 것도 같은 이유에서다. 벤앤제리스는 미국 버몬트의 자연에서 자란 젖소의 우유만으로 아이스크림을 만든다. 창업자들은 성장호르몬으로 키운 젖소에서 짜낸 우유를 사용하는 것을 혐오한다. 심지어 이를 금지하는 법을 만들어달라고 청원하기도 했다. 벤앤제리스를 사 먹는 소비자들은 유기농을 지지하고, 유전자 변형 식품이나 성장호르몬이 들어간 사료로 가축을 키우는 기업형 목축에 반대하는 의견을 드러낸다. SNS에 벤앤제리스 먹는 사진을 올리는 것도 같은 의도에서다.

또 영국의 화장품 브랜드 러쉬Lush 매장에서 덩어리째 진열돼 있는 비누를 사는 사람들도 같은 마음이다. 러쉬는 창업 때부터 천연 재료를 사용하고, 광고를 하지 않으며, 포장하는 데 돈을 쓰지 않는다. 식물성 재료만 사용할 뿐 아니라 제품 생산 시 동물실험을 하지 않는 것으로 유명하다. 그로 인해 수입 화장품에 동물실험을 필수 요건으로 내걸었던 세계 최대 시장인 중국을 포기했다. 즉, 러쉬는 원료 수급에서부터 생산, 유통, 판매에 이르기까지 친환경적이고 윤리적인 방식을 추구한다. 신선한 화장품을 만들어 착하게 파는 것이다. 러쉬의 철학에 공감하는 소비자들은 다소 비싸더라도 러쉬 제품을 사용함으로써 사회적 가치를 추구하는 데 동참한다. 그리고 SNS에 이를 드러냄으로써 더 많은 사람들이 참여하도록 한다.

그러니 요즘은 착한 기업이라는 것 자체가 차별화된 경쟁력으로 작용한다. 벌어들인 수익 중 일부를 사회 공헌에 사용하는 것이 아니라, 사회적 가치를 추구하는 행동을 함으로써 수익을 추구할 수 있는 시대가 된 것이다. 한 사람 안에 선한 측면과 악한 측면이 동시에 존재하듯, 기업 경영을 보는 관점도 두 가지다. 인간의 이기심을 극대화해 조직의 목표를 추구하는 것이 효율적이라는 쪽과 이타심을 극대화해 시너지를 창출하자는 쪽이 오랫동안 맞서왔다. 그러다 디지털 혁신으로 인해 기업이 서비스 기업화되고 소셜 미디어로 인한 유리 집 효과가 나타나면서 선한 본성을 활용한 직무 설계에 관한 연구가 진행되고 있다.

연구자들이 병원에서 진료의 정확성을 높이기 위해 기발한 실험을 설계했다. 보통 병원에서 MRI나 CT를 찍으면 이를 영상의학과 교수들이 판독해 환자를 담당하는 분과로 보낸다. 담당 의사는 영상의학과 교수들이 판독한 기록에 의존해 환자에 대한 처방을 내린다. 이때 연구자들은 의료 영상 시스템을 수정해 환자들의 MRI나 CT 사진 옆에 환자의 얼굴 사진이 함께 보이도록 했다. 318명의 환자와 열다섯 명의 영상의학과 교수가 이 실험에 참가했다. 그 결과 MRI나 CT 사진만 판독했을 때보다 환자의 얼굴을 함께 보여줬을 때, 무려 여든한 건에서 쉽게 발견할 수 없는 질병에 관한 추가 소견이 나왔다. 영상의학과 교수들이 환자들의 MRI나 CT 사진을 더 꼼꼼하게 살펴봤기 때문이다.

이어서 연구진은 추가 소견이 나왔던 사진을 환자의 얼굴 사진 없이 동일한 의사들에게 3개월 후 다시 판독하게 했다. 그랬더니 놀랍게도 그중 80퍼센트에서 추가 소견이 나오지 않았다. 이 실험의 연구자들은 이런 결론을 내렸다. "영상을 판독할 때 환자를 익명의 사례로 대하지 않고 인간으로 보게 될 때 어떤 일이 일어나는지 지켜봤는데, 사진은 진단의 정확도를 높이는 동시에 환자에 대한 책임감을 높이는 데 매우 도움이 된다는 것이 밝혀졌습니다."

아마도 프라이탁, 벤앤제리스, 러쉬의 경영진은 그들의 고객 이미지를 항상 떠올리며 일하고 있을 것이다. 이제 선함은 굉장한 경쟁력이다. 물론 한순간에 착한 기업이 될 수는 없다. 그렇다면 최소한 솔직하기는 해야 한다.

러쉬에서 이런 일이 있었다. 영국 본사의 웹 사이트가 가벼운 해킹을 당한 적이 있었다. 신용카드 관련 협력업체들은 큰 피해를 입은 것도 아니니 고객에게 알리지 말라고 조언했다. 그러나 러쉬 경영진은 이 사실을 고객에게 즉시 공개했다. 그리고 보안 시스템을 한층 더 강화했다. 해킹을 당한 것은 분명 러쉬의 실수였다. 하지만 러쉬가 솔직하게 잘못을 밝히고 조치를 강화하자 러쉬에 대한 고객들의 신뢰는 오히려 더 높아졌고 러쉬를 더 좋아하게 됐다.

반복 게임의 시대에
솔직함은 최소한의 필요조건

———

악어 농장 일로 한차례 홍역을 치른 에르메스는 강공을 펴기로 한 것 같다. 2020년, 호주에 대규모 부지를 사들인 후 그 자리에서 호주 최대 규모의 악어 농장을 운영하기로 했다. 구찌, 프라다Prada, 까르띠에Cartier 등 다른 명품 브랜드들이 동물 모피나 가죽을 사용하지 않겠다고 선언한 것과 달리 에르메스는 가죽 제품을 계속 만들겠다는 의지를 드러냈다. 동물 보호라는 시대 흐름에 역행하는 것이었지만, 자사의 고객들은 여전히 악어가죽 제품을 갖고 싶어한다고 생각하기 때문에 내린 결정이었다. 물론 에르메스는 법적인 절차와 동물

사육과 관련된 엄격한 기준을 준수하겠다고 밝혔다. 하지만 앞으로 에르메스는 호주의 악어 농장 문제를 슬기롭게 풀어나가야 한다. 문제가 생겼을 때 다 드러나도 욕을 먹을 테고, 감췄다가 나중에 다른 이들에 의해 드러나면 더 욕을 먹을 테니 말이다. 에르메스는 특히 회사의 일거수일투족이 잘 보이는 유리 집 안에 있다는 사실을 명심해야 한다.

반복 게임의 시대에는 착하게 살기 어렵다면 최소한 솔직하기라도 해야 한다. 그리고 그 솔직함의 기준은 자신이 아니라 다른 사람들이어야 한다. 유명인들이 과거에 저지른 잘못이 폭로되어 사과를 할 때 자주 쓰는 말 중에 "이유야 어떻든"이라는 말이 있다. 이 말은 자신은 억울하지만, 사람들에게 욕을 먹으니까 사과한다는 뉘앙스가 들어 있다. 모든 일은 자기 입장에서 보면 타당한 일이고, 자기도 그 일의 피해자다. 그러나 이런 상황에서 사과할 때는 과감해야 한다. 2008년, 배우 최민수는 노인 폭행 논란에 휩싸인 일이 있는데, 그는 그때 조건 없이 사과했다. 당시 최민수가 가진 폭력적 이미지 때문에 언론에서는 자극적으로 보도했고, 여론도 꽤 나빴다. 훗날 검찰은 이 사건을 불기소하는 것으로 마무리했고, 당시 최민수 입장에서는 억울한 면이 있었지만, 그는 공개적으로 무릎을 꿇고 사죄했다. 그 후 그는 산으로 들어가 은둔 생활을 했는데, 더 이상 최민수에게 책임을 묻는 사람은 없었다.

이제 솔직함은 생존을 위한 필요조건이다. 기업은 말할 것도 없고, 개인도 예외는 아니다.

16

모바일 소비문화, '짤'이 세상을 바꾼다

'모바일mobile'은 말 그대로 '움직이면서도 연결돼 있음'을 뜻한다. 이제 이동하면서 미디어를 소비하는 것은 당연한 일이 되었다. 그리고 이동 중에는 길게 집중할 수가 없기 때문에 미디어 소비 시간이 매우 짧다. 이런 습관에 익숙해져서 사람들은 점점 더 단편적으로, 찰나적으로, 감성적으로, 자극적으로 미디어 콘텐츠를 소비한다. 이제 사람들은 어떤 콘텐츠에 대해 더 깊이 알려고 하지 않는다. 진실과 거짓 여부는 무의미해졌다. 그래서 기업이나 전문가가 미디어 환경 변화를 예측하거나 무언가를 계획하기도 어려워졌다. 상황에 따라 그때그때 대응하는 수밖에 없다. 예상치 못한 기회가 갑자기 찾아오더라도, 그것을 활용하는 것은 각자의 능력에 달려 있다.

실패한 노래 '깡'은
어떻게 신드롬이 되었나?

가수 비는 요즘 가장 바쁜 연예인 중 한 사람이다. 그는 뜻하지 않게 제2의 전성기를 맞이했다. 2019년 11월 19일 한 여고생이 유튜브에 올린 24초짜리 영상이 그 시작이었다. 영상에서 이 학생은 학교에서 어깨가 잔뜩 부푼 상의와 빨간색 트레이닝 바지를 입고 비의 노래 '깡'에 맞춰 춤을 췄다. 이 영상은 워낙 코믹하고 재미있어서 인터넷에서 금세 펴졌고, 순식간에 수백만 명이 구독했다. 그렇게 '깡' 신드롬이 시작되었다.

2017년 12월 가수 비가 발표한 앨범의 타이틀 곡이었던 '깡'은 상업적으로 실패했을 뿐 아니라, 대중으로부터 무시와 조롱을 받았다. 한때 국내 최고 가수였고 할리우드에까지 진출했던 비는 음반 실패와 더불어 이후 출연한 영화 '자전차왕 엄복동'의 흥행 실패로 입지가 급격히 줄어들었고, 한물간 스타로 굳어가는 듯했다. 이때 이 여고생의 영상이 비가 재기할 발판이 돼주었다.

이 영상을 계기로 '깡' 패러디 영상이 쏟아져 나왔고, 비의 실패한 노래 '깡'은 풍자와 조롱의 대상에서 친근하고 재미있는 놀이거리로 바뀌었다. 여고생의 영상이 올라온 날짜를 기준으로 소셜 미디어에서 '깡'을 검색해 보면, 부정적인 내용에서 열풍, 신드롬, 화제 같은 긍정적인 내용으로 급격히 전환되고 있는 것을 확인할 수 있다. 이런 인기에 힘입어 비가 MBC 주말 예능 프로그램 '놀면 뭐하니?'에

(2019년 11월 19일 기준)

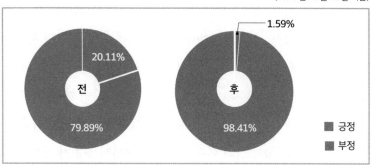

* 출처: 동아비즈니스리뷰, 2020.12

출연하면서 '깡' 신드롬은 정점을 찍었다. 이후 비는 가장 '핫hot'하면서도 친근한 연예인으로 거듭났다.

이처럼 소셜 미디어에서 특히 MZ세대를 중심으로 짧은 영상을 공유하고 확대 재생산하는 미디어 소비 행태가 대세가 되었다. 인터넷 공간에서 공유되는 짧은 영상, 이미지 등을 해외에서는 '밈Meme'이라고 부른다. 밈은 리처드 도킨스가 《이기적 유전자The Selfish Gene》에서 처음 주장한 개념으로, 문화가 전파되는 최소 복제 단위를 말한다. 해외에서 밈 사진은 사진의 위와 아래에 설명을 붙여 정형화된 형태로 공유되는데, 밈 글씨체가 따로 있다. 이런 밈을 우리나라에서는 '짤'이라고 부른다.

짤은 국내 최대 인터넷 커뮤니티 사이트인 디시인사이드에서 나왔다. 디시인사이드는 애초에 디지털 카메라 커뮤니티로 출발했는데, 디지털 카메라로 찍은 사진을 올리는 공간이라는 의미에서 사이트의 게시판을 '갤러리'라고 부른다. 그런데 이 사이트가 워낙 인기가 많다 보니 원래 목적과 달리 인터넷에서 노는 사람들의 집합소가 돼 버렸다. 그래서 사진을 올려야 할 갤러리에 글을 올리는 사람이 많아졌다. 가령 정치나 사회 갤러리에는 정치, 사회 관련 사진이 올라와야 하는데, 오히려 자기주장을 펼치는 긴 글들이 더 많이 올라왔다. 이에 운영진은 사진 없이 올리는 글들을 삭제했다. 그러자 사이트 이용자들은 글과 함께 아무 사진이나 찾아서 올리기 시작했다. 짤림(잘림) 방지를 위해 글 내용과 관계없는 사진을 올린 것이다. 이 '짤림 방지'를 '짤방'이라 부르다가 지금은 '짤'이라고 줄여서 부르게 되었다.

사이트 이용자들은 자신의 글이 삭제되는 것을 방지할 목적으로 아무 사진이나 올리다가, 점점 사진을 활용하기 시작했다. 짤방 사진에다 누구나 이해할 만한 메시지나 풍자적 요소를 넣어 게시한 것인데, 그중에서 재미있는 것은 다른 이용자들에 의해 여기저기 공유되었다. 이런 짤 사진은 GIF 파일로 된 애니메이션 형태의 움직이는 사진(움짤)으로 제작되다가, 거기서 다시 완전한 동영상 파일 형태로 발전했다. 이렇게 인터넷에서 사람들이 즐기는 콘텐츠는 문자에서 사진으로, 이후 영상으로 변화를 거듭해왔다.

스마트폰이 대중화되고 누구나 소셜 미디어를 즐기면서 짤 형태로 콘텐츠를 소비하는 방식이 일상이 되었다. 영국 가수 릭 애스틀리Rick Astley 역시 밈으로 인해 제2의 전성기를 맞았다. 1987년 21세에 첫 앨범을 발표한 그는 노래 'Never Gonna Give You Up'이 세계적으로 히트하면서 인기 가수 반열에 올랐다. 그러나 그는 네 장의 앨범을 내고 결혼을 한 후 가정에 충실하겠다며 1993년 은퇴했다. 한동안 휴식기를 가졌던 그는 2002년에 다시 앨범을 내며 복귀했으나 인기가 예전만 못했다.

그러다 애스틀리의 최대 히트곡 'Never Gonna Give You Up'의 뮤직 비디오가 인터넷에서 사람들을 낚기 위한 밈으로 사용되면서 다시 인기를 끌기 시작했다. 중요한 정보인 줄 알고 클릭해 보면 이 뮤직 비디오가 나오는 식이었다. 1980년대의 촌스러운 의상에 좌우로 흐느적대는 춤, 50대 음성을 지닌 20대 초반 가수가 부르는 노래는 웃기면서도 질리지 않았다. 사람들은 재미로 이 뮤직 비디오를 수없이 링크하면서 '릭롤링Rickrolling' 현상까지 만들었다. 심지어 유튜브는 2008년 만우절에 메인 화면에 올라온 모든 노래의 영상을 이 뮤직 비디오로 링크되게 했을 정도로 릭 애스틀리의 영상은 인기를 끌었다. 그 덕분에 릭 애스틀리는 수많은 TV 프로그램에 출연했고, 50대인 지금도 활발하게 활동하고 있다.

또 드레이크Drake 같은 유명 래퍼는 밈을 계획적으로 활용해 인기를 이어가고 있다. 그는 사람들이 손쉽게 밈으로 만들 수 있는 간단하면서도 재미있는 춤을 개발해 수많은 밈을 양산했다. 많은 사람들이 그의 대표 곡 'Hotline Bling'에 재미있는 춤을 가미해 소셜 미디어에서 공유했다. 드레이크와 관련된 수많은 밈 중에는 다른 사람들을 직접 참여시킨 'In My Feelings' 챌린지가 있다. 사람들은 드레이크의 이 노래에 맞춰, 노래 제목처럼 각자 느낌 가는 대로 춤추는 영상을 찍어서 소셜 미디어에 올렸다. 그러면서 콘텐츠는 계속 확대 재생산되었는데, 'In My Feelings' 챌린지에 동참한 사람들 중에는 윌 스미스 같은 유명 셀럽들도 있었다. 현재 드레이크는 음악계와 SNS 상에서 가장 영향력이 큰 사람 중 하나다.

가수 되는
공식이 달라졌다

——

콘텐츠 소비 형태가 이처럼 바뀌고, 소셜 미디어의 영향력이 커지면서 가수가 되는 공식도 달라졌다. 과거에는 가수가 되려면 우선 기획사에 들어가 오랜 기간 훈련을 받고, 연습생들 중에서 단연 돋보이는 사람만이 음반을 내고 데뷔할 수 있었다. 가수로 데뷔하더라도 방송에 출연해 인지도를 높이고 인기를 얻어야 계속 가수로서 살아갈 수 있었다. 그런데 지금은 소셜 미디어에서 먼저 유명해진 후 가수로 데뷔하기도 한다. 미국에서는 우연히 토크쇼에 나온 일반인의 밈이 인기를 얻어 가수로 데뷔한 사례도 있다.

현재 우리나라에서 행사 출연료가 가장 비싼 가수 중 한 사람이라고 알려진 송가인도 과거와는 다른 방식으로 인기 가수가 됐다. 지금까지 두 개의 정규 앨범을 낸 송가인은 사실 '히트곡 없는 인기 가수'다. 송가인은 TV조선의 예능 프로그램 '내일은 미스트롯'에서 우승을 차지하며 인기를 끌기 시작했는데, 다른 가수의 곡을 다시 부른 것만으로 최고의 인기 가수가 될 수 있었던 것은 소비자들이 음악을 소비하는 양상이 달라졌기 때문이다.

과거에는 가수들의 노래를 LP, CD, 테이프 등의 형태로 소비했다. 음악을 듣기 위해서는 음악을 소유해야 했다. 이후 엔터테인먼트 산업이 디지털화되면서 스트리밍업체를 통해 음악을 구독하게 됐다. 음악을 소유하던 데서 소비하는 것으로 변화되었다. 그리고 소셜 미디어에서 음악을 소비하는 일이 많아지면서 짧은 짤로 음악을 소비하는 단계에 이르렀다. 지하철이나 버스를 타고 가면서 스마트폰으로 유튜브나 소셜 미디어에서 뜨는 가수의 음악을 짤막짤막하게 듣는 사람이 많아졌기 때문이다.

소셜 미디어에서 소비되는 듣기 좋은 음악이 반드시 가수가 발표한 곡으로 국한되는 것은 아니다. 오히려 TV 경연 프로그램에 출연한 무명 가수나 아마추어가 부른 노래에 더 큰 감동을 받는 경우도 많다. 그 대표적인 사람이 바로 송가인이다. 판소리 전공자로 탁월한 가창력을 소유한 송가인은 원곡 가수보다 노래를 더 잘 불렀다. 소셜 미디어에 게시된 송가인의 영상에 사람들은 감동받았고, 공연에서 익히 알려진 다른 사람의 노래를 부를 때 더 좋아했다. 송가인은 전통 가요인 트로트를 부르지만, 최첨단의 소셜 미디어가 만들어냈다.

세계는 지금
틱톡앓이 중

2012년, 싸이의 노래 '강남스타일'이 미국 빌보드 싱글차트에서 7주 연속 2위를 했을 때, 평론가들은 싸이의 엽기적 코믹 코드가 언어의 벽을 넘어 세계에서 통했다고 설명했다. 이때도 역시 유튜브가 한몫 했다. 유튜브를 통해 인기가 확인되면서 미국의 주류 음악 시장에도 영향을 줬다. 그런데 유튜브 조회수가 왜 그렇게 갑자기 높아졌는지 더 파고 들어가 보면 '강남스타일'이 밈으로 만들어 확산하기 아주 좋은 콘텐츠였기 때문이다. 해외 스타들도 싸이의 '강남스타일'을 패러디해서 올렸고, 심지어 유명한 스포츠 스타들도 골을 넣은 후 세리머니로 '강남스타일' 춤을 췄다. 또 이런 장면들이 밈이 되어 소셜미디어에서 확산됐다. 이후 나온 싸이의 노래 역시 엽기적이고 코믹했지만, 전작만큼 인기를 얻지 못한 이유는 밈으로 퍼지지 못했기 때문이다.

밈으로 퍼져서 세계적으로 인기를 얻은 우리나라 콘텐츠가 하나 더 있다. 2020년 11월 '아기 상어 댄스Baby Shark Dance' 영상은 조회수 70억 뷰를 넘기며 유튜브에서 가장 많이 본 콘텐츠로 등극했다. 2021년 1월 기준, 78억 뷰를 넘겼는데, 이 영상 역시 수많은 사람들에 의해 재생산되면서 미국을 비롯한 전 세계로 확산되고 있다. 단순한 동작, 중독성 있는 멜로디로 남녀노소 누구나 따라 할 수 있다. 아기 상어 제작사인 스마트스터디는 미국의 영화, 게임, 장난감 시장에도 진출했는데, 이런 인기에 힘입어 2015년 94억 원이던 매출액이 2019년에는 1,055억 원으로 열한 배 이상 성장했다.

이처럼 소셜 미디어를 통한 짧은 영상 소비가 늘자, 아예 이런 '숏폼short form 콘텐츠'만을 서비스하는 플랫폼들이 우후죽순 생겨났다. 대표적인 것이 트위터의 바인Vine, 페이스북의 라쏘Lasso, 인스타그램의 IGTV, 드림웍스의 퀴비Quibi 등이다.

숏폼 콘텐츠 서비스 중 최근 가장 관심을 받고 있는 것은 단연 틱톡TikTok이다. 틱톡은 중국의 소셜 미디어 기업 바이트댄스Bytedance가 2016년 9월 설립한 더우인이 그 모태다. 더우인은 15초짜리 짧은 동영상을 제작해 공유하는 서비스로, 같은 형태의 미국 서비스 '뮤지컬리'를 인수하며 더우인의 글로벌 버전인 틱톡이 되었다.

틱톡은 밈이나 짤을 소비하는 문화, 특히 전 세계의 10대들로부터 열광적인 지지를 받으며 2020년 가장 주목받는 서비스로 도약했고, 그해 전 세계 애플리케이션 다운로드 순위에서 1위를 차지했다. 이런 틱톡의 인기로 인해 운영사인 바이트댄스의 기업가치는 2020년 9월 기준 1,000억 달러(약 112조 원)를 상회했다. 우리나라만 해도 2020년 지코의 '아무노래' 챌린지가 틱톡에서 대박이 나며 틱톡 이용자가 급격히 늘었다.

틱톡의 인기는 미디어 콘텐츠의 소비 행태가 문자에서 사진을 거쳐 영상으로, 긴 콘텐츠에서 짧은 콘텐츠로 변화되면서 자연스레 나타난 결과다. 스마트폰 사용이 일상화되면서 이동 중에 콘텐츠를 소비하다 보니 자연스레 짧은 영상을 선호하게 된 탓이다. 이런 추세

[자료 31] 2020년 전 세계 인기 애플리케이션 순위

Overall Downloads	App Store Downloads	Google Play Downloads
1 TikTok	1 TikTok	1 Facebook
2 Facebook	2 YouTube	2 TikTok
3 WhatsApp	3 WhatsApp	3 WhatsApp
4 Instagram	4 ZOOM	4 Instagram
5 ZOOM	5 Instagram	5 SnackVideo
6 Snapchat	6 Facebook	6 Snapchat
7 Messenger	7 Messenger	7 ZOOM
8 SnackVideo	8 Gmail	8 Messenger
9 Telegram	9 Netflix	9 Telegram
10 Netflix	10 Google	10 MX TakaTak

* 출처: Sensor Tower, 2021.1.6

는 디지털과 함께 성장한 10대, 20대에서 더 강하게 나타나는데, 이들은 영상 길이가 15분이 넘으면 웬만해선 보려 하지 않는다. 이런 트렌드를 읽고 소셜 미디어 기업들이 내놓은 숏폼 콘텐츠 서비스들은, 그러나 대부분 틱톡에 밀려 시장에서 철수했다.

틱톡이 숏폼 콘텐츠 시장을 장악한 가장 큰 이유는 Z세대가 즐겨 이용했기 때문이다. 영상에 익숙한 Z세대는 잘 읽히지도 않는 긴 글이 넘치는 페이스북을 좋아하지 않는다. 트위터의 바인이나 페이스북의 라쏘 또한 기존의 이용자들 위주로 활용되면서 MZ세대를 끌어들이지 못했다. 더욱이 틱톡은 누구나 쉽게 짧은 영상을 만들어 올릴 수 있게 했고, 친구가 아닌 불특정 다수에게 영상을 보여주도록 했다. 밈이나 짤을 소비하는 데서 그치지 않고, 직접 만들어 공유하고 싶어 하는 Z세대에게 틱톡은 안성맞춤 서비스였다.

물론 현재 틱톡은 정치적인 문제로 인해 위기에 놓여 있다. 미국 트럼프 전 대통령이 틱톡이 개인정보를 수집해 중국 정부에 넘기고 있다는 의혹을 제기하며 틱톡의 미국 서비스에 대한 매각을 추진했다. 트럼프가 선거에서 지고 바이든 행정부가 매각을 중단하기로 하면서 일단 미국에서는 한숨 돌릴 수 있게 됐지만, 인도나 호주 등에서는 여전히 틱톡을 규제하고 있다. 틱톡이 이 위기를 슬기롭게 넘길 수 있을지는 두고 볼 일이다. 그러나 짧은 영상을 생산, 공유, 확산하는 Z세대의 소비 행태는 앞으로도 계속될 것이다.

반복 게임의 시대에는
변화에 즉각 대응하는 능력이 중요

스마트폰으로 정보와 콘텐츠를 소비하면서 사람들의 미디어 소비 행태는 문자에서 영상으로, 긴 호흡에서 짧은 호흡으로 급격히 변화돼 왔을 뿐만 아니라 지속적 소비에서 단편적 소비로 변화되기도 했다. 그러다 보니 이성적이기보다 감성적으로 받아들이는 경우가 많다. 이런 습관은 뉴스를 볼 때도 영향을 미쳐서 사건의 앞뒤 문맥을 정확하게 파악하는 것이 아니라, 기사의 결론만 받아들인다. 특히 긴 뉴스는 읽지 않는 사람이 많다. 가짜 뉴스가 쉽게 확산되는 이유도 이와 관련이 있다.

이런 방식의 미디어 콘텐츠 소비는 앞으로 세상이 어떤 식으로 변화될지 점점 더 예측할 수 없게 만든다. 갑자기 '강남스타일'이 떴듯이 앞으로도 예상치 못한 일들이 툭툭 벌어질지도 모른다. 우리는 이런 갑작스러운 변화를 예상하거나 대비할 수 없다. 합리적·논리적 과정을 거치는 것이 아니기 때문이다. 다만 이런 변화에 즉각적으로 대응할 수 있어야 한다. 비가 '깡' 열풍을 즉각 활용해 멋진 아이돌에서 재미있고 친근한 오빠로 이미지를 바꾼 것이 좋은 사례다. 또 농심이 비를 새우깡, 고구마깡, 감자깡, 양파깡 모델로 기용해 매출 상승을 꾀한 것도 현명한 결정이었다. 이제 기업은 물론 개인도 변화에 즉각 대응하는 능력을 필수적으로 갖춰야 한다.

17

저스틴 사코는 어쩌다 11시간 만에 해고 통보를 받았을까?

심리학에서는 이미 오래전에 '사람은 아무 생각 없이 다른 사람들의 행동과 의견을 따른다'는 사실을 밝혀냈다. 흥미로운 것은 그 다른 사람이 많은 경우에만 그런 것이 아니라, 단 세 사람만 있어도 쉽게 영향을 받는다고 한다. 동양에서는 예로부터 "삼인성호三人成虎"라는 말이 전해져 오는데, '세 사람이 모이면 없던 호랑이도 만들어낼 수 있다'는 뜻이다. 즉, 세 사람이 같은 말과 행동을 하면 누구라도 따라하게 돼 있다는 말이다.

이런 현상은 온라인 공간에서 훨씬 쉽게 나타난다. 온라인에서는 미디어를 매우 단편적으로 소비하기 때문에 사안의 자초지종을 알아보지도 않고 쉽게 분노하고 쉽게 열광한다. 그리고 이처럼 충동적인 특성이 군중심리와 만나면 예상치 못한 파괴력을 갖는다. 세상은 점점 더 예측 불가능하고, 이런 예측 불가능한 사건이 점점 더 자주 발생한다. 이런 일은 스마트폰이 처음 출시됐을 때부터 이미 시작되고 있었다.

한숨 자고 일어났을 뿐인데, 해고라니!

저스틴 사코Justine Sacco는 하루아침에, 더 정확하게는 11시간 만에 전 세계적으로 악명을 떨쳤다. 그녀는 30세의 나이에 글로벌 미디어 기업 IAC의 홍보이사로 재직할 정도로 매우 잘나가고 있었다. IAC는 온라인에서 데이팅 서비스를 제공하는 매치닷컴Match.com, 온라인 데이팅 애플리케이션 틴더Tinder, 영상 콘텐츠 플랫폼 비메오Vimeo 등 수십 개의 유명 브랜드를 소유한 인터넷과 미디어 분야의 공룡 기업이다. 그런데 사코에게 과연 무슨 일이 벌어졌기에 그녀는 11시간 만에 해고 통보를 받았을까?

2013년 12월 20일, 그녀는 연말 휴가를 맞아 남아프리카 공화국에 있는 가족을 보러 길을 나섰다. 뉴욕의 존 F. 케네디 국제공항을 출발해 영국의 히스로 공항에서 환승 후 남아프리카 공화국의 케이프타운으로 가는 길고 지루한 여정이었다. 사코는 케이프타운행 비행기를 타기 직전에 트위터에 농담 한마디를 남겼다.

"이제 아프리카로 가요. 에이즈에 걸리지 않았으면 좋겠네요. 사실은 농담. 전 백인이거든요!"

비행을 하는 11시간 동안 그녀는 잠을 잤다. 그리고 비행기가 케이프타운에 도착할 즈음, 스마트폰을 켰다. 그런데 스마트폰 전원을 켜자마자 고등학교 졸업 후 한 번도 본 적이 없는 친구로부터 문자가 왔다.

"이런 일이 일어나다니 정말 안됐어."

그리고 곧이어 가장 친한 친구에게서 문자가 왔다.

"나한테 바로 전화해."

이어서 문자가 계속해서 들어왔다. 그러던 중 가장 친한 친구에게서 전화가 왔다.

"지금 트위터에서 너 때문에 난리가 났어."

트위터에 접속해 보니 자신의 트위터 피드는 이미 만신창이가 돼 있었다. 비행기 타기 전에 올린 트윗이 문제였다. 자기도 모르는 사이에 사코는 인종차별주의자가 돼 있었다. 그녀를 모르는 수없이 많은 사람들이 전 세계에서 사코의 트위터에 들어와 욕설을 남겼다. 개중에는 회사 IAC에서 남긴 트윗도 있었다. "이건 매우 모욕적이며 공격적인 트윗입니다. 해당 직원은 국제선에 탑승 중으로 연락이 되지 않고 있습니다."

사코는 얼떨떨했다. 자기 트위터 팔로워는 고작 170명에 불과했으니 말이다. 비행기에서 한숨 잤을 뿐인데, 그동안 도대체 무슨 일이 벌어졌단 말인가!

팔로워 170명뿐인 사코의 글은
어떻게 전 세계로 퍼졌나?

사코가 트위터에 쓴 글을 그녀의 팔로워 대부분은 한번 읽고 대수롭지 않게 흘려버렸지만, 한 사람만은 예외였다. 팔로워 중 한 사람이 그녀의 글을 IT 전문기자이자 유명 블로거인 샘 비들Sam Biddle에게 보낸 것이다. 사코가 글을 남긴 지 3시간이 지나서였다. 비들은 1만 5,000명의 팔로워를 지녔고, 그중 많은 수가 트위터를 활발하게 하는 사람들이었다. 비들은 사코의 글을 리트윗했다. 그녀의 글은 다시 팔로워들 사이에서 급속히 퍼져나갔고, 얼마 지나지 않아 한 인터넷 언론사 기자가 사코의 계정에 들어와 직접 질문을 남겼다.

"이 트윗 진짜예요? 당신은 홍보 일을 하고 있잖아요. 좀 더 신중해야 할 것 같네요."

그 시간 사코는 비행기 안에서 잠을 자느라 비들의 글을 읽지도, 답을 하지도 못했다. 그러자 다른 사람들이 사코의 계정에 들어와 이러저러한 의견을 피력했다. 한 사람이 "저스틴 사코는 잘려야 마땅하고, 에이즈에나 걸려라"라는 글을 올리자 순식간에 혼란이 증오로 바뀌었다. 사람들은 사코에게 욕을 하기 시작했다. 누가 더 창의적으로 욕하는지 경쟁하는 듯했다.

사람들이 '홍보 업무를 하면서 어떻게 이럴 수 있냐'는 내용을 올리고, 회사까지 들먹이자 IAC가 나섰다. IAC는 샘 비들에게 연락해서 사코의 계정이 해킹당한 건 아닌지 확인하고, 사코가 현재 비행기에 탑승 중이라는 사실을 알아냈다. 그리고 트위터에 "사코가 현재 비행 중이라서 연락이 닿지 않는다"라고 올렸다. 어떤 사람이 사코가 언제 케이프타운에 도착하는지 물으면서 해시태그를 붙이자, 사코 사건은 이제 트렌드가 되었다. '#아직도사코가착륙하지않았나#HasJustineLandedYet'를 붙이는 해시태그 놀이가 시작된 것이다.

"솔직히 이제 집에 가서 자고 싶은데, 술집에 있는 사람들 모두 '#아직도사코가착륙하지않았나' 궁금해 하고 있어요. 눈을 뗄 수가 없네요. 떠날 수도 없어요"라는 식의 트윗이 돌았다.

사람들은 아무 생각없이 '#아직도사코가착륙하지않았나'를 붙이기 시작했다. 이건 전 세계적인 사건이었다. 한 트위터 이용자는 '저

[자료 32] '#아직도사코가착륙하지않았나'를 트윗한 사람 분포도

*출처: Ali Vingiano, "This Is How A Woman's Offensive Tweet Became The World's Top Story", BuzzFeed News, 2013.12.21

스틴 사코'와 '#아직도사코가착륙하지않았나'를 트윗한 사람들의 분포도를 만들어 올리기도 했다.

이때 사코가 바로 사과하고 트윗을 지웠더라면 일이 이렇게까지 커지지는 않았을 것이다. 코미디언, 유명인 들도 '저스틴 사코 놀이'에 동참했다. 폭발력은 점점 더 커졌다. 심지어 비행 중 와이파이 서비스를 제공하는 고고Gogo라는 회사는 "멍청한 트윗을 한 후 비행기를 탄다면 고고를 잊지 마세요"라는 광고 겸 풍자 트윗을 올리기도 했다. 또 한 아프리카 지원단체에서는 'www.justinesacco.com'이라는 주소를 구매한 후 아프리카 돕기 페이지로 활용하겠다고 나섰다.

그녀가 케이프타운에 도착할 시간이 다가오자 그녀의 도착 여부를 궁금해 하는 사람들이 생겼다.

"케이프타운에 있는 사람 중에 그녀가 공항에 도착했는지 트윗해 줄 사람 없나요? 트위터의 힘을 보여주세요. '#아직도사코가착륙하지않았나' 사진을 보고 싶어요."

드디어 사코가 케이프타운 공항에 도착하자, 실제로 한 사람이 케이프타운 공항으로 나갔고, 그녀의 사진을 찍어 트위터에 올렸다.

"오, 저스틴 사코가 케이프타운 공항에 방금 도착했어요. 뭐가 구린지 선글라스를 쓰고 있네요."

그제야 사코는 무슨 일이 일어나고 있었는지 알아챘다. 그녀는 너무 놀란 나머지 사과 한마디 없이 트위터, 페이스북, 인스타그램 계정을 지웠다. 그리고 사코는 IAC에서 해고됐다.

사코는 정말
그렇게 큰 잘못을 저지른 걸까?

———

이 사건 당시 저스틴 사코의 이름은 122만 번이나 검색되었다. 구글에서 '저스틴'을 검색하면 저스틴 비버보다 사코의 이름이 더 위에 떴다. 곧 이 이야기는 〈뉴욕타임스〉, CNN, BBC 등 주류 미디어에서도 다뤘다. 이 일로 IAC도 덩달아 피해를 봤다. 위키피디아에서 'IAC'를 검색하면 저스틴 사코 사건이 어떤 설명보다 길게 나왔을 정도였다. 한동안 'Sacco-ed'라는 단어는 '인터넷에서 하루아침에 조리돌림당하다'라는 뜻으로 쓰였다.

재미있는 것은 사코는 정반대의 의도로 트윗을 올렸다는 사실이다. 그녀는 백인의 특권의식을 풍자하기 위해 그런 트윗을 썼다. 사코가 그때까지 올렸던 트윗들을 읽어보면 알 수 있다. 사코의 다른 트윗을 살펴본 〈포브스〉 기자 역시 "그녀는 무례하게 비꼬는 투로 말하거나 풍자적으로 기성 권위를 조롱하는 것을 즐겼다"라고 했다. 사코는 말하면서 그 의도를 생략하곤 했다. 문제가 된 트윗도 마찬가지였다. "이제 아프리카로 가요. 에이즈에 걸리지 않았으면 좋겠네요. 사실은 농담. 전 백인이거든요!"라는 말을 하면서 그녀는 "백인들은 늘 이런 식으로 말하죠. 자기들만 잘났다고 말이에요"라는 말을 생략했던 것이다. 즉 사코는 인종차별을 드러낸 것이 아니라, 백인의 특권이나 인종차별적인 시각을 풍자하려는 의도였다. 이렇게 던진 농담을 사람들은 진담으로 받아들였다.

2014년 개봉한 영화 '국제시장'에는 주인공 부부가 말다툼을 하다가 애국가가 나오자 싸움을 멈추고 국기에 대한 경례를 하는 장면이 나온다. 이건 명백히 국가주의적 독재시절에 대한 풍자다. 하지만 이 풍자적인 장면을 보고 애국심에 대해 칭찬한 정치인이 있다. 전체 맥락을 보지 않고 그 장면만 보고 자기 멋대로 해석한 것이다. 만약 사코가 극장에서 스탠딩 코미디를 하면서 이 말을 했다면, 사람들은 대부분 그녀의 진의를 오해 없이 받아들였을 것이다.

훗날 사코는 그녀에 관한 특집 기사를 썼던 〈뉴욕타임스〉 기자에게 이렇게 털어놨다.

"저는 누군가 그걸 말 그대로 받아들일 거라고는 전혀 생각하지 못했어요. 불행하게도 저는 '사우스 파크'(미국 코미디 애니메이션)의 등장인물도 아니고, 코미디언도 아니에요. 그래서 공개된 플랫폼에서 그렇게 정치적으로 올바르지 못한 방식으로 전염병에 대해 말하면 안 되는 사람이었죠. 간단하게 말해서 저는 에이즈에 대한 인식을 고양시키려고 한 것도 아니었고, 세상 사람들을 화나게 만들거나, 제 삶을 망치려고 한 것도 아니었어요. 미국에서 산다는 건 우리로 하여금 제3세계에서 무슨 일이 일어나고 있는지에 대해 얘기할 때 어떤 특권의식, 비유하자면 비눗방울 속에 있게 만듭니다. 저는 그 비눗방울을 풍자한 거예요."

아마도 사코 자신이 말의 의미에 예민한 사람들이 모여 있는 홍보업계에서 일하다 보니, 자기 말에 숨겨진 의도가 잘 전달되리라고 생각한 것 같다. 그러나 인터넷을 이용하는 보통 사람들은 트위터에 올라온 글을 보고 시를 음미하듯 깊이 생각하지 않는다. 다들 바쁘고, 즉각 반응한다. 오해가 뭉쳐 눈덩이처럼 불어나게 되면 되돌릴 수 없는 사태가 벌어진다. 소셜 미디어 시대에는 그 어느 때보다 확산 속도가 빠르기 때문이다.

디지털 환경 변화는 '예측 불가'

이처럼 디지털 환경에서는 예측하지 못했던 일이 갑자기 일어날 수 있다. 소셜 미디어를 통해 엄청난 속도로 확산되고, 복구가 불가능하다. 최근 들어 잘나가던 연예인들이 한 방에 퇴출되는 일이 자주 발생하는 것도 이처럼 디지털 환경으로 변화됐기 때문이다. 우리나라에서도 별것 아닌 것처럼 보였던 사건이 나비효과를 일으키며 걷잡을 수 없이 커진 사례가 있다. 바로 '버닝썬 사건'이다.

처음에는 강남에 있는 클럽 버닝썬에서 종업원들과 손님 사이에서 벌어진 폭행 사건으로 알려졌다. 그런데 폭행당한 손님을 경찰이 가해자로 몰고가자 억울했던 손님이 사건을 공론화하면서 일이 일파만파 커졌다. 클럽과 경찰 간 유착 의혹이 제기됐고, 마약 투약 및 탈세 의혹으로 확산됐다. 이어 버닝썬의 실소유주인 빅뱅의 멤버 승리와 관련된 의혹이 주요 관심사로 떠올랐다. 이 일은 승리의 절친한 친구였던 가수 정준영 등에게로 번졌고, 정준영 등은 결국 성범

죄 및 불법 촬영, 유포 등의 혐의로 연예계에서 퇴출된 것은 물론 재판에 넘겨졌다. 나아가 승리의 소속사 YG엔터테인먼트에도 불똥이 튀었다. 이 일로 탈세, 성 접대, 도박, 마약 등의 사건에 연루되면서 한때 우리나라에서 가장 잘나가던 연예기획사 YG는 내리막길을 걷게 됐다.

과거에는 숨길 수 있고 관리 가능했던 일들이 소셜 미디어의 시대에는 언제든 대중에 공개될 수 있다. 예전에는 몇 개의 미디어만 통제하고 관리하면 됐지만, 지금은 스마트폰을 가진 모든 사람이 언론 역할을 하기 때문이다. 최근에 밝혀진 미투, 빚투 사건 대부분은 과거에는 세상 밖으로 나오기 힘든 것들이었다.

그리고 디지털 환경에서는 이런 예측 불가능한 일들이 개인에게만 일어나지 않는다. 기업을 커다란 위기로 몰아넣기도 한다.

"유나이티드는 기타를 부숴 버리지"

————

2008년 3월 31일, 캐나다 노바스코샤 출신 컨트리 음악 밴드 선스오브맥스웰Sons of Maxwell은 공연을 위해 미국 네브라스카주 오마하로 가는 중이었다. 무명 밴드였던 이들 두 사람은 여비를 아끼고자 시카고 공항에서 경유하는 비행기를 타기로 했다. 비행기를 갈아타기 위해 대기하고 있던 그들은 유나이티드 항공의 수하물 작업자들이 탑승객의 짐을 던지며 옮기는 것을 봤다. 밴드의 리더 데이브 캐럴Dave Carroll은 수하물로 부친 자신의 기타가 걱정돼서 스튜어디스에게 항의했지만, 스튜어디스는 대수롭지 않다는 듯 대답했다. 그런데 비행기에서 내린 후 호텔에 도착해서 보니 기타의 목이 부러져 있었다. 그 기타는 3,500달러(약 400만 원)나 하는 고가품이었다. 보조 기타로 겨우 공연을 마치고 돌아오는 길에 캐럴은 오마하 공항에서 유나이티드 항공 직원에게 항의했다. 그런데 그 직원은 캐나다에서 항공권을 끊었으니 거기서 처리하라고 말했다. 유나이티드와의 긴 싸움은 그렇게 시작되었다.

그러나 캐나다 노바스코샤 공항에는 유나이티드 항공 사무실이 입주하고 있지 않았다. 유나이티드 항공의 파트너사인 캐나다 항공은 유나이티드 항공에서 벌어진 일이므로 유나이티드 항공 고객센터로 연락하라며 전화번호를 줬다. 유나이티드 항공 고객센터에 전화를 걸었지만, 그들은 캐나다 항공에 파손된 물품을 보여주고 불만을 접수하라고 했다. 그러나 캐나다 항공에서는 파손된 기타는 확인했지만, 불만사항을 접수할 수는 없다고 했다.

결국 빈손으로 집에 돌아온 캐럴은 유나이티드 항공 고객센터에 다시 전화를 걸었지만 돌아온 것은 곧 처리하겠다는 말뿐이었다. 이후 몇 달 동안 여러 통의 전화를 주고받은 후에야 캐럴은 시카고 공항 수하물센터 담당자와 직접 통화할 수 있었다. 그런데 그 직원은 파손된 기타를 직접 시카고로 가지고 오라고 했다. 캐럴이 너무 먼 거리라고 난감해 하자, 그럼 뉴욕 중앙 수하물센터로 가지고 가라고 했다. 뉴욕으로 전화를 걸자 이번에는 시카고에서 일어난 일을 왜 뉴욕에서 처리하느냐며 투덜댔다. 유나이티드 항공 직원들이 책임을 떠넘기면서 유나이티드 항공 고객센터로 다시 전화하게 되는 등 같은 상황이 반복되면서 6개월의 시간이 지나갔다. 어쩔 수 없이 캐럴은 1,200달러(약 130만 원)의 자비를 들여서 기타를 고쳤다. 그동안에도 유나이티드 항공 고객센터와 계속 통화했고, 마침내 9개월이 지나 유나이티드 항공에서 보상을 해줄 수 없다는 답변을 이메일로 보내왔다.

기타가 파손됐을 때 즉시 오마하 공항에서 유나이티드 항공 직원에게 그 사실을 알리지 않은 점, 규정에 따르면 오마하 공항에 있는 직원에게 최소한 24시간 이내에 알렸어야 하는데, 일주일 후에야 통보한 점, 캐나다 항공에서 항공권을 끊었기 때문에 사실은 캐나다 항공 소관이라는 점, 아직까지도 유나이티드 항공에서 기타의 파손 상태를 정확하게 조사하지 못했다는 점 등이 그 이유였다.

데이브 캐럴은 화가 머리끝까지 치밀었지만, 할 수 있는 일이 별로 없었다. 고작 1,200달러를 가지고 소송을 걸자니 소송비용이 더 들어갈 판이었다. 그때 갑자기 재미있는 생각이 떠올랐다.

'마이클 무어Michael Moore라면 어떻게 했을까? 그래, 내가 제일 잘 할 수 있는 노래를 만들자.'

'볼링 포 콜럼바인', '화씨 911' 등의 영화를 제작해 미국 사회를 비판해온 다큐멘터리 감독 마이클 무어처럼 캐럴은 노래를 만들어 자신이 당한 일을 세상에 알리기로 했다. 그렇게 해서 'United

Breaks Guitars(유나이티드는 기타를 부숴 버리지)'라는 노래가 탄생했고, 캐럴은 주변 사람들과 함께 재미있는 동영상을 만들어 2009년 7월 6일 유튜브에 올렸다.

> 유나이티드, 당신들이 내 테일러 기타를 부숴 버렸어요.
> 유나이티드, 한 말씀 드리죠.
> 당신들이 부쉈으니 당신들이 고쳐야 하잖아요.
> 당신들이 잘못했으니 그만 인정하세요.
> 다른 항공사 비행기를 탔어야 했어요.
> 차라리 그냥 차를 탔어야 했어요.
> 왜냐하면 유나이티드는 기타를 깨먹거든요.

경쾌하고 코믹한 이 영상에 사람들은 재미있어 했고, 일주일 만에 300만 명이 시청했다. 영상을 본 사람들은 유나이티드 항공을 비난했고, 전화를 걸어 항의한 사람도 많았다. 2009년은 유튜브가 지금처럼 인기를 끌지 않던 때로, 이 정도 수치를 찍으면 최고 인기 영상에 속했다.

이 일은 사회적으로 크게 화제가 됐고, 각종 뉴스에서 데이브 캐럴을 인터뷰했다. 노래 또한 큰 인기를 얻었다. 아이러니하게도 이 일로 데이브 캐럴은 오랜 무명 생활에서 벗어나게 됐다. 게다가 유명 경영대학원에서 고객 서비스를 주제로 강의도 하게 됐다. 물론 유나이티드 항공 관련 자신의 경험이 강의의 기반이 되었다.

그럼 유나이티드 항공은 어떻게 됐을까?

동영상이 화제가 되자 유나이티드 항공은 데이브 캐럴에게 사과하고 문제를 해결하려고 했다. 캐럴이 만든 동영상을 수하물 관련 직원들을 교육하는 용도로 쓰고, 악기처럼 파손 우려가 있는 물품은 기내에 반입할 수 있도록 규정을 고치겠다고 했다. 하지만 뒤늦은 조치였다. 동영상이 유튜브에 올라간 직후 유나이티드 항공의 주가는 나흘 동안 10퍼센트나 빠져서 1억 8,000만 달러(약 2,000억 원)의 손실을 입었다.

이처럼 소셜 미디어로 인해 기업에도 언제든 예측 불가능한 사건이 일어날 수 있다. 기업 입장에서 어려운 점은 이를 미연에 방지할 수 없다는 사실이다. 이런 갑작스러운 타격이 회사의 약점을 건드린 경우에는 충격이 오래갈 수도 있다.

이 사건의 파장이 워낙 컸던 탓에 유나이티드 항공은 고객 서비스가 형편없다는 오명을 쓰게 됐다. 문제는 이후에도 고객 서비스와 관련된 유나이티드 항공의 실수가 1, 2년 간격으로 지속해서 알려졌다는 사실이다. 2017년 4월에는 탑승 정원이 초과되었다며 비행기 안에서 승객을 강제로 끌어낸 일이 있었다. 초과 예약이 되어 승객 네 명을 무작위로 뽑아 비행기에서 내리게 했는데, 그중 한 사람이 하차 요청을 거부하자 무력을 동원한 것이다. 이 사건도 다른 탑승객이 영상을 찍어 페이스북에 올리면서 유나이티드 항공에 타격을 줬다.

계획보다 원칙이
중요한 시대

하룻밤 사이에 직장을 잃은 저스틴 사코는 그 후 어떻게 됐을까? 한동안 그녀는 정상적인 삶을 살 수 없었다. 마음을 추스르기 위해 에티오피아에서 활동하고 있는 NGO 단체에서 홍보 관련 일을 했다. 몇 달 후 작은 기업의 홍보 담당으로 복귀했는데, 사코의 트윗을 퍼트렸던 비들이 또 글을 썼다. "멍청한 에이즈 농담으로 우리를 화나게 했던 사코가 에티오피아에 숨어 있다가 지난 달 새로운 회사의 마케팅 담당이 됐다."

사코는 같은 일을 다시 겪고 싶지 않았다. 그는 비들에게 이메일을 보냈다. "저스틴 사코가 있어요, 여기에"라고. 비들은 그 이메일 제목을 보자마자 소스라치게 놀랐다. 그간 자신이 사코를 보통의 '사람'이라고 생각하지 않았음을 깨달았다. 두 사람은 만났고, 사코가 쓴 트윗에 대한 오해를 풀었다. 비들은 자신이 소속된 잡지에 사코를 향한 공개 사과문을 올렸다. 그리고 다행히 사코는 사람들에게서 잊혀졌다.

2018년 1월 사코는 IAC에서 분사한 매치그룹의 홍보이사가 됐다. 스타트업에서 일하다가 실력을 인정받아 원래의 회사로 돌아온 것인데, 제자리로 돌아오는 데 4년이 넘게 걸렸다.

SNS 세계에서는 감정들이 연쇄 작용을 일으키며 예측할 수 없는 방향으로 흘러간다. 그래서 예측은 무의미하고, 다만 빠르게 대응할 수 있을 뿐이다. 이런 시대의 특징과 관련해서 우리는 삶의 지혜를 배울 수 있다. 오늘날과 같이 예측 불가능한 반복 게임의 세상에서는 계획보다 원칙과 방향이 더 중요하다. 계획은 세우고 한 달만 지나도 그 계획과 다른 현실을 마주할 수 있다. 그러나 사람은 계획이 없으면 움직이지 않기 때문에 계획을 세우지 않을 수 없다. 그리고 상황이 바뀔 때마다 계획도 끊임없이 수정해야 한다. 이때 중요한 것이 원칙과 방향이다. 삶의 원칙과 행동의 이유가 명확하면 상황 변화에 따라 계획도 빨리 바꿀 수 있다.

18

제2, 제3의 트럼프는
앞으로 계속 나올 것이다

코로나로 인해 전 세계 국경이 닫혔다. 얼마 전까지만 해도 글로벌 환경에서 살아왔지만, 자유로운 여행도 활발한 교역도 어려워졌다. 그러나 국경이 닫힌 것은 비단 코로나 때문만은 아니다. 미국과 중국의 경우, 미국에 트럼프 정부가 들어선 후 두 나라 사이에 갈등이 촉발됐고, 그 여파는 다른 나라에까지 영향을 미쳐 국가 간 자유무역에 큰 타격을 주기 시작했다. 거기에 코로나가 전 세계를 휩쓸면서 국경 봉쇄와 고립주의 정책이 더욱 강화되고 있다.

공교롭게도 최근 들어 힘에 의한 통치를 하는 '스트롱맨strongman'이 정권을 잡고 있는 나라가 많아졌다. 미국의 트럼프, 중국의 시진핑, 러시아의 푸틴, 일본의 아베, 브라질의 보우소나루, 필리핀의 두

테르테. 모두 '자국민 중심주의'와 '소수계층에 대한 차별 정책'을 폈고, '포퓰리즘'이라는 비판을 받았다. 그러나 이런 추세는 결코 우연히 일어난 것이 아니다. 세계적으로 이렇듯 스트롱맨이 득세하는 데는 필연적인 이유가 있다. 이 책은 정치 서적이 아니므로, 이런 흐름의 원인에 대해 간단하게 짚어 보는 것으로 대체하고자 한다.

고립주의, 보호주의는
거스를 수 없는 추세

2020년 2월, 현대자동차의 생산라인이 멈춰 섰다. 코로나바이러스로 인해 중국 정부가 공장 가동을 중단시키면서 와이어링 하네스wiring harness 조달이 어려워졌기 때문인데, 파업이 아닌 부품 공급 차질로 공장이 멈춰 선 것은 23년 만의 일이었다. 그로 인해 현대자동차그룹은 6,000억 원가량의 손실이 발생했다고 한다.

와이어링 하네스는 차량 내부의 전기장치에 전기신호를 전달하는 전선 묶음이다. 현대자동차에 와이어링 하네스를 공급하는 업체는 총 세 곳인데, 80퍼센트를 중국 산동성에 있는 공장에서 생산하고 있다. 이 부품은 전기장치가 많아진 자동차에 필수적으로 들어가는 데다 각 차종별로 규격이 달라, 각 규격에 맞춰 케이블 모양을 세밀하게 만들어야 해서 수작업 공정이 많다. 자연히 인건비가 싼 중국으로 공장을 이전할 수밖에 없었다. 또 와이어링 하네스는 기술력이 크게 요구되지 않고 수급이 어렵지 않아 자동차 공장에서 재고 물량을 많이 보유하고 있지 않다. 그동안 자동차업체들은 공급선을 다변화하면서 적기 공급을 통해 재고 비용에 대한 부담을 줄이면서 생산해왔다.

반면, 같은 시기 일본 자동차업체들은 이런 소동을 겪지 않았다. 도요타, 혼다, 닛산 등 일본 기업들은 부품 생산 기지를 다변화했기 때문이다. 일본 자동차회사에 와이어링 하네스를 공급하는 업체들도 인건비 문제로 공장을 해외로 이전한 건 마찬가지다. 그러나 공장을 중국뿐만 아니라 동남아시아의 여러 국가에 분산 설립했기에 중국 공장이 가동을 멈췄을 때, 비교적 그 영향이 적었다.

와이어링 하네스 공급 차질은 글로벌 공급망을 다변화할 필요성을 일깨워줬다. 전 세계 많은 나라들이 고립주의와 보호주의로 돌아갈 움직임을 보이는 지금과 같은 상황에서 이 문제는 더욱 중요해질 것이다. 특히 미국에 트럼프 정권이 들어선 후 미국과 중국이 첨예하게 대립하면서 중국에서의 생산, 부품 수입, 거래 의존도와 관련된 한국 기업의 리스크가 커졌다.

선거에는 졌어도
트럼프 시대는 계속된다

———

트럼프는 재선에 실패했지만 트럼프가 내걸었던 정책 기조는 계속 유지될 것으로 보인다. 정치판에서는 그 누구보다 비주류였고 여기 저기서 업신여김을 당하던 그가 대통령으로 뽑혔던 이유는 시대적 요구가 있었기 때문이다. 이런 시대적 요구를 바이든 정부도 쉽게 외면할 수 없을 것이다.

트럼프는 여러 정치 이슈에서 매우 강한 개성을 보였다. 임기 내내 중국과 힘겨루기를 해서 국제사회를 혼란에 빠뜨린 것 말고도 많다. 우리나라와는 주한미군 방위비 분담금 인상 등으로 마찰을 빚었고, 석탄 산업을 옹호하며 파리기후변화협약을 파기했으며, '오바마 케어'로 불리는 건강보험 개혁안을 축소했다. 또 이란과의 핵협정을 번복했고, 이스라엘을 옹호하면서 이슬람 국가들과의 관계를 악화시켰다. 이슬람교도의 미국 입국을 제한했고, 불법 이민자의 가족을 격리했으며, 성소수자 차별 금지법을 무력화하는 등 타자에 대한 차별을 노골적으로 드러냈다.

트럼프의 정책을 요약하자면 명분을 포기한 미국 중심의 실리주의다. 구체적으로 자유무역 대신 보호주의와 고립주의를 채택했고, 주류 미국인을 제외한 사람들을 노골적으로 차별했다. 그중 대표적인 것이 미·중 갈등과 멕시코와의 국경에 장벽을 설치한 정책이다. 이 두 가지에 대해 간단하게 살펴보자.

트럼프는 대통령으로 취임할 때부터 대중 무역적자에 대해 강하게 문제를 제기했다. 당시 미국은 매년 3,500억 달러(약 392조 원) 수준의 대중 무역적자를 보고 있었다. 미국의 전체 무역적자 중 60퍼센트에 달하는 규모였다. 물론 미국 소비자들이 값싼 중국산 제품을 많이 찾은 탓이었지만, 트럼프는 미국이 안고 있는 주요 문제의 원인으로 중국을 지목했다. 그는 미국의 제조업이 생산원가가 싼 중국으로 나가거나 중국 기업에 밀려 미국인들의 일자리가 줄어들었다며 중국을 원망했다. 결국 2018년 7월 미국이 340억 달러(약 38조 원) 규모의 중국 제품에 대해 25퍼센트로 관세를 인상하면서 미·중 무역 갈등이 시작됐다. 그러자 중국도 미국산 제품에 대해 보복관세를 부과했다. 이후 두 나라는 관세 부과 대상 품목을 넓히며 대립했다. 특히 미국이 통신 정보를 중국 정부에 넘긴다는 혐의를 들어 중국의 IT 기업 화웨이에 대해 제재를 가하고, 화웨이의 CFO이자 창업자의 딸인 멍완저우를 체포하자 두 나라의 갈등은 극에 달했다.

결국 1년 반 가까이 계속되던 갈등은 2019년 말 두 나라가 무역합의를 채택하면서 봉합되었다. 미국이 중국산 제품에 부과하던 관세를 내리는 대신, 중국은 향후 2년 동안 농산물 등 2,000억 달러(약 224조 원)어치의 미국 제품과 서비스를 대량 구매한다는 것이 주요 내용이었다. 그러나 실제로는 코로나바이러스로 인해 합의한 대로 거래가 이뤄지지 않았고, 언제든 갈등이 다시 싹틀 수 있는 상황이다. 통상 문제로 갈등이 시작됐지만, 속내는 거대한 경제력을 등에 업고 패권국가로 빠르게 떠오르고 있는 중국을 견제하고자 함이었다. 따라서 미국의 정권이 바뀌었지만 이런 기조는 계속 유지될 것으로 보인다. 바이든 대통령 역시 관세를 철폐하겠다고 밝히지 않았고, 미국이 중국의 불공정 무역정책에 맞서야 한다는 견해를 가지고 있기 때문이다.

트럼프의 공약 중 가장 황당한 것은 미국과 멕시코 국경에 거대한 장벽을 세우겠다는 공약이었다. 거대 장벽을 세워 불법 이민자의 밀입국을 막겠다는 것이었다. 사람들이 넘지 못하게 9미터 이상 높이에, 망치나 산소용접기로도 쉽게 파손되지 않을 정도로 강하게 만들어야 하기에 예상 비용만도 100억 달러(약 11조 2,000억 원)가 넘을 것으로 보였다. 이 정책에 찬성하지 않는 멕시코 정부가 그 비용을 분담하지 않을 것이므로, 트럼프는 멕시코 제품에 대해 높은 관세를 부과해 비용을 충당하겠다고 발표했다. 더불어 불법 이민을 시도하는 멕시코인에게 물리는 벌금과 불법 이민자들이 멕시코에 있는 가족에게 보내는 돈을 압류해 장벽 건설비로 쓰겠다고 했다.

사람들은 이런 황당한 공약이 실제로 추진될 거라고는 미처 생각지 못했다. 그러나 트럼프는 취임 후 장벽 건설에 대한 행정명령을 발동했고, 입찰을 거쳐 미국과 멕시코 국경에 거대 장벽을 건설하기 시작했다. 트럼프 퇴임 때까지 총 길이 3,145킬로미터 중 약 700킬로미터에 걸쳐 장벽이 건설됐다. 그러나 새로 취임한 바이든 대통령이 장벽 건설을 중단하겠다고 밝히면서 이 정책은 트럼프 행정부에서 한 일 중 가장 웃긴 정책으로 남게 됐다.

트럼프는 장벽 건설을 통해 마약 거래, 불법 이민을 막을 수 있다고 했지만, 애초에 효과가 있을지는 의문이었다. 마약 거래는 미국 내에서 수요가 지속되는 한 다양한 경로로 수입될 것이고, 불법 이민자도 국경을 불법으로 넘는 사람보다 비자 만료 이후 연장하지 않은 상태로 눌러앉는 사람이 더 많기 때문이었다. 그럼에도 트럼프가

장벽 건설을 공약으로 내걸고 실행한 것은 상징적인 효과 때문이었다. 실업자 증가의 원인을 중국 탓으로 돌렸듯이, 저소득 일자리를 빼앗는 주범으로 불법 이민자들을 타깃으로 삼았다. 장벽 건설을 통해 목적한 바와 같은 효과를 보지는 못했지만, 일자리 문제를 해결하고 있다는 선전 효과로는 충분했다. 일자리 부족 문제는 미국인들이 가장 관심을 갖는 문제이기 때문이다.

아베와 트럼프의
출현이 시사하는 것

미국과 중국의 갈등은 중국과 거래가 많은 우리나라 기업들에도 큰 영향을 끼쳤다. 중국 화웨이로부터 통신장비를 수입했던 LG유플러스는 화웨이와의 거래 금지 결정으로 진퇴양난에 봉착했다. 이처럼 보호주의, 글로벌화와 반대되는 움직임으로 기업들은 머리가 복잡해졌다. 그러나 우리 기업들은 일본으로부터 미리 주사를 맞은 덕에 이를 미리 경험한 바 있다.

2019년 7월 일본 아베 정부는 한국을 대상으로 반도체 제조 등에 필요한 핵심 소재 등의 수출 규제 조치를 발표했다. 명목상으로는 북한의 불법 무기 제조에 이용될 가능성을 차단한다는 이유였지만, 한국 대법원이 내린 일제 강제징용 피해자 배상 판결에 대한 보복적 성격이 짙었다. 그로 인해 해당 품목을 일본에서 수입하던 한국의 반도체, 디스플레이 기업들은 큰 타격을 받았다. 곧이어 일본은 한국을 외국환 및 외국무역관리법에 따른 신뢰할 수 있는 대상인 '화이트 국가' 목록에서 제외하기로 했다.

한국 정부도 한일 군사정보보호협정을 종료하겠다고 밝히면서 양국의 갈등은 극대화됐다. 또 우리나라에서는 정부 차원의 대응을 넘어 소비자들 사이에서 일본 제품 불매운동이 벌어졌다. 장기간에 걸친 불매운동으로 자동차, 의류, 맥주 등의 일본 제품 판매가 급락했고, 한국 시장에서 철수하는 기업도 생겼다. 무엇보다 아이러니한 것은 수출 규제를 통해 한국의 대표 산업에 타격을 주려 했던 일본 정부의 의도와는 다른 결과가 나타났다. 한국 기업들이 소재·부품·장비 국산화와 공급처 다변화로 더 이상 일본에 의존하지 않게 된 것이다. 그래서 한국 기업에 대한 수출로 고수익을 보던 일본 기업들의 경영이 악화되는 상황이 벌어졌다. 그로 인해 일본 내에서도 한국에 대한 수출 규제를 철회하라는 목소리가 나오고 있다. 그러나 아베가 물러나고 스가가 정권을 잡았지만, 일본 정부와의 외교 갈등은 당분간 지속될 전망이다.

공교롭게도 미국과 중국, 한국과 일본 간 갈등이 시작된 시기는 비슷하다. 다만 한국과 일본의 갈등은 우리나라에 즉각적인 영향을 줬고, 미국과 중국의 갈등은 시차를 두고 나타나서 뒤늦게 그 여파가 찾아오고 있다.

미국과 중국의 갈등이나 한국과 일본의 갈등은 유럽과 영국 사이에서 벌어진 브렉시트와 비슷하다고 볼 수 있다. 세계화와 자유무역에 대한 반작용으로 나타난 현상이다. 미국에서 트럼프가 나오고, 중국에서 시진핑, 러시아에서 푸틴, 일본에서 아베, 브라질에서 보우소나루, 필리핀에서 두테르테가 출현한 것은 결코 우연이 아니다. 20세기 내내 이어온 경제와 정치의 원칙, 가치와 믿음이 수명을 다했음을 뜻한다.

20세기적 가치가
퇴조하고 있다

20세기는 물질적으로나 정신적으로나 풍요로운 시대였다. 제2차 세계대전 이후 경제 성장은 가속화됐고, 냉전이 끝난 후에는 자유 시장경제와 민주주의에 대한 확고한 믿음이 생겨났다. 20세기 후반을 거치면서 사람들은 다음 명제를 믿었다. 첫째, 자유 시장경제는 모든 사람을 잘살게 한다. 경제가 발전하면 복지도 좋아진다. 둘째, 민주화는 모든 이에게 이롭다. 따라서 사람은 인종, 지역, 국적, 성별, 성적 취향에 관계없이 똑같은 권리를 보장받아야 한다.

20세기 내내 세계 대부분의 나라에서 소득이 가파른 속도로 상승했다. 선진국으로 도약한 나라들은 복지제도를 도입해 빈곤으로 고통받는 사람 없이 골고루 잘살게 만들었다. 자본주의가 발전할수록 좋은 세상이 오는 듯했다. 그러나 경제 성장의 과실은 부자에게만 돌아갔다. 파리경제학교 교수인 토마 피케티Thomas Piketty는 경제는 성장했지만 소득상승률이 자본수익률을 따라갈 수 없어서 불평등과 양극화가 더욱 심해졌다고 진단한 바 있다. 쉽게 말해서 부자들의 자본 증식 속도가 근로자들의 임금 상승 속도보다 빨라, 부자들이 경제 성장에 따른 과실의 대부분을 차지했다는 설명이다. 실제로 1980년 이후 세계는 양극화가 점점 심해졌다. 1910년 이후 미국에서 소득 기준 상위 10퍼센트가 차지하는 비중은 1930~1940년대를 거치면서 낮아졌다가 1980년 이후 급격하게 높아졌다. 공교롭게도 자유 시장경제, 글로벌화에 대한 믿음이 퍼져나가는 시기와 일치한다.

소득보다 더 심각한 것은 자산 불평등이다. 2020년 미국 연방준비제도이사회에서 제공한 자료에 따르면 상위 1퍼센트의 재산이 미국 전체의 30.4퍼센트를 차지한다. 반면 미국 인구의 절반인 하위

[자료 33] 미국 소득 상위 10%가 전체에서 차지하는 비중, 1910~2010

* 출처: 토마 피케티, "21세기 자본", 2014.9

50퍼센트의 재산은 다 합쳐봐야 1.9퍼센트밖에 되지 않는다. 이런 양극화는 날이 갈수록 점점 더 심해지고 있다.

한국 최초로 칸 영화제 황금종려상과 아카데미 작품상을 수상한 봉준호 감독의 '기생충'은 양극화 문제를 다루면서 세계적으로 호응을 얻었다. 베니스 영화제에서 황금사자상을 수상한 '조커' 역시 양극화 문제를 다루고 있다.

자유 시장경제는 자유무역과 자유로운 이동을 장려한다. 그로 인해 비싼 돈을 주고 제품을 만드는 기업은 망하거나, 원가가 싼 나라로 공장을 옮긴다. 일자리는 이민자들이 들어와 차지한다. 거기에 정부는 글로벌 기업을 국내에 유치하거나 자국 내에 있던 기업이 해외로 빠져나가지 않도록 법인세 인하 등 기업 친화적인 정책을 펼친다. 자연스레 복지는 줄어든다. 결국 브레이크 없는 자유 시장경제는 부의 불평등과 양극화를 불러온다. 이에 대한 원인을 트럼프는 중국 기업과 멕시코 이민자에게 돌렸다.

지금 세계적으로 보호주의와 자국 우선주의, 타자와 소수자 차별이 만연한 이유는 20세기적 가치가 만들어낸 문제가 누적되었기 때문이다. 현재 세계는 코로나바이러스 확산으로 국가끼리 서로 국경을 닫고 있다. 그러나 만약 고립주의가 아니라 글로벌화가 진행되던 상황이었다면, 각국은 지금과는 다른 방식으로 코로나바이러스에 대응했을 수도 있다. 방역을 우선시했겠지만, 국경을 넘어 서로 협력하며 바이러스를 퇴치하려 했을지도 모른다. 공교롭게도 보호주의가 강화되고 있던 시기에 코로나바이러스가 유행하면서 국경을 더 봉쇄하게 된 것이다.

따라서 코로나가 진정되더라도 이런 보호주의 조치는 당분간 계속될 것으로 보인다. 지금까지 기업들은 자유무역이 확대되는 환경을 가정하고 글로벌 공급망을 구축해왔다. 그래서 현대자동차 같은 경우 와이어링 하네스 공장을 중국에 집중적으로 건설했다. 비용과 효율성만 봤을 때는 합리적인 선택이었다. 그러나 앞으로는 세계가 경제 블록 중심으로 재편되어 서로를 견제할 수도 있다. 따라서 글로벌 공급망을 재구축하는 데 있어서 보호주의로부터 야기될 위험을 감안해야 한다. 동시에 중국 의존도가 심한 유통업계도 중국을 어떻게 활용할지, 어느 정도 의존할지 다시 고민해야 한다.

19

성공하는 기업들은
위기 때 창업한다!

2020년 전 세계를 강타했던 코로나바이러스는 백신이 개발되고 치료제가 나오면서 신종 플루(신종인플루엔자A)처럼 독감의 일종으로 인류가 관리할 수 있게 될 것이다. 그러나 코로나가 끝나더라도 경제는 한동안 후유증을 앓게 될 것이다. 돈을 풀어 코로나발 위기를 견뎌냈지만, 불황은 꽤 오랫동안 지속될 가능성이 있다. 그러니 이제 경제 위기 상황에서 어떤 선택을 할 것인지, 포스트 코로나 전략을 고민해야 한다.

어려운 상황을 이겨 내기 위해서는 수비적인 태도도 필요하지만, 불황에 공격적으로 맞설 준비도 해야 한다. 코로나 이후 게임의 룰은 원샷 게임에서 반복 게임으로 급격하게 변화될 것이므로 이에 걸

맞은 전략을 수립해야 한다. 사실 크게 성공한 기업들 중 상당수의 회사는 경제 위기 때 창업했다. 불황과 경기 침체를 극복하면서 급성장했다.

위기 때 창업한 회사가
크게 성공한다

2019년 미국 주식시장에서 가장 화제가 된 기업공개IPO는 우버였고, 2020년에는 에어비앤비였다. 교통 산업, 숙박 산업에 지각변동을 일으킨 두 기업은 지난 10년간 비즈니스 잡지에 가장 많이 등장하기도 했다. 두 회사는 공유경제 비즈니스모델의 대표 주자로, 공통점이 하나 더 있다. 바로 글로벌 금융 위기가 한창이던 2008~2009년에 창업했다는 사실이다. 비즈니스 환경이 극도로 나빴던 글로벌 금융 위기 때 창업해 성공한 유명 IT 기업은 우버, 에어비앤비 외에도 많다.

위기 때 창업하는 게 위험해 보일 수 있지만, 세계적으로 성공한 기업 중 상당수가 위기 때 만들어졌다. GE와 IBM은 1890년대 영국발 위기로 전 세계 경제가 얼어붙었을 때 설립됐고, GM 역시 미국 경제가 위기에 처해 있던 1908년 창업했으며, 디즈니가 사업을 본격화한 1929년은 대공황의 시작과 맞물렸다. 마이크로소프트 역시 제1차 오일쇼크로 세계 경제가 침체를 겪고 있던 1975년에 창업했다. CNN은 제2차 오일쇼크의 여파로 더블딥(double dip: 경기 침체 이

기업	내용
왓츠앱 (WhatsApp)	2009년 창업 메신저 서비스로 인기를 끌어 페이스북에서 200억 달러(약 22조 원)에 인수
벤모 (Venmo)	2009년 창업 지인 간 수수료 없는 모바일 결제 서비스. 현재 페이팔의 자회사
그루폰 (Groupon)	2008년 창업 소셜 커머스를 처음 시작한 업체로, 한국의 티켓몬스터를 인수
인스타그램 (Instagram)	2010년 창업 사진 기반 소셜 네트워크 서비스로, 페이스북에서 인수
핀터레스트 (Pinterest)	2010년 창업 사진 공유 소셜 네트워크 서비스로, 2019년 4월 상장
슬랙 (Slack)	2009년 창업 코로나로 이용자가 늘어난 협업 툴. 2019년 6월 상장
스퀘어 (Square)	2009년 창업 트위터 창업자 잭 도시가 공동 창업한 모바일 결제 서비스

후 일시적으로 경기가 회복되다 다시 침체되는 이중 침체 현상)이 시작된 1980년 출범했다.

이런 현상을 반영하듯 다우존스산업평균지수에 속한 대기업 중 절반 이상이 불경기에 창업했다. 또 2009년 〈포춘Fortune〉 선정 500대 기업 중 57퍼센트가 경기 침체기에 창업했고, 경영 잡지 〈Inc.〉가 선정한 500대 고성장 기업 중 48퍼센트가 불경기에 사업을 시작했다. 통상 불경기로 분류되는 기간이 3분의 1 이하인 것을 감안하면, 불경기에 창업한 기업이 성공 확률도 높다는 얘기다. 정말 불황에 창업한 기업이 성공하는 걸까?

실제로 사람들의 생각과 달리 경제 위기 때나 불황기에 창업하는 기업의 수도 늘고 있다. 코로나바이러스가 한창이던 2020년 5월, 미국의 신규 기업 등록 건수는 전년 대비 21퍼센트 증가했다. 3퍼센트 증가에 그쳤던 2019년에 비해 눈에 띄게 늘어난 수치다.

불황기에 창업하는 회사가 늘고 있는 이유는 무엇일까? 경영학자들은 창업을 두 종류로 나눈다. 기회 창업opportunity entrepreneurship과 필요 창업necessity entrepreneurship이다. 기회 창업은 시장 기회를 발견하거나 사업화 아이디어가 발현돼 창업하는 경우다. 반면 필요 창업은 취업이나 다른 기회가 없는 상태에서 먹고살기 위해 창업하는 경우다. 즉, 자영업과 같은 개념이다. 물론 모든 자영업자가 직장을 얻지 못해서 창업을 한 것은 아니지만, 많은 경우가 여기 해당한다. 우리나라의 경우 지난 1997년 외환 위기 때 자영업자 비율이 가장 높았던 것도 실직한 사람들이 자영업에 많이 뛰어들었기 때문이다. 자영업의 수익률이 하락해서 이후 자영업자 비중이 지속 감소하고 있지만, 위기 때일수록 자영업자는 늘어난다. 최근 지속적으로 학생 창업이 증가하고 있는데, 그 이유도 청년 일자리 감소와 관련이 있다.

또 하나 흥미로운 사실은 경기 침체기에는 기업 설립 건수도 늘어나지만, 생존도 더 잘한다는 점이다. 이 역시 일반의 상식과 다르다. 글로벌 금융 위기 이후 스페인 스타트업들을 대상으로 진행한 연구에 의하면, 경기 호황기에는 48퍼센트가 사업을 유지했지만, 경기 침체기에는 68퍼센트가 사업을 유지했다. 경제가 어려우면 사업을 더 많이 접을 것 같지만, 대안이 없기 때문에 어떻게든 유지하는

[자료 35] 취업자 중 자영업자 비율 변화

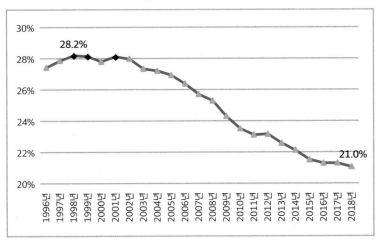

* 출처: 통계청, 2020

것으로 나타났다. 온 힘을 다해 버틴다는 뜻이다.

그런데 여기서 창업 동기와 관련해서 아주 중요한 차이가 발생했다. 시장 기회를 잡거나 뛰어난 아이디어를 사업화하기 위해 회사를 만든 기회 창업이 어쩔 수 없이 창업한 필요 창업보다 장기적으로 성공할 확률이 더 높은 것으로 나타났다. 쫓기듯 사업을 시작한 사람보다 적극적으로 창업한 사람이 경제 위기를 더 잘 극복하고 성공한다는 얘기다.

그렇다면 이처럼 불황이 사업 성공에 도움이 되는 이유는 무엇일까? 경제 잡지 〈포브스〉는 매년 혁신적인 상품과 서비스로 급성장한 미국 유망 기업을 뽑는데, 2014년에 뽑힌 기업 중에는 글로벌 금융 위기 때 설립된 곳이 많았다. 이때 선정된 몇몇 기업의 CEO들을 인터뷰하고 불황이 창업을 하는 데 도움이 된 것이 있는지 물었다.

"불황기에는 자본시장이 건기 때의 사막처럼 마르죠. 그런데 이 혹독한 시기를 버티면 경쟁자가 거의 없어집니다. 지금 우리가 직접 경쟁하는 업체 없이 사업을 할 수 있는 이유죠."

_ 데이터베이스 소프트웨어 개발업체 델픽스Delphix CEO

"허리띠를 졸라매고 통장 상황을 항상 생각하면서 더 나은 식당으로 만들기 위해 집중했어요. 이게 패스트 캐주얼 비즈니스모델을 만들게 된 계기입니다. 불황이라서 부동산 가격이 쌌던 덕에 지금이라면 상상할 수 없는 좋은 곳에 매장을 낼 수 있었다는 거죠."_ 스매시버거Smashburger CEO

"금융 위기로 인해 좋은 회사들을 싼 가격에 인수할 수 있었어요. 그런 회사들이 투자를 받지 못해서 어려워할 때 손을 내밀었죠."

_ 인터넷 마케팅 서비스 회사 제타인터렉티브Zeta Interactive CEO

"위기 상황에서 망한 기업들은 자기들이 쓰던 물품을 거의 공짜로 내놓습니다. 이런 사무용 가구와 집기를 거의 돈 안 들이고 샀습니다."

_ 노인 건강관리 서비스업체 24시간 홈케어24Hr HomeCare CEO

"투자받기가 어려워 우리 아이디어의 대부분은 즉시 실행할 수 없었죠. 대신 그걸 아주 세세하게 디테일까지 다듬었어요. 그게 시장에서 우리 서비스의 경쟁력을 만들어줬다고 생각해요."

_소프트웨어 에러 테스트 서비스업체 유테스트uTest CEO

"2008년에는 스타트업이 투자를 받기가 거의 불가능했어요. 이게 우리 팀에 강력한 규율을 만들어줬습니다. 1달러를 쓰더라도 허투루 쓰지 않았고, 우리가 내리는 의사결정 하나하나에 신중을 기했거든요. 이젠 그게 회사의 문화가 됐죠."

_기업 ERP 소프트웨어 회사 원소스버추얼OneSource Virtual CEO

"자금을 쉽게 조달하면 돈을 어디에 쓸지 충분히 고민하지 않게 돼서 회사가 효율적으로 돌아갈 수가 없어요. 우리는 창업 첫날부터 돈을 어디다 쓸지 매우 신중하게 결정했어요. 우리의 핵심역량을 키울 곳에만 쓰기로 한 거죠." _온라인 DB 관리 서비스업체 블루카이BlueKai CEO

요컨대, 불황기에 창업할 경우는 버티기만 하면 이점이 많다. 체력이 강해지고, 경쟁력이 생긴다. 구체적으로 ①비용 절감에 유리하다. 재정이 넉넉하지 않기에 비용을 낭비할 수도 없다. 더욱이 자산 가격이 싸기 때문에 사업 운용비도 덜 들어간다. ②고객가치 창출에 대해 더 고민한다. 수요가 없을지라도 어떻게든 고객을 위한 서비스에 대해 고민하다 보면 혁신적인 아이디어가 나온다. ③경쟁자가 적다. 불황기를 버티기가 어렵기 때문에, 불황기를 잘 넘기고 본격적으로 성장할 시기가 됐을 때 더 이상 경쟁할 상대가 없다.

고난은 정말 우리를
더 강하게 만들까?

불황이 사업 성공에 도움이 된다고 하니 "나를 죽이지 못하는 고통은 나를 더 강하게 만든다"라고 한 니체의 말이 떠오른다. 이 밖에도 "고생 끝에 낙이 온다", "젊어서 고생은 사서도 한다" 등 고생이나 고난에 관한 명언은 많다. 과연 고난은 사람을 더 강하게 만들까?

마음가짐에 관한 연구로 유명한 심리학자 캐롤 드웩Carol Dweck은 고생이 어떻게 작용하는지는 사람에 따라 다르다고 말한다. 성장 마인드를 가진 사람은 고생을 과정으로 여기고, 그로부터 배운다. 고생을 통해 성장하거나 체질이 강화된다. 또 고생이나 실패의 이유가 자신이 아니라 외부 여건 때문이라고 여기고, 심리적으로도 상처를 받지 않는다. 반면 능력이나 자질은 고정돼 있다고 여기는 고착 마인드를 가진 사람은 고생을 하는 이유가 자신의 능력 부족 때문이라고 여기고 자신을 탓한다. 그러다 보니 고생이나 실패를 겪으면 점점 더 위축된다. 이런 까닭에 성장 마인드를 가진 사람은 학습 목표를 세우고, 고착 마인드를 가진 사람은 성과 목표를 세운다. 당연히 전자는 과정을 중시하고, 후자는 결과를 중시한다. 전자는 도전하는 태도로 일에 임하고, 후자는 도망가는 태도로 일에 임한다.

현실에서는 이런 차이를 보인다. 회사에 신입사원이 들어왔다. 팀장은 그를 훈련시키고 일을 통해 성장시키기 위해 여러 가지 과업을 부여한다. 회사라는 곳은 대부분 일을 잘하면 그 다음에는 더 어려운 일을 맡긴다. 결국 그가 가진 역량 이상의 일을 맡게 돼 좋은 결과를 내지 못한다. 그러면 일을 못했다고 질책을 당한다.

상사가 비판과 질책을 하는 이유는 그 직원을 더 성장시키기 위함이다. 그런데 이때 두 가지 반응이 나타난다. 그로 인해 성장하는 사람이 있는가 하면, 기가 죽는 사람이 있다. 질책과 야단을 맞고 오기가 생겨서 악착같이 과업을 완수하는 유형과 좌절하고 점점 위축되는 유형이 있다. 이럴 때 위축되는 사람은 질책보다는 칭찬을 해주고 달래서 일을 더 잘하도록 만들어야 한다. 특히 MZ세대에게는 질책보다 칭찬이 더 효과적이라고 한다.

즉, '고난이 사람을 강하게 만든다'라는 말은 사실 그 말을 남긴 사람들, 성장 마인드를 가진 사람들에게만 해당된다고 할 수 있다. 그러니 불황기에 창업을 하거나 투자를 하려고 한다면, 스스로 어떤 유형에 속하는지 먼저 판단해 보길 바란다. 고난이 나를 더 강하게 만드는지, 위축되게 하는지 파악한 후 창업이든, 투자든 결정해야 한다. 그러나 한쪽으로 지나치게 치우치는 것은 위험하다. 허리띠를 졸라매고 혹독한 시기를 버티면서, 동시에 도전적 태도를 잃지 않고 필요할 때는 적극적으로 행동해야 한다.

하버드대학교 교수진은 경기 침체에 대처한 기업들의 성적표를 파헤쳤다. 1980~1982년, 1990~1991년, 2000~2002년 세 번의 글로벌 경기 침체기를 거친 4,700개 기업의 전략과 경영 성과를 분석했다. 그중 17퍼센트는 무너졌고, 40퍼센트는 3년 이후까지 악영향을 받았다. 연구진은 이들 기업의 전략이 도전적인 태도 중심이었는지, 수비적인 태도 중심이었는지 분류했다. 도전적 태도를 가진 기업은 공격적으로 과감한 투자를 지속했다. 수비적 태도를 가진 기업은 허리띠를 졸라매고 위험을 줄이는 데 초점을 맞췄다.

재미있는 것은 두 그룹 모두 고전을 면치 못했다는 점이다. 도전적인 태도의 기업은 근시안적이었고, 민첩하게 대응하지 못해 위기 시에도 낙관주의에 빠져 사태의 심각성을 오래도록 인지하지 못했다. 그런가 하면 수비적 태도를 보인 기업은 비용 절감에만 집중한 나머지 매사에 소극적으로 대응해 조직 내에 비관주의가 만연하고 구성원들의 사기가 떨어졌다. 가장 효과적으로 경기 침체기를 극복한 기업은 공격과 수비를 결합한 기업이었다. 가령 미국 유통업체 타깃Target은 침체기였던 2000년에 공급 단계를 축소하고 인기 없는 브랜드를 통합해 비용을 절감했다. 그러나 동시에 경기 침체로 부동산 가격이 떨어지자 대규모 투자를 집행해 매장 수를 늘렸다. 그리고 수비 전략과 공격 전략을 결합한 결과, 침체기를 극복하고 매출 40퍼센트, 이익 50퍼센트 증가라는 성장을 이뤘다.

코로나가 끝나더라도 경기 침체와 불황은 계속될 것이다. 얼마나 지속될지는 알 수 없다. 이에 기업은 조직의 상황을 객관적으로 인식하고, 그 시기를 버텨나갈 준비를 해야 한다. 개인도 마찬가지다. 이 시기를 무사히 통과하기만 하면 경쟁자도 줄어들고 고성장 궤도에 올라타게 될 것이다. 버티자. 그러면 이긴다!

코로나 이후 본격화된 디지털 세상, 반복 게임의 룰을 이해하라!

제품을 한 번 팔고 마는 게 아니라 지속적인 서비스를 하고, 모두가 연결되면서 한 번 보고 말 사람들이 없어진 시대에 게임의 룰은 원 샷 게임에서 반복 게임으로 변했다. 원샷 게임에서는 이기적인 선택을 하던 사람들도 반복 게임 상황이 되면 이타적인 선택을 하는데, 수많은 병사들의 목숨이 걸린 전쟁터에서도 이 룰은 통했다.

서부전선에서 매일
아침 8시에 총성이 멎은 까닭

1915년 어느 날 서부전선. 새벽부터 연합군과 독일군이 치열한 총격

전을 벌였다. 한 치의 양보도 없는 전투가 벌어졌다. 전장은 총성과 희뿌연 화약 연기로 뒤덮였고, 시야가 확보되지 않아 쓰러지는 병사들을 확인할 수는 없었지만, 상황은 참혹하기 그지없었다. 그런데 아침 8시가 지나자 양 진영에서 약속이나 한 듯 공격을 멈췄다. 그리고 희한한 장면이 이어졌다. 연합군은 물론 독일군 병사들도 벙커 안으로 들어가 식사를 하기 시작했다. 담배를 피우는 병사도 있었고, 심지어 커피를 마시기도 했다. 간 큰 몇몇은 참호 밖으로 나와 적의 사정거리에서 서성거리며 휴식을 즐겼다.

이런 장면은 제1차 세계대전이 발발한 이듬해부터 전쟁 내내 이어졌다. 심지어 솜 전투Battle of the Somme처럼 참혹한 공방이 이어지던 때에도 서부전선에서는 이런 양상이 나타났다. 어떻게 이런 일이 가능했을까?

1914년, 전쟁이 일어나자 처음에 양쪽 병사들은 목숨을 걸고 싸웠다. 그러나 아무리 싸워도 군인들의 희생만 커질 뿐, 전쟁 양상에는 변화가 없었다. 서부전선은 그대로 고착화됐다. 양 진영 모두 벙커와 참호를 깊이 파고, 철조망과 흙으로 방어벽을 두른 채 참호전을 이어갔다. 그러다 크리스마스가 되자 양쪽 병사들은 자기 파괴적인 전투를 스스로 자제하기 시작했다. 적의 식량 창고 쪽으로는 사격을 하지 않았으며, 날씨가 춥거나 비가 올 때는 전투를 쉬었다. 먼저 죽이지 않으면 자신이 죽게 되는 가장 적대적인 공간에서 협력 문화가 자생적으로 싹튼 것이다. 그것도 전사자가 600만 명이 넘게 나온, 가장 참혹했던 서부전선에서 말이다.

사령관들은 군대의 사기를 떨어뜨린다는 이유로 이런 행동들을 적극적으로 막았다. 고의로 전투를 피하는 병사들을 군법회의에 넘겼고, 중대 전체를 징계하기도 했다. 그러나 전쟁터에서 한번 나타난 이런 현상은 쉽게 사라지지 않았다. 상관이 발포 명령을 내리면 양쪽 군대는 엉뚱한 곳에 폭약과 탄알을 쏴댔다.

이기적인 사람들이
이타적 행동을 하는 이유

모순적이고 비합리적으로 보이는 인간의 이런 행동은 사실 철저히 합리적인 사리 판단에서 나온 것이다. 이런 사실은 게임이론으로 증명되었다.

가령 두 사람이 사과 두 개를 나누는 게임을 한다고 치자. 서로 양보(협력)하면 하나씩 나눠 먹을 수 있다. 반대로 둘 다 양보하지 않고 싸우면 하나도 못 먹을 수 있다. 그런데 내가 욕심(배반)을 내고 상대방이 양보하면 두 개 다 내 것이 되고, 내가 양보하고 상대방이 이기적인 선택을 하면 두 개 다 상대방 것이 된다.

이때 내 입장에서는 이기적인 선택을 하는 것이 유리하다. 상대방이 양보하면 내가 두 개를 다 가질 수 있고, 만약 상대방이 욕심을 부리더라도 나도 똑같이 욕심으로 대응해야 최소한 상대방에게 사과를 다 빼앗기지 않기 때문이다. 그런데 상대방 입장도 나와 다르지 않다. 따라서 둘 다 이기적인 선택을 하게 돼 모두 손해를 보게 된다. 이 이론이 바로 그 유명한 '죄수의 딜레마' 이론이다.

그런데 이런 게임을 한 번만 하지 않고 반복해서 하게 되면 양보를 선택하는 것이 합리적이다. 계속해서 사과를 잃는 것보다는 사과를 하나라도 계속 얻을 수 있기 때문이다. '반복 게임에서는 양보를 선택하게 된다'는 것은 수학적으로 증명이 가능하지만, 여기서는 생략한다. 분명한 것은 이기적인 사람들도 협력을 선택한다는 사실이다.

이런 현상은 일상에서도 쉽게 발견할 수 있다. 털끝만큼도 손해를 보지 않으려는 이기적인 사람들도 이웃에게는 잘한다. 이웃과는 반복적으로 만나야 하므로 평판과 보복이 두렵기 때문이다. 가장 치열한 전쟁터였던 서부전선에서 협력 문화가 싹튼 것도 전쟁이 참호전으로 고착화되어 적과 반복적으로 장기간 대면해야 했기 때문이다.

이와 관련한 재미있는 대회가 개최된 적이 있다. 1980년 미시간대학교 정치학과 교수인 로버트 액설로드Robert Axelrod는 컴퓨터를 활용해 죄수의 딜레마 게임을 반복해서 하는 대회를 열었다. 전 세계 대학의 학자들을 대상으로 한 이 대회에는 게임이론가부터 수학자, 심리학자, 사회학자, 생물학자 등 여러 분야의 전문가들이 참가했고, 참가자들은 각자의 전략으로 다른 참가자들과 1 대 1로 겨뤘다.

최종 우승은 상호의존tit for tat 전략을 선보인 수학심리학자 아나톨 래퍼포트Anatol Rapoport가 차지했다. 상호의존 전략은 매우 단순하다. 처음에는 일단 협력하고, 그 다음부터는 상대방이 이전에 선택한 대로 응수하는 것이다.

이 전략의 성적표에서는 독특한 특징을 발견할 수 있다. 상호의존 전략은 1 대 1 싸움에서 어떤 상대도 이기지 못했다. 기껏해야 무승부가 최고 성적이었다. 그러나 모든 라운드의 점수를 합쳤을 때는 압도적으로 1위를 차지했다. 이는 상호의존 전략을 통해 상대방이 어떤 전략을 구사하더라도 최대한 협력하는 상황을 이끌어냈기 때문이다. 즉, 상호의존 전략은 당장의 싸움에서는 이길 수 없지만, 장기적으로는 이기는 전략이다. 말하자면 전투에서는 지더라도 전쟁에서는 이기는 전략이다.

반복 게임의 룰에
적응하라

———

코로나바이러스는 디지털 기술의 확산을 가속화했다. 비대면 서비스, 네트워크에 의한 연결, AI의 활용 등으로 기업은 제품을 한 번 파는 것으로 끝내지 않고, 제품을 매개로 고객 만족을 제공하는 비즈니스모델로 변화하기 시작했다. 원샷 게임에서 반복 게임으로 룰이 바뀐 것이다.

기업뿐 아니라 개인도 마찬가지다. 소셜 미디어로 모든 구성원이 서로 연결되는 상황에서 만나는 모든 사람은 한 번 보고 마는 것이 아니라, 간접적일지라도 지속해서 서로 관계를 맺게 된다. 사람들과의 관계에서도 원샷 게임이 아니라 반복 게임 상황에 들어가게 됐다.

반복 게임을 하는 상황에서는 이기적 이타심이야말로 최적화된 전략이다. 궁극적으로 나 자신을 위해 다른 사람들에게 잘하는 전략을 쓰는 것이다. 이런 해법은 비즈니스는 물론 인간관계에도 똑같이 적용된다. 이 책이 독자들에게 코로나 이후 맞이하게 될 승부의 세계에서 살아남을 수 있는 지혜와 통찰을 제공하길 바란다. 그러기 위해서는 무엇보다 먼저 반복 게임의 룰에 적응해야 한다.

| 참고 문헌 |

01. 이제 책은 사은품이 되었다

- 멜라니 샤르본느, "페뷸러스(Fabuleuses)", 2020.11.5. 개봉
- Georgia Wells, "YouTube Created a Generation of Young Stars. Now They Are Getting Burned Out.", The Wall Street Journal, 2019.12.19
- MKTV 김미경TV, YouTube
- 윤석철, "프린시피아 메네지멘타", 경문사, 1998

02. 현대자동차는 앞으로 서비스 업체가 될 것이다

- Peter Carbonara, "For Fender Guitars, The Future Is Digital And Female", Forbes, 2018.3.28
- @Jesse, "Fender Guitars: Can the Electric Guitar Make a Comeback?" Harvard Business School digital, 2018.4.27
- "Number of electric guitars sold in the United States from 2005 to 2019", Statista, 2000. (https://www.statista.com/statistics/439911/number-of-electric-guitars-sold-in-the-us/)
- Michael Porter & James Heppelmann, "How Smart, Connected Products Are Transforming Competition", Harvard Business Review, 2014.11
- "스마트 농업과 변화하는 비즈니스 생태계", KPMG, 2020.3.19
- "세계 최대 농기계 생산업체 '존 디어' 대규모 감원", 연합뉴스, 2014.8.16
- "181년 농기계 만들던 세계 1위 존 디어…IT 접목해 '풍년 솔루션' 판다", 한국경제, 2018.11.12
- "농기계에 IoT…잡초에만 농약 족집게 살포", 조선일보, 2019.3.1

03. 반복 게임의 시대에는 새 차보다 중고차가 더 비싸다

- Aaron Pressman, "Waymo Reaches 20 Million Miles of Autonomous

Driving", Fortune, 2020.1.7

- Andrej Karpathy, "AI for Full-Self Driving at Tesla", Youtube, 2020.4.20. (https://www.youtube.com/watch?v=hx7BXih7zx8)

- Hemant Bhargava, Jonas Boehm, Geoffrey G. Parker, "How Tesla's Charging Stations Left Other Manufacturers in the Dust", Harvard Business Review, 2021.1.27

04. 구글에서는 이런 팀이 일을 잘한다

- Amy Edmondson, "Learning From Mistakes is Easier Said Than Done", The Journal of Applied Behavioral Science, Vol.40, No.1, 1996.3.1

- Amy Edmondson, "Psychological Safety and Learning Behavior in Work Teams", Administrative Science Quarterly, Vol.44, No.2, 1999

- 에이미 에드먼슨, "두려움 없는 조직(The Fearless Organization)", 다산북스, 2019

- Adam D. Galinsky, Joe C. Magee, M. Ena Inesi, Deborah H. Gruenfeld, "Power and Perspectives Not Taken", Psychological Science, Vol.17, No.12, 2006

05. 전 직원 월급을 똑같이 줬더니 행복감은 제자리, 생산성은 대폭 증가

- Paul Keegan, "Here's What Really Happened at That Company That Set a $70,000 Minimum Wage", Inc., 2015.11

- Jessica Stillman, "Remember That Company With the $70K Minimum Wage? 5 Years On, the Results Suggest More Businesses Should Follow Suit", Inc., 2020.3.9

- Kurt Schlosser, "Gravity Payments employees volunteer to take pay cut as revenue drops 50% during COVID-19 crisis", GeekWire, 2020.3.31

- Daniel Kahneman & Angus Deaton, "High Income Improves Evaluation of Life but Not Emotional Well-being", Proceedings of the National Academy of Sciences, 2010, 2010.9.21

- Frederick Herzberg, "One More Time: How Do You Motivate Employees", Harvard Business Review, 1968.1

- 테레사 애머빌, 스티븐 크레이머, "전진의 법칙(The Progress Principle)", 정혜, 2013.7

- 이미영, "'직원이 일하는 방법을 스스로 정하게' 업무 환경만 바꿔도 창의성이 폭발: 테레사 애머빌 교수 인터뷰", 동아비즈니스리뷰, 2019.3

- Turner, Y., Hadas-Halperin, I., & Raveh, D. "Patient Photos Spur Radiologist Empathy and Eye for Detail", Radiological Society of North America, 2008.12

06. 30년 동안 TV에 유재석, 강호동, 신동엽만 나오는 이유

- 하재근, "대한민국 뒤흔든 트로트 열풍에 숨은 네 가지 코드", 시사저널, 2020.3.15

- "트로트 열풍 뒤 '이제 지겹다' 피로감 호소하는 시청자들", 한국경제, 2020.6.20

- 정용찬, "스마트폰, TV의 대체재인가 보완재인가", 정보통신정책연구원, 2020.3.15

- 정용찬 외, "2019 방송매체 이용행태 조사", 방송통신위원회, 2019.12

- "2019 방송통신광고비 조사보고서", 한국방송광고진흥공사, 2019.12

- "List of unicorn startup companies", Wikipedia

- Richard Lorber & Ernest Fladell, "The Generation Gap", Life, 1968.5.17

- David Gross & Sophfronica Scott, "Living: Proceeding With Caution", Time, 1990.7.16

- 임홍택, "90년생이 온다", 웨일북, 2018

- 김성모, "고객과 함께 브랜드를 갖고 놀았을 뿐인데…'도른자 마케팅'으로 활짝 웃는 '빙그레'", 동아비즈니스리뷰, 2020.12

07. 디지털 시대, 일 잘하는 사람의 특징 3가지

- "#TBT: 300 Years Later, King Louis XIV is Resurrected", Branding news, 2019.9.5

- "Canal+ The Real Voice Of Louis XIV", BETC Paris, Youtube, 2018.6.5. (https://www.youtube.com/watch?v=L9KW_hcvsQ4)

- "Three Centuries after His Death, Rembrandt Can Be Heard", Branding news, 2019.3.6

- "#TBT: Digital Rembrandt Shows His Last Painting to the 21st-Century", Branding news, 2018.8.23

- Norman Maier, "Reasoning in Humans. The Solution of a Problem and Its Appearance in Consciousness", Journal of Comparative Psychology, Vol.12, No.2, 1931

- Kenneth Bowers, Glenn Regehr, Claude Balthazard, Kevin Parker, "Intuition in the Context of Discovery", Cognitive Psychology, Vol.22, No.1, 1990

- Kevin Dunbar, "How Scientists Really Reason: Scientific Reasoning in Real-World Laboratories", Appeared in R.J. Sternberg, and J. Davidson Eds. (1995). Mechanisms of Insight. Cambridge MA.: MIT Press, 1995

08. 가짜뉴스가 늘어나는 이유는 사람들이 가짜뉴스를 좋아하기 때문

- David Caplan, "Barack Obama makes surprise visit to DC high school 'to welcome back students'", ABC News, 2017.9.9

- David Hudson, "President Obama Visits a Middle School Classroom-and Borrows a Student's iPad", The White House, 2014.2.4

- "오바마, '교실에 디지털 혁명을…마치 한국처럼'", 연합뉴스, 2013.6.7

- Drew Desilver, "The politics of American Generations: How Age Affects Attitudes and Voting Behavior", Pew Research Center, 2014.7.9

- Duane F. Alwin, Ronald L. Cohen, and Theodore M. Newcomb, "Political Attitudes over the Life Span: The Bennington Women after Fifty Years", University of Wisconsin Press, 1991

- Yair Ghitza & Andrew Gelman, "The Great Society Reagan's Revolution, and Generation of Political Voting", Working Paper, 2014.6.5

- 댄 애리얼리, "상식 밖의 경제학(Predictably Irrational)", 청림출판, 2008.9

- Lawrence Williams & John Bargh, "Experiencing Physical Warmth Promotes Interpersonal Warmth", Science, Vol.322, Iss.5901, 2008.10.24

- Dutton, D. G. & Aron, A. P., "Some Evidence for Heightened Sexual Attraction under Conditions of High Anxiety", Journal of Personality and Social Psychology, Vol.30, 1974

- Roger Sperry, "Cerebral Organization and Behavior", Science, Vol.133, 1961

- Roger Sperry, "Hemisphere Deconnection and Unity in Conscious

Awareness", American Psychologist, Vol.23, 1968

- "The Cambridge Analytica Files", The Guardian

- Leonid Bershidsky, "The Problem Is Facebook, Not Cambridge Analytica", Bloomberg, 2018.3.20

- 김종일, "글로벌 투자 대가: 레이 달리오 브리지워터 어소시에이츠 CEO, 금융 위기 예견한 투자의 달인…세계 최대 헤지펀드 키우다", 이코노미조선, 2017.11.25

09. 구글은 다 계획이 있었구나!

- "Search Engine Market Shares", Datahub. (https://datahub.io/rufuspollock/search-engine-market-shares)

- 박인상, "1등 네이버 위협하는 5가지 아킬레스건", 이코노미조선, 2008.4.1

- Tim Wu, "What Ever Happened to Google Books?", The New Yorker, 2015.9.11

- Sarah Zhang, "The Pitfalls of Using Google Ngram to Study Language", Wired, 2015.10.12

- "구글 번역 최고 담당자의 예상 밖 답변 '번역기가 인간을 완전 대체하는 시점은 오지 않을 수도'", 조선비즈, 2017.9.26

- "10년 넘게 사실상 '시범사업' 디지털 교과서, 다시 활성화한다는데…", 조선에듀, 2019.7.8

- Jessi Hempel, "Fei-Fei Li's Quest to Make AI Better for Humanity", Wired, 2018.11.13

- "AI 학습용 데이터 사업의 실효성 향상을 위한 정책 방향", 한국정보화진흥원, 2020.11

- "Auckland University of Technology and University of Auckland Researchers Analyze Dairy Processing Data with Machine Learning", MathWorks. (https://kr.mathworks.com/company/user_stories/auckland-university-of-technology-and-university-of-auckland-researchers-analyze-dairy-processing-data-with-machine-learning.html)

- "구글 자율차 웨이모, 거액 투자받고도 울상…왜?", ZDNet Korea, 2020.3.4

10. 일상은 모바일, 일터는 온라인

- "20년 10월 주요 유통업체 매출, 전년 동월 대비 8.4% 증가", 산업통상자원부, 2020.11.23

- "'삼시세끼 다 시켜 먹는다' 지금은 '배달 전성시대'", 스페셜경제, 2020.10.16

- 조명광, 이승윤, "음식-배달보다 중요한 '브랜드 경험' 글로벌 푸드테크 기업으로 우뚝 선다", 동아비즈니스리뷰, 2020.7

- "쇼핑 앱 내려받는 50·60대…온라인 쇼핑 가속화", 무역뉴스, 2020.3.20

- 탈레스 테이셰이라, "디커플링(Unlocking the Customer Value Chain)", 인플루엔셜, 2019.9

- "美 대학에서 MBA 과정이 사라지고 있다", 머니투데이, 2016.6.6

- "'비대면 의료'로 이름 바꿔 추진…정부, 수가 올려 의료계 설득할 듯", 매일경제, 2020.5.14

- 김태곤, "8시간 자리만 지키면 무슨 소용? 리모트 워크 핵심은 효율적 업무 진행", 동아비즈니스리뷰, 2019.3

11. 일에서도 일상에서도 컨택트 줄고 커넥트 는다

- "'문자 말고 전화로'-'전화 싫어 문자로'…세대 간 소통 방식 충돌", 매일신문, 2016.8.27

- Rurik Bradbury, "The Digital Lives of Millennials and Gen Z", LivePerson, 2017.10.17. (https://www.liveperson.com/resources/reports/digital-lives-of-millennials-genz/)

- "Social Media, Social Lif: Teens Reveal Their Experiences", Common Sense Media, 2018.9. (https://www.commonsensemedia.org/research/social-media-social-life-2018)

- 홍석윤, "10대들, 직접 대화보다 문자 소통 더 좋아해", 이코노믹리뷰, 2018.9.11

- Bill Murphy, "Millennials and Gen Z Would Rather Text Each Other Than Do This, According to a New Study", Inc., 2017.10.26

- Mehrabian, A., & Weiner, M., "Decoding of Inconsistent Communications", Journal of Personality and Social Psychology, Vol.6, No.1, 1967

- Mehrabian, A., Ferris, Susan R., "Inference of Attitudes from Nonverbal Communication in Two Channels", Journal of Consulting Psychology, Vol.31, No.3, 1967

- David Lapakko, "Communication is 93% Nonverbal: An Urban Legend Proliferates", Communication and Theater Association of Minnesota Journal, Vol.34, No.1, 2007

- "재택근무 리포트 2020", 잔디 블로그, 2020.5.6. (http://blog.jandi.com/ko/2020/05/06/wfh-report-2020/)

- "재택근무 업무 효율과 직무 만족 모두 높게 나타나 – 재택근무 활용실태 설문조사 결과", 고용노동부, 2020.9.24

- 김태곤, "8시간 자리만 지키면 무슨 소용? 리모트 워크 핵심은 효율적 업무 진행", 동아비즈니스리뷰, 2019.3

- Sabina Nawaz & Roberta J. Cordano, "What Deaf People Can Teach Others About Virtual Communication", Harvard Business Review, 2020.8.3

12. 오타니 쇼헤이의 스트라이크 존이 넓은 까닭

- 이영미, "메이저리그에 부는 오타니 쇼헤이 열풍", 시사저널, 2018.4.19

- "맹활약 오타니에 사과한 美 기자, '미안하다 당신을 오판했다'", 중앙일보, 2018.4.10

- "오타니 쇼헤이 목표달성표 작성법", youtube, 2019.4.1. (https://www.youtube.com/watch?v=1kxILPyjIAM&t=2s)

- "백만 달러 복권 두 번이나 당첨…20년간 나눠 받는 돈이…", 머니투데이, 2019.11.6

- "복권 1등 두 번 한 당첨자가 남긴 단 세 글자", 중앙일보, 2018.9.29

- "복권 1등 두 번 당첨 억세게 운 좋은 프랑스인", 한겨레, 2018.6.6.

- "실패는 있어도 포기는 없다… 1,008번 거절 끝에 KFC를 세우다", IT동아, 2018.3.19

- Rebecca Knight, "What to Do After a Final-Round Job Interview", Harvard Business Review, 2021.1.4

- Craig O'Shannessy, "Nadal, Djokovic, Federer Know the Fine Margins in Tennis Better than Anyone", ATP Tour, 2019.4.25

- "Djokovic: It was the Most Mentally Demanding Match I've Played", Wimbledon, 2019.7.14. (https://www.wimbledon.com/en_GB/news/articles/2019-07-14/djokovic_it_was_the_most_mentally_demanding_match_ive_played.html)

- "2019 Championships Results", Wimbledon, 2019.7.14. (https://www.wimbledon.com/en_GB/scores/stats/1701.html)

- Jerker Denrell, C. Fang & Z. Zhao, "Inferring Superior Capabilities from Sustained Superior Performance: A Bayesian Analysis", Strategic Management Journal, 2013.2

- 김주환, "회복탄력성", 위즈덤하우스, 2011.3

13. 미디어는 다양해지는데 콘텐츠는 획일화되는 이유

- "2019년 한국 영화 산업 결산", 영화진흥위원회, 2020.4.1

- Sheena S. Iyengar & Mark Lepper, "When Choice is Demotivating: Can One Desire Too Much of a Good Thing?", Journal of Personality and Social Psychology, Vol.79, No.6, 2000

- Barry Schwartz, "The Paradox of Choice", TED Global, 2005. (https://www.ted.com/talks/barry_schwartz_the_paradox_of_choice/transcript)

- "2020년 유튜브 주요 지표 및 통계 현황 보도자료", youtube. (https://www.youtube.com/intl/ko/about/press/)

- Stephen Lovely, "How Many Titles are Available on Netflix in Your Country?", Cordcutting, 2020.2.5

- Kasey Moore, "How Long Would It Take to Watch All of Netflix?", What's on Netflix, 2020.3.31

- 이승연, 고승연, "매일 아침 현관문 앞에 놓인 선물, 불편함에서 나온 아이디어가 '샛별'이 됐다", 동아비즈니스리뷰, 2017.10

- Geraldine E. Willigan, "High-Performance Marketing: An Interview with Nike's Phil Knight", Harvard Business Review, July-August 1992

14. 모두가 연결된 세상, 더 이상 한 번 보고 말 사람은 없다

- "'풀소유 논란' 혜민스님, 미 뉴욕에는 리버뷰 아파트 있나?", 한겨레, 2020.12.2

- "'풀소유 논란' 혜민스님, 제 삶이 너무 창피스럽고 부끄러워", 조선일보, 2020.12.3

- 시오노 나나미, "로마인 이야기 2", 한길사, 1995.9

- Ruoyun Lin, Niels van de Ven, Sonja Utz, "What Triggers Envy on Social Network Sites? A Comparison between Shared Experiential and Material Purchases", Computers in Human Behavior, 2018

- 이완배, "경제의 속살 1", 민중의소리, 2018.12

15. 선하지는 못하더라도 최소한 솔직하라

- "'버킨백' 뒤에 숨겨진 '악어의 눈물' | 파충류 가죽 산업의 동물 학대", 허핑턴포스트 코리아, 2015.8.25

- "동물학대가 뭐야?…에르메스, 명품백용 악어 농장 강행한다", 국민일보, 2020.11.18

- "명품이 된 폐품 가방 '프라이탁' 열어보니", 조선일보, 2014.3.21

- "프라이탁, 단 하루 중고 거래 플랫폼만 오픈", 패션포스트, 2020.11.24

- 김현진, 홍성태, "환경·동물·인권의 테마 극단적 실천. 화장품을 넘어 '체험적 윤리'를 판매한다", 동아비즈니스리뷰, 2015.7

- Turner, Y., Hadas-Halperin, I., & Raveh, D. "Patient Photos Spur Radiologist Empathy and Eye for Detail", Radiological Society of North America, 2008.12

16. 모바일 소비문화, '짤'이 세상을 바꾼다

- 조명광, "여고생 영상 하나가 '실패한 깡'을 소환. 디지털을 갖고 노는 MZ세대에 응답하라", 동아비즈니스리뷰, 2020.12

- 홍영훈, "[그것은 알기 싫다] 330b. Meme (1/2)~330c. Meme (2/2)", youtube, 2019.8.29. (https://www.youtube.com/watch?v=wg9t82HDpcQ, https://www.youtube.com/watch?v=IOomryXTN-k)

- "빅히트곡 없는 톱가수 송가인, 어떻게 봐야 할까", 엔터미디어, 2019.11.8

- 차우진, "마음을 사로잡아야 하는 콘텐츠 산업. '아기 상어'처럼 디지털 생태계에 올라타라", 동아비즈니스리뷰, 2021.2

- 장재웅, "부담 없이 Z세대 홀리는 '15초의 마법'. '더 재미있게' 숏폼 플랫폼 춘추전국 시대", 동아비즈니스리뷰, 2020.12

- "Top Apps Worldwide for December 2020 by Downloads", Sensor Tower, 2021.1.6

17. 저스틴 사코는 어쩌다 11시간 만에 해고 통보를 받았을까?

- Kashmir Hill, "Justine Sacco's Nightmare Before Christmas, Twitter-Version", Forbes, 2013.12.21

- Ali Vingiano, "This Is How A Woman's Offensive Tweet Became The World's Top Story", BuzzFeed News, 2013.12.21

- Sam Biddle, "Justine Sacco Is Good at Her Job, and How I Came To Peace With Her", Gawker, 2014.12.20

- "How One Stupid Tweet Blew Up Justine Sacco's Life", The New York Times, 2015.2.12

- "유아인 대첩, 다른 시선에서 바라보기", 오마이뉴스, 2017.12.7

- "Revenge is Best Served Cold-on YouTube: How a Broken Guitar Became a Smash Hit", The Times, 2009.7.22

- Dave Carroll, "United Breaks Guitars", youtube, 2009.7.7. (http://www.youtube.com/watch?v=5YGc4zOqozo)

- Dave Carroll, "Lessons from 'United Breaks Guitars'", youtube, 2010.4.17. (http://www.youtube.com/watch?v=_Hd8XI42i2M&feature=related)

- https://www.davecarrollmusic.com

- Mark Matousek, "United Airlines has a long history of infuriating customers-here are its worst customer service incidents", Business Insider, 2018.3.16

- 이병주, "촉", 가디언, 2012.4

18. 제2, 제3의 트럼프는 앞으로 계속 나올 것이다

- "'와이어링 하니스'가 뭐길래…현대차그룹 약 6,000억 손실 날 듯", 중앙일보, 2020.2.5

- "미중 무역합의 1년, 경제 갈등 봉합 속 '동상이몽'…위태위태", 매일경제, 2020.12.11

- 천관율, "바이든 승리해도, '트럼프 시대'는 계속된다", 시사인, 2020.11.12

- 토마 피케티, "21세기 자본(Capital in the Twenty-First Century)", 글항아리, 2014.9

- 하인환, "[양극화 시대] 나도 부자가 되고 싶다", 메리츠종금증권, 2019.10.15

- Tommy Beer, "Top 1% of U.S. Households Hold 15 Times More Wealth than Bottom 50% Combined", Forbes, 2020.10.8

19. 성공하는 기업들은 위기 때 창업한다!

- "10 Successful Startups Founded during 2008 Great Recession", Fox Business, 2020.3.29

- Dane Stangler, "The Economic Future Just Happened", Ewing Marion Kauffman Foundation, 2009.6.9

- Virginia Simón-Moya, Lorenzo Revuelto-Taboada & Domingo Ribeiro-Soriano, "Influence of Economic Crisis on Startup Survival", Entrepreneurship & Regional Development Journal, Vol.2, No.1, 2016.1

- "Why a Recession can be a Good Time to Start a Business", BBC, 2020.6.18

- Hollie Slade, "20 Amazing Companies Founded During the Financial Crisis", Forbes, 2014.1.22

- 캐롤 드웩, "성공의 새로운 심리학(MINDSET: The New Psychology of Success)", 부글북스, 2011.

원샷 게임에서 반복 게임으로

초판 1쇄 발행 2021년 6월 7일

지은이 이병주
펴낸이 이병주
펴낸곳 더북코퍼레이션(주)

출판등록 2021년 4월 1일(제399−2021−000019호)
주소 경기도 남양주시 와부읍 수레로 49, 502호
전화 02)479−3507
전자우편 Thebookco2021@gmail.com

ⓒ 이병주, 2021
ISBN 979−11−974494−0−6 03320

책값은 뒤표지에 있습니다.
잘못된 책은 구입하신 곳에서 바꾸어드립니다.